不登校の子どもの心とつながる

支援者のための「十二の技」

吉井健治

金剛出版

はじめに

　後になって考えてみると，どうしても通らなければならない道だったのかもしれない，と思うことがある。苦しい渦中に身を置いているときは目前のことに必死になるばかりで，今の出来事に意味がないように感じたり，出口がないように感じたりするのは仕方ないことである。しかし，いつか穏やかな日が訪れたとき，どうしても通らなければならない道を歩んできたことの意味に気づいて，また一つ深く生きることにつながるのである。不登校という経験はそういう道なのかもしれない。だから，親も子も希望をもって今を精一杯生きてほしいと思う。

＊　＊　＊

　不登校の子どもの保護者や教師が，学校に行ってほしい，勉強してほしい，友だちと遊んでほしい，元気になって笑顔でいてほしいなどと願うのは当然である。しかし，なかなか思い通りにはいかない。「子どもが何を考えているのか分からない。どう対応すればいいのか分からない」ということがよくある。他方，子どもは言葉で自分の気持ちをうまく表現するのは難しいし，子ども自身も自分の気持ちがよく分かっていない。このように両者の気持ちはつながらないのである。こうした閉塞した状況を抜け出すには，保護者や教師が子どもに期待し要求することをやめて，子どもの「ありのまま」を認めることである。「ありのまま」を認める力は言葉よりも眼差しの力が大きい。子どもは相手の眼差しから直感的に察知することができる。そして子どもは，良いところもそうでないところも含めて全存在を認めてもらえることで，自己受容ができるようになり，自分のことが好きになれる。こうした流れの中で両者の気持ちがつながるのである。以上のような意味で，本書のメインタイトルは「不登校の子どもの心とつながる」とした。

＊　＊　＊

　私は長い間，不登校の子どもや保護者と関わってきた。臨床心理士として相談室で個人カウンセリングを行うことに加えて，不登校の子どもたちを連れて合宿に行ったり，不登校の子どものためのフリースクールを設立・運営したり，ひきこもり傾向の不登校の家庭訪問制度の運営に力を注いだりしてきた。相談室を飛び出して活動してきたという点では，一般的なカウンセラーとは少し違った面があったかもしれない。こうした中で，不登校に関する研究や実践を論文にまとめてきたが，これらを一つに集約したものが本書である。第Ⅰ部の「不登校の子どもへの理解と関わり」では，不登校の子どもの心とつながるための支援者の態度や技法について筆者の心理臨床経験をもとに述べた。第Ⅱ部の「不登校の子どもへの多様な支援」では，第Ⅰ部で述べたことの根拠を研究論文を通して説明した。

　本書を通して，不登校の子どもを抱えて悩んでいる保護者をはじめ，不登校の子どもを支援している教師やカウンセラーなどに少しでも貢献できれば幸いである。また，教職，心理職，福祉職を目指す学部生や大学院生にも不登校の理解と対応について少しでも参考になることを願っている。このようにして不登校に関わっていく支援の力が拡大することによって，不登校の子どものこころの癒しと成長が成し遂げられることを祈っている。

＊　＊　＊

　鳴門教育大学学長山下一夫先生には，これまでの十数年間，私の教育・研究・実践などのさまざまな側面で支えていただいたことに，また本書をまとめる後押しをしていただいたことに感謝を申し上げます。

目次 ── 不登校の子どもの心とつながる

はじめに ……iii

I
不登校の子どもへの理解と関わり ——————— 1

第1章　不登校の予防のための子ども理解と支援のあり方 ……5
第1節　不登校の予防について ……5
第2節　子ども理解における共感と調整 ……9

第2章　相手のこころに近づく聴き方十二の技 ……17

技1	▶ 鏡になって反射する ……18
技2	▶ 鳴き声として聴く ……19
技3	▶ 目を使って聴く ……21
技4	▶ 話されなかったことを想像する ……22
技5	▶ 言葉を口に入れ，よく噛んで，腹に入れ，消化する ……23
技6	▶ 自然に話したくなる質問の仕方 ……25
技7	▶ こころの波長を合わせる，波長をずらす ……26
技8	▶ 肯定的に言い換える ……27
技9	▶ 支えること，探すこと ……28
技10	▶ 自己開示 ……30
技11	▶ 分身になる ……31
技12	▶ 意味を探し求める ……33

第3章　不登校の子どもへの訪問十二の技 …… 35

技1 ▶ 安心基地に入れてもらう …… 36

技2 ▶ さわやかな風を吹き込む …… 36

技3 ▶ 沈黙から脱する …… 37

技4 ▶ 機が熟すまで待つ …… 37

技5 ▶ 会えない時にはこころを渡す …… 38

技6 ▶ 明かりを灯しながら共に歩む …… 38

技7 ▶ 共にいること …… 39

技8 ▶ こころの傷に触れる …… 40

技9 ▶「小さなアーティスト」としての子どもの表現を味わう …… 40

技10 ▶「弱さ」を受け入れることによって
「しなやかな強さ」が得られる …… 41

技11 ▶ 現実への橋渡し …… 42

技12 ▶ こころの栄養を届ける …… 43

第4章　不登校と関わる十二の技 …… 45

技1 ▶ 学校にとらわれないで，子どもに必要な経験を提供する …… 45

技2 ▶ 原因を一つに決めつけないで，全体の調和を保つ …… 47

技3 ▶ よく観察・交流してタイプを理解する …… 49

技4 ▶ 人の目が気になることを理解し，安心感で包んであげる …… 52

技5 ▶ なかまと交流し，孤独感にのみ込まれない …… 54

技6 ▶ 温めながら，できるところまで少しずつ動かす …… 56

技7 ▶ 自分くずしと自分探しの道を共に歩む …… 59

技8 ▶ 子どものこころの傷を受け取る：キャッチハート …… 62

技9 ▶ 登校刺激は見守りながら適時適量で与える …… 65

技10 ▶ つながりを絶やさないで，手助けできる機会を待つ …… 68

技11 ▶ マッチングとタイミングという関係性を調整する …… 70

技12 ▶ 自分の道を切り拓く …… 72

II
不登校の子どもへの多様な支援 ———————— 77

第1章　不登校と学校教育構造 ……81

第2章　不登校とフリースクール ……99

　　　　第1節●不登校を対象とするフリースクールの役割と意義 ……99

　　　　第2節●フリースクールと学校教育の連携可能性 ……114

第3章　不登校とホームスクール ……127

第4章　不登校と別室登校 ……143

第5章　不登校とチャム ……161

　　　　第1節●チャムに関する先行研究からの検討 ……161

　　　　第2節●チャム体験と家族凝集性が学校接近感情に及ぼす影響

　　　　……175

第6章　不登校の訪問臨床 ……189

　　　　第1節●引きこもり傾向の不登校生徒への訪問面接による

　　　　　　　　心理的支援 ……189

　　　　第2節●訪問者との対面が困難な「面壁ケース」の検討 ……198

あとがき ……213

初出一覧 ……215

不登校の子どもへの
理解と関わり

Ⅰ

第Ⅰ部「不登校の子どもへの理解とかかわり」では，不登校の子ども
と直接関わる支援者（親，教師，カウンセラー，訪問者など）のために分かり
やすく役に立つ心理的支援の方法を提示した。

　第1章「不登校の予防のための子ども理解と支援のあり方」では，不
登校の一次予防，二次予防，三次予防について簡潔に述べ，予防のため
には子どもの気持ちが支援者に理解されることが重要であることを論じ
た。そもそも共感は容易なことではないゆえに，子どもと支援者の間に
は必然的にズレが生じて，子どもは共感不全を経験し，こころが傷つい
てしまう。そこで，予防のためには支援者が子どもの気持ちとのズレを
調整（アジャストメント）していくことが必要である。

　筆者は，こうした子どもの気持ちとのズレを調整する具体的な方法を
「十二の技」と名づけ，「聴き方十二の技」，「訪問十二の技」，「不登校と
関わる十二の技」の3種類を提示した。これらは，筆者の心理臨床経験
に基づいた実践の知であり，支援者が不登校の子どものこころとつなが
るための態度や技法である。

　第2章「相手のこころに近づく聴き方十二の技」では，筆者がカウン
セラーとして経験したことをもとに支援者の聴き方の態度と技法につい
て説明した。第3章「不登校の子どもへの訪問十二の技」では，ひきこ
もり傾向の不登校の子どもの家庭訪問をする際の支援者の態度と技法に
ついて説明した。これは，大学院生の訪問事例を指導する中で得られた
筆者の考えをもとにしている。第4章「不登校と関わる十二の技」では，
筆者の心理臨床経験に基づく多様な観点から，不登校の子どもや家族と
交流する時の重要なポイントを示した。以上の3種類の「十二の技」の
章で提示されている事例のエピソードは架空のものではなく，筆者が経
験したことがもとになっている。もちろん，プライバシーには配慮して
記述している。筆者の記憶には不登校の子どもたちと関わってきた経験
が強く焼き付けられており，こうした子どもたちの声を支援者に届けて

いきたいという思いを込めて記した。

　不登校の子どもたちは何らかの傷つきを抱えているからこそ「真の理解者」を求めているところがある。しかし，現実においては人と人とは容易には分かり合えないものであるから，どうしても気持ちのズレが生じてしまい，子どもたちの欲求は満たされない。そこで，支援者が3種類の「十二の技」を活用することによって，適度なズレはあるけれども「良い理解者」となり，子どもたちのこころの癒しと成長につながるのである。

第1章

不登校の予防のための
子ども理解と支援のあり方

　不登校における現代的課題には，不登校の予防，いじめとの関係，発達障がいとの関係，インターネット依存との関係などがある。これらの中で不登校の予防は，他の課題に共通した基礎となるものである。そこで本章では，不登校の予防に焦点を当てて検討する。第1節では不登校の予防における一次予防（未然防止），二次予防（早期発見・早期対応），三次予防（重症化の防止）について説明する。第2節ではこうした予防のための子ども理解と支援のあり方として共感を取り上げる。支援者と子どもの間で生じた気持ちのズレによって，子どもに共感不全が引き起こされるプロセスをみていくことにする。そして，共感不全に至らないために，気持ちのズレを修復する調整（アジャストメント）の概念を提示する。なお，本章では，親，教師，カウンセラー，臨床心理士養成の大学院生，地域の大人など不登校の子どもと直接関わる人々のことを支援者と呼ぶことにする。

第1節　不登校の予防について

1──不登校の予防とは

　不登校の子どもは，2011年度には，小学校では約2万3千人（小学生全体の約0.3％），中学生では約9万5千人（中学生全体の約3％）だった。つまり，小学校では1,000人のうち3人，中学校では100人のうち3人という割合で不登校は出現する。また，不登校の人数は，小学6年生（7,000人）から中学1年生（2万1,000人）になると，約3倍に増加する。このように中学1年生になると，急激に不登校は増加している。

　国立教育政策研究所生徒指導研究センターは「中1不登校の未然防止に取り組むために」の中で次のことを明らかにした。中学生を対象に，小学4年生か

5

ら小学6年生までの時期について，学年ごとに，欠席日数と保健室等登校日数と遅刻早退日数（2分の1）の合計を算出した。その値が，3年間に一度でも30日以上あった者，または3年間で毎年15日以上30日未満があった者について，これらの者を〈不登校経験あり群〉とした。すると，中学1年生で不登校になった生徒の50％は〈不登校経験あり群〉であり，中学校入学当初から欠席が目立っていたことが明らかとなった。こうした研究を契機に不登校の予防が注目されるようになってきた。

　ところで，「柔よく剛を制す」ということわざのように，柔らかさは"しなやかな強さ"を備えていることがある。法隆寺の五重塔は，西暦680年頃に建立され，現存する木造建築の五重塔としては世界最古のものである。五重塔は，外力をしなやかに受け流す耐震性の高い構造をもち，これは柔構造と言われている。人間のパーソナリティにおいても柔構造のような性質がみられる。たとえば，対人関係からくる衝撃をかわしたり吸収したりして，ダメージを最小限に止め，なかなか倒れないという性質である。こうした"しなやかな強さ"や柔構造は不登校の予防においても重要な要因である。すなわち不登校の予防は，一次予防（未然防止），二次予防（早期発見・早期対応），三次予防（重症化の防止）と，重層的な構造を持っている。

2──不登校の一次予防（未然防止）

　不登校の一次予防（未然防止）とは，不登校の発生を未然に防ぐための取り組みである。

　ある県の教育委員会では，2007年に「中1不登校の未然防止」として，小・中連携を中核において，人間関係づくり，学力の保障，小・中教員の相互理解，保護者との連携などの視点に立った取り組みを提言している。

　小林（2002）は，子どもは学校が楽しければ登校への意欲が高まり，反対に学校が楽しくなければ登校への意欲は低くなると述べている。そして，子どもにとって学校が楽しいことが不登校の予防につながると主張する。そこで小林（2002）は，小学生と中学生を対象に質問紙調査を行ったところ，小学生も中学生も「クラスの良い雰囲気」があると学校を楽しいと感じることが明らかになった。「クラスの良い雰囲気」は，教師の学級経営のあり方が大きく影響している。

　不登校の一次予防（未然防止）として学校が取り組むべき重要なことは，子ど

も同士の人間関係に焦点を当てた学級経営や生徒指導を行うことである。たとえば，心理教育的アプローチ（エンカウンター・グループなど）を実施して，子どもの自己理解と他者理解の促進を図ることである。こうした取り組みによって，安心感のある学校・学級が形成され，不登校の未然防止につながると考えられる。

このように不登校の一次予防（未然防止）の重要性はある程度は認識されているのだが，その活動に積極的に取り組みにくい理由がある。それは，一次予防として提示されていることは日常の教育活動そのものであり，一次予防という趣旨が不明確だからである。また，教師が目の前の問題への対応に追われているからである。学校では解決が必要な喫緊の課題が山積しているので，まだ問題が発生していないことにまで対応する余裕はないからである。さらに，一次予防として何か対策を講じたとしても，まだ問題が顕在化していないので取り組みの効果があったのかどうか分からないからである。以上のような問題点はあるのだが，不登校の数をできるだけ少なくするためには，一次予防の重要性を再確認して取り組みを行うことが大切である。

3──不登校の二次予防（早期発見・早期対応）

不登校の二次予防とは，早期発見・早期対応であり，不登校の兆候を早期に発見し，迅速に適切な対応を図る取り組みである。

ある市の教育委員会では，2008年度から「不登校予防のための早期対応システム」を導入した。教師が児童生徒の欠席に敏感になり，早期発見・早期対応をすることで不登校の予防を図るというものである。たとえば，このシステムでは，欠席1日目には家庭に電話連絡し，連続欠席2日目には家庭訪問し，連続欠席3日目には学校は教育委員会の担当課に連絡するというものである。

不登校の兆候は，言語化（悩みを語ることなど），身体化（頭痛，腹痛など），行動化（暴力，強迫行為など），精神症状化（不安，抑うつなど）といった多様な側面に現れてくる。こうした兆候に的確に気づいて，親，教師，スクールカウンセラーが早期対応することが大切である。

二次予防においては，不登校を起こしやすい子どもに注目する必要がある。対人関係の心理発達の特徴として，小学生から中学生までの時期において重要な他者は，親・教師から友人へと次第に移行する。こうした中で，〈社交性の高い中学生〉は親・教師から心理的に離れていき，友人関係を重視するようになっ

ていくので,「友人からの援助」が得られると学校が楽しいと感じるようにな
る。他方,〈社交性の低い中学生〉は友人関係への移行が進まないので,「教師
からの援助」を必要とする。そこで,〈社交性の高い中学生〉と〈社交性の低い
中学生〉を比較して見てみる。友だちと積極的に交流できる〈社交性の高い中
学生〉は,友人関係の中で主体的に悩みを解決し気持ちを発散するので,学校
生活を楽しいと感じることが多い。たとえ解決困難なことが起こっても「教師
からの援助」を積極的に求めて乗り越える。他方,友だちとの交流が少ない〈社
交性の低い中学生〉は,友人関係の中で悩みを解決することもできないし気持
ちを発散することもできないので,学校生活を苦しいと感じることが多い。そ
の上,「教師からの援助」も求めようとしないので,一人で悩みを抱え込んで孤
独感を感じる。以上のことから,〈社交性の低い中学生〉は不登校になりやすい
傾向があると考えられる。

　小林 (2002) の研究では,〈社交性の低い中学生〉は「教師からの援助」があ
れば学校生活を楽しいと感じるというデータが示されていた。このことは,〈社
交性の低い中学生〉は「教師からの援助」を拒否しているのではなく,期待し
て静かに待っていることを示している。そこで教師は,こうした生徒に対して
積極的に声をかけて支援していくことが不登校の予防につながると考えられる。

　ただし,〈社交性の高い中学生〉であっても,何かのトラブルによって友人関
係が破綻した場合,友人関係を重視する性質であるからこそ学校に行けなくな
ることがある。それゆえ社交性だけの要因で不登校の発生を予測できるもので
はない。不登校の発生には多様な要因が絡み合っているということである。

4──不登校の三次予防（重症化の防止）

　不登校の三次予防とは,不登校が発生した後の対応であり,状態の改善を図っ
たり,再登校の援助を行ったり,再登校した後の再発防止に取り組んだりして,
不登校が重症化するのを防ぐことである。

　登校刺激やプレッシャーの与え方を例に挙げて,不登校の重症化のプロセス
を具体的に示してみる。不登校が始まった頃,子どもが学校に対して過敏に反
応し症状（腹痛,嘔吐など）を呈しているとき,それでも登校刺激を止めないで
無理矢理学校に連れて行こうとすると,子どもは心理的に追い込まれて自傷や
暴力を起こす。この状態になっても子どもにプレッシャーをかけると,子ども

はこんなにも苦しんでいるのに分かってもらえないという悲しみと怒りを感じて心の傷は一層深くなる。そして，家族や周囲の人々から心を閉ざして，引きこもりに入ってしまう。家族が「これからどうするつもりなのか」，「これでいいと思っているのか」などと迫ると，子どもは自分の部屋に閉じこもって出てこなくなる。最後には，家族とは顔を合わせなくなり，口をきかなくなり，メモのやりとりだけになる。

　こうした不登校の重症化を防ぐチャンスは何度もあったと考えられる。子どもに症状がみられたとき登校刺激を控えたならば，子どもの症状は軽快しただろう。また，家族や周囲の者が子どもの気持ちに理解を示したならば，子どもは自傷や暴力を起こさなかっただろう。また，引きこもり生活をしていたとしても，家族が過剰なプレッシャーを与えなければ，子どもは家の中では安心感をもって元気に過ごすことができただろう。

　登校刺激やプレッシャーが全て悪いのではない。子どもが落ち着き元気を回復してきたにもかかわらず登校刺激を控えて子どもの自由気ままな過ごし方に任せていると，子どもは現実逃避的になって怠学傾向，無気力を示すようになる。それゆえ，子どもの状態が改善されるにつれて適度な登校刺激やプレッシャーを与えて，子ども自らが現実に向かって努力していけるように支援することが必要である。

　以上のように，不登校から長期の引きこもりに至る場合もあるので，三次予防は非常に重要である。「不登校と関わる十二の技」（第4章）では，不登校になった後に重症化を防ぐための具体的な関わり方について詳しく説明している。

第2節　子ども理解における共感と調整

　不登校の予防のためには，支援者（親，教師，カウンセラー，臨床心理士養成の大学院生，地域の大人など）にどのような子ども理解と支援が必要とされるのだろうか。それは，一次予防，二次予防，三次予防の全ての側面において，子どもが支援者に「分かってもらえなかった」という気持ちのズレを起こしたとき，支援者がこのズレに気づき，どのように対応するのかが最も重要である。本節では，まず共感の難しさについて述べ，次に気持ちのズレによって引き起こされる共感不全を説明し，最後にズレを修復するための調整（アジャストメント）につ

いて提言する。

1——共感の難しさ

　ある不登校の小学2年生女子Aは数週間ぶりに登校した。しかし，自分のクラスに入ることができなかったので別室で過ごすことになり，ある女性のB先生が対応することになった。Aの表情は明るく，楽しい雰囲気で会話ができていた。Aがたまたま置かれていた理科の図鑑をめくっていると魚の解剖の写真があり，Aはそれを見て「お魚，かわいそう」とつぶやいた。そこでB先生は「勉強のためだから仕方ないね」と言った。すると急にAは無口になって表情がかたくなり，「もう帰りたい」と言い出した。

　Aはどうして急変したのだろうか。AはB先生の言葉に影響を受けたようである。Aが「かわいそう」と感じた感覚はB先生には全く受け取ってもらえず，むしろ「仕方ないね」という言葉で切り捨てられてしまったのである。もしB先生が「お魚，かわいそうだね」と返答してAの気持ちを受容してあげれば，Aは自分が先生から理解されていると感じることができただろう。そしてB先生が「どうしてそう思ったの？」などと質問したら，Aは自分の気持ちをさらに話してくれただろう。B先生は思い遣りのある先生なのだが，そういう先生でさえもちょっとしたことで子どもの気持ちからズレた対応をしてしまうことがある。実際のところ，共感はなかなか難しいものである。

　ここで共感の定義について述べておこう。カール・ロジャーズ（Rogers, 1957）は，「治療におけるパーソナリティ変容の必要十分条件」の一つとして，共感的理解（empathic understanding）を挙げている。ロジャーズは，共感的理解について，セラピストが，クライエントの内的枠組みから，クライエントの私的な世界（private world）を，あたかも自分自身のものであるかのように感じとり，この経験をクライエントに伝達することである，と説明している。

　それでは支援者はどのようにして共感に到達することができるのだろうか。河合（1970）は，次のように説明している。「ひとつの経験は，時間や場所の差を超えて共通性をもつ」のであり，たとえば，「道端で思わず花のついた雑草を踏みつけたとき，その体験を本当に深めると，人が死ぬ感じ，人が殺されることにさえつながる」というように，「体験を深く掘り下げていくとき，何か共通の因子につながっていく」と述べている。また，「自分の今までの体験と，今，

10　　第Ⅰ部 不登校の子どもへの理解と関わり

話をしてるクライエントの体験との共通の因子，そこまでおりてゆく」ことを通して共感に至るという。たとえば，家出をしたい気持ちには，自立という「共通の因子」があるという。

渡辺（1991）は，「あまり簡単に分かってしまわれて，安易にうなずかれればうなずかれるほど，患者は，むしろ理解されなかったという思いを強くする」と述べ，セラピストが分かったつもりになったり，分かったふりをすることを戒めている。そして，真の共感は，この点がよく理解できないとか，この点をもう少し詳しく説明して下さい，などとクライエントに問いかけ，理解を深めていこうとすることから生まれてくるという。

共感の重要性については言うまでもないのだが，共感を達成することは実際には難しいのである。成田（2003）は，共感について「旅人にとっての北極星のようなもの」，「努力目標であり，『祈り』のようなもの」と表現し，共感が現実には容易に達成されない理想と述べている。

したがって支援者は，"共感しなければならない"という理想的な視点ではなく，"共感は難しい"という現実的な視点をもとに対応することが大切である。ただし，そのことで共感をあきらめたり否定するのではなく，共感は進むべき方向を指し示してくれているということである。

2——気持ちのズレによって引き起こされる共感不全

前述した例で，小学2年生女子Aが急に無口になって表情がかたくなり，「もう帰りたい」と言い出した時，B先生は内心では『急にどうしたのだろう。感情の起伏が激しいなあ。なかなか対応の難しい子だなあ』と感じ，これ以上無理をさせてはいけないと思い，帰宅の準備をさせることにした。

この時AはB先生との間に気持ちのズレを感じて共感不全を経験していたと考えられる。もしかすると，解剖されて傷つけられた魚と自分を重ね合わせて見ていたので（投影），自分が理解されていないと直感的に感じたのかもしれない。Aは，B先生の対応にズレを感じて，自分が全く理解されていないという感覚が生じて，こころがひどく傷ついたのだった。Aはかなり頑張って登校しており，緊張・不安が高い状態だったので，小さなズレであってもこころが大きく傷ついて共感不全を経験したのである。つまり，周囲の者から見ると小さなズレであっても，元気のない時にはこころが大きく傷ついて共感不全は起こ

第1章 不登校の予防のための子ども理解と支援のあり方　　11

るのである。

　気持ちのズレによって共感不全が経験されるのだが，それではこのズレはど
のようにして生じるのだろうか。一つは，支援者が自分の思い込みで相手を理
解しようとするとズレが生じやすい。それゆえ支援者は，相手の立場や視点に
立って，今ここにいる相手の話を率直に聴いていくことが大切である。先の例
で言えば，B先生は「お魚，かわいそう」というAの視点に立って話を聴いて
いくことである。渡辺（1991）は「人は，他の人の話をあまり聴いていないも
のです。ほとんどは自分自身の筋道に従って相手の話を一方的に了解している
だけで，相手の筋道の中で，相手の気持ちに沿って耳を傾けていることは少な
いようです。とくに相手の非常に個人的な怒りや恨みや不満といった感情に対
しては，自分自身の個人的な感情で反応してしまって，相手の気持ちとして『聴
く』ことはなかなかできません」と述べている。

　もう一つは，支援者が相手のためだと思って説明をしたりアドバイスをする
とズレが生じやすい。相手はまずは自分を理解してもらえることを望んでいる。
それゆえ，理解してもらえない人からの説明やアドバイスは全く耳に入ってこ
ないものであり，むしろ理解してもらえない人からの言葉は相手を深く傷つけ
る場合もある。先の例で言えば，B先生が「勉強のためだから仕方ないね」と
いう説明はAの気持ちを理解していないし，むしろ深く傷つけてしまった。アー
ネスト・ウルフ（Wolf, 1988）は，「解釈はしばしば非難として体験され，自己の
傷つきやすさをさらに悪化させる。自己が必要としているのは理解されること
である」と述べ，解釈は相手に二次的な傷つきを与える可能性があり危険であ
るという。

　以上のようにして，気持ちのズレが生じないように気をつければ共感不全は
ある程度は防止できる。しかし，ここで難しい問題がある。支援者がズレが生
じないように慎重に対応すればするほど，「よく気持ちを分かってもらえる人」
という印象を強め，理想的な理解者として過剰に期待されることがある。こう
した中で，現実的にはどうしてもズレは避けがたいので，遅かれ早かれその理
想的な理解者という幻想が崩れる瞬間が訪れる。これは，高い地点にまで登っ
たところで突き落とされるような失望感を抱かせることになるので，破滅的な
共感不全を経験させる可能性がある。そうならないためには，少しずつ現実の
支援者像を見せていくこと（脱錯覚）が大切である。

また，難しい問題として，共感不全を引き起こすプロセスに子ども時代の養育環境が影響しているということがある。幼少期に保護者から否定や無視を受ける非共感的環境で育った子どもはトラウマを抱えているので，少しのズレだけでも共感不全を経験することがある。一方，幼少期に保護者から過保護に育てられたことにより誇大的で自己中心的なパーソナリティをもつ子どもはズレに過敏に反応して共感不全を経験することがある。このようなタイプの違いにも考慮する必要がある。

3──気持ちのズレを修復する調整（アジャストメント）

　共感は難しいものであり，どれほど気をつけていても気持ちのズレが生じてしまう。そこで，ズレは必ず生じることを前提として，ズレが生じた後の支援者の対応について考えてみることにする。"共感しなければならない"という強い信念をもっている支援者は，ズレが生じると戸惑いを覚えて，無力感，自己否定，自己弁護，怒り，説得などの個人特有の感情（逆転移）で反応するかもしれない。こうした支援者の感情的反応によって，最初のズレに加えて，第二のズレ，第三のズレが生じるのである。

　先の例で具体的に考えてみよう。Aが「お魚，かわいそう」とつぶやいた時に，B先生は「勉強のためだから仕方ないね」と返したが，これが第一のズレである。そして，急にAが無口になって表情がかたくなり「もう帰りたい」と言い出した時に，B先生が内心で『なかなか対応の難しい子だなあ』と感じ少し苛ついてAを無視するような態度をとったが，これが第二のズレである。もしB先生が，第一のズレに気づいて関係を修復することができれば，第二のズレは起こらなかったはずである。たとえば，B先生がAの表情が曇ったのを見て，「Aはお魚がかわいそうと感じたんだね」と受けとめてあげればAは共感不全を経験しなくて済んだのである。魚はA自身の投影であり，B先生が魚を思い遣ることによってAへの思い遣りを示すことができたのかもしれない。しかし，B先生は苛つきと無視で反応してしまったので，第二のズレを生じて，これがAに共感不全の経験をもたらしたのである。

　最悪の場合には，連鎖的に第三のズレ，第四のズレと続いて，共感不全の経験が積み重ねられるかもしれない。支援者は，できる限り早い段階でズレに気づいて，ズレを修復することができれば，共感不全を防止することができるの

である。

　ところで，気持ちのズレにはある意味で価値がある。ズレは悪いことばかりではなく，ズレがあるからこそ修復の機会が提供される。ズレがなければ修復の機会も必要ないのである。つまり，二者の関係づくりにおいて「分かってもらえない」という適度な負荷がかけられ，これを克服することによって二者の関係が深まり絆が強くなるということである。ただし，ズレの程度は共感不全を引き起こさないレベルでなければならない。

　ハインツ・コフート（Kohut, 1984）は，「適量の欲求不満（optimal frustration）」という考えを示して，「分析者の時折の失敗は，適量の欲求不満を作りあげるなかで患者の自己構造を構築する」と述べている。ここでの「適量」とは，自己の傷つきを与えないレベル，自己の断片化や自己愛憤怒（自尊心が傷つけられたような激しい怒り）を起こさないレベルということである。つまり，支援者の適度なズレによって適量の欲求不満が起こり，このズレの修復を図るプロセスにこそ意義があるという考えである。

　そこで筆者は，こうした気持ちのズレを修復しようとすることを「調整（アジャストメント：adjustment）」と呼ぶことにしたい（吉井, 2008）。調整とは，「支援者と相手の二者間における自然発生的な気持ちのズレによって相手の中に適量の欲求不満が引き起こされた時，このズレによって相手の中に共感不全の経験が引き起こされないように，支援者がズレを修復すること」である。ただし，適量を超えた過剰な欲求不満が引き起こされた場合には調整は困難になる。また，調整が失敗した場合，相手は共感不全を経験して失望感，見捨てられ感，自己愛憤怒の感情を抱えることになるが，それでもなお支援者があきらめないで調整を継続して相手との関係修復を図ることはセラピーとして非常に意義のあることである。

　調整（アジャストメント）が成立するための必要条件として，「自己覚知」（自己への気づき）と「自己開示」（率直に自分を見せること）という二つの要因を挙げる。自己覚知については，相手を理解するためには自分を理解することが必要であるということである。河合（1970）は，「自分の今までの体験と，今，話をしてるクライエントの体験との共通の因子，そこまでおりてゆく」と述べ，自分の体験を深く掘り下げていく必要性を強調した。また，山下（1999）は，「クライエントにとって母親との関係が問題であるとすれば，カウンセリングでの話が

深まるにつれ，カウンセラーは自分にとって母親とは，母性とは何かを考える
ようになっていく。（中略）相手の心を理解しようとすることは，実は自分の心
を理解しようとすることでもある」と述べた。以上のように，支援者自身が自
己の経験を掘り下げ，自己に問いかけ，自己に気づくことが必要である。

　もう一つの自己開示については，支援者が自分を率直に見せることで相手が
親しみや安心感を抱くことができるということである。とくに同質性の側面を
見せることが重要である。それは，悩んでいる人々は孤独な中を生きているが，
自分と支援者の同質性によって孤独が癒やされるからである。これは，コフー
ト（Kohut, 1984）のいう分身自己対象体験であり，「人間のなかにいる人間であ
ると自分を感じる」経験である。以上，調整が成立するための必要条件として
自己覚知と自己開示の二つの要因を指摘した。

　もし支援者との気持ちのズレが相手に大きな欲求不満を引き起こし，共感不
全の経験をもたらすならば，二人の関係は断絶してしまうだろう。そうならな
いためには調整が必要である。こうしたズレを修復する調整にはさまざまな方
法が考えられる。以下の章で記述した「相手のこころに近づく聴き方十二の技」
（第2章），「不登校の子どもへの訪問十二の技」（第3章），「不登校と関わる十二の
技」（第4章）には調整の具体的な方法が示されている。

⦿ **文献**

河合隼雄（1970）．カウンセリングの実際問題．誠信書房．

小林正幸（2002）．先生のための不登校の予防と再登校援助．ほんの森出版．

Kohut, H.（1984）．How does Analysis Cure? The University of Chicago Press.（本城秀次・笠原
　　嘉（監訳），幸順子・緒賀聡・吉井健治・渡邊ちはる（共訳）（1995）．自己の治癒．みすず書房）

成田善弘（2003）．セラピストのための面接技法．金剛出版．

Rogers, C.R.（1957）．The necessary and sufficient conditions of therapeautic personality
　　change. Journal of Consulting Psychology, 21, 95-103.（伊東博（編訳）（1966）．パースナリ
　　ティ変化の必要にして十分な条件．ロージァズ全集第4巻――サイコセラピィの過程．岩
　　崎学術出版社）

渡辺雄三（1991）．病院における心理療法．金剛出版．

Wolf, E.S.（1988）．Treating the Self: Elements of clinical self psychology. The Guilford Press.
　　（安村直己・角田豊（訳）（2001）．自己心理学入門――コフート理論の実践．金剛出版）

山下一夫（1999）．生徒指導の知と心．日本評論社．

吉井健治（2008）．自己と対象の関係性に関する臨床心理学的研究――「共にある関係」の
　　視点から．名古屋大学博士学位論文．

第2章

相手のこころに近づく聴き方
十二の技

　カウンセラーは，クライエントの話をどのように聴いていけばそのこころに近づけるのか。教師は，生徒の話をどのように聴いていけばそのこころに近づけるのか。そして保護者は，子どもの話をどのように聴いていけばそのこころに近づけるのか。

　支援者は，相手がどのような経験をして，どのような考えや感情をもっているのかを理解することが重要である。支援者は，相手の気持ちを十分に理解しないで，支援者の立場から良かれと思って一方的な対応とならないように気をつけなければならない。まずは相手を理解することが先にあって，その後相手が抱えている課題に対して今後どのように解決を図るのかを共に考えるのである。

　これまで筆者は，大学院授業，教員研修会，保護者対象の講演会などで，相手の話の聴き方について説明してきた。こうした講演内容をもとに，「相手のこころに近づく聴き方」として筆者が重要と考える12事項をまとめた。「十二の技」は，筆者の心理臨床経験から導き出されたものであり，特定の心理療法理論に基づいたものではない。

　ここで「技」という視点について述べておきたい。「技」は単なるマニュアルではないし，単に形を真似ることではない。「技」の背景には「こころ」があり，「技」は経験を通して洗練された「型」に則っている（源，1989）。「技」は頭では理解できていても簡単には身につけられないものであり，「技」の習得には試行錯誤が必要である。大事なことは，その「技」が意味することは何か，その「技」は何のためにあるのかという本質，すなわち「こころ」を知ることである。カウンセラー，教師，そして保護者には，相手の話を聴いていくときの指針として「十二の技」を活用してもらいたい。

技1 ▶鏡になって反射する

　カウンセリングの基本の技は「反射」である。反射とは，聞き手が話し手の言葉の中で重要だと思った言葉をそのまま繰り返すことである。たとえば，話し手が「この先どうなるか心配です」と言ったとき，聞き手が〈この先どうなるか心配なんですね〉とそのまま返すことである。この技は「オウム返し」と呼ばれることがあるが，反射はオウムのような単調な発音ではなく，声の調子が重要である。反射の中で，特に感情に焦点を当てて反射することを「感情の反射」と言う。

　反射はどのような効果があるのだろうか。第一に，話し手は相手にしっかり聴いてもらっているという感覚がもてる。第二に，話し手は自分が話したことが相手に正確に伝わったことが分かる。第三に，話し手は自分が話したことを，改めて相手から同じ言葉で聞くことによって，自分の考えや感情を客観的に知ることができる。たとえば，話し手が「母が憎い」と言って，聞き手が〈お母さんのことが憎い〉と反射したとき，話し手は自分が「憎い」という言葉で感情を表現していることに改めて気づくようなことである。

　反射は，やり方は簡単だが，実は難しいものである。一見，反射のようであっても，話し手と聞き手の間に微妙なズレが起こる。聞き手は話し手の言葉と同じ言葉で返したつもりだが，イントネーションが違った場合には実質的には反射にならないことがある。たとえば，話し手が「くやしくて，くやしくて」と強く2回繰り返したとき，聞き手が〈くやしかった〉と淡々と言ってしまった場合には，反射の効果はなくなり，ズレが起こる。また，言葉を少し言い換えただけで反射ではなくなってしまう。たとえば，話し手が「のけ者にされて，くやしかった」と言った時，聞き手が〈のけ者にされて，つらかった〉と返した。一見，反射のようだが，話し手は「くやしかった」と言ったのであり，「つらかった」とは言っていない。くやしいという言葉に込められている怒りの感情は受け取ってもらえなかったということになる。

　こうした微妙なズレを許せないと感じてしまう人がいる。特に，周囲に自分の気持ちを分かってくれる人がいなくて，誰かにぴったりと分かってほしいと思っている人ほど，聞き手への要求水準が高くなり，少しでもズレが起こった時に失望感をもってしまう。そして，ズレが大きかった場合には，話し手は深

く傷ついて，悲しかったり怒りを感じたりして，面接を継続することが難しくなる。実は，このズレという状況が話し手のトラウマだった可能性が考えられる。だからこそ，話し手は微妙なズレに過敏に反応して動揺しているのである。それで，このズレの状況を克服していくプロセスが心理的回復に大きく貢献することになる。過去，今ここで，ズレによって傷ついて，悲しみと怒りを抱えているという気持ちに，聞き手が共感していくことが重要である。こうしたズレの治療的活用という側面がある。

　微妙なズレは多かれ少なかれ必然的に起こることであり，避けることができないものである。つまり，厳密には，鏡のように返すことは不可能である。だからといって違ってよいということではない。鏡のように映し返したいという必死の努力をする中で，必然的に起こるズレが結果的に適度なズレになるのであって，ズレても仕方ないという開き直りは非共感的なズレとなって相手を傷つけてしまうことになるので，注意が必要である。

技2 ▶鳴き声として聴く

　ペットの犬をかわいがっている人は，その犬の鳴き声を聞いて，犬が今どのような要求をもっているのかが分かる。空腹なのか，外に行きたいのか，かまってほしいのか，犬の鳴き声は聞き分けられる。

　人間も，その心理状態によって声が違っている。元気のある声，さみしい声，甘えた声，怒った声などいろいろな声がある。話し手が「まあ大丈夫です」と言ったとき，話の内容では大丈夫という意味だが，声は小さく頼りないことがある。話の内容と声の響きが相反することがある。こうした違いに気づくことで，建前と本音が分かる。ところが，多くの場合，話の内容に注意が向けられやすく，声そのものを聴いていないことがある。表面上の言葉に引きずられて，話し手の葛藤の心理状態を読み誤ってしまうことがある。それゆえ，常に人間の声を鳴き声として聴いてみることである。

　人と人とのコミュニケーションでは，鳴き声の掛け合いという側面がある。カウンセリングに来談したうつの人は最初の頃はか細い鳴き声である。この時カウンセラーは，「こんにちは」の言葉をどのように発するのがよいのだろうか。これからスポーツを始めるような元気のよい声をかければクライエントの

第2章 相手のこころに近づく聴き方十二の技　　19

気持ちとは大きくズレてしまう。そこで，クライエントの気持ちとズレないような小さく穏やかな声を発するのがよいだろう。

　朝の登校時，校門で教師が生徒に「おはよう」と声かけをしている。生徒はどのような「おはようございます」という鳴き声を返してくるのか。生徒の挨拶の鳴き声で，教師はその生徒の心理状態を判断している。

　声についていろいろ検討してみよう。声は，振動によって伝わる音波であり，指向性がある。顔がうつむいていれば，声は下に落ちてしまって，相手にしっかりとは届かない。また顔が横を向いたり上を向いたりしていれば，声は別の方向に行ってしまい，相手にはしっかりとは届かない。声を確実に相手に届けるためには，顔が相手を真っ直ぐに見て，相手の胸に投げるように声を発することである。相手の胸に確実に届けるように声をかけることによって，まさに相手のこころに響く言葉になると思われる。教員養成においても，カウンセラー養成においても，声かけの方法として重要な事項である。

　声は言葉の意味を伝えるだけではなく，人の感覚を揺さぶる働きがある。たとえば，「ざわわ，ざわわ，ざわわ，広いさとうきび畑は」という歌詞がある。沖縄のさとうきび畑が風に吹かれている様子が目に浮かぶ。そこで，「ざー」という声を発してみよう。どんな感覚が起こるだろうか。喉や胸の中に何かモヤモヤとした感覚が起こってこないだろうか。「ざわめく」，「ざわつく」など「ざー」という声には漠然とした不安が込められている。人の声そのものが，人の気持ちを和らげたり，苛立たせたり，不安を感じさせたりする。もしかすると母親のせわしい声が子どものイライラ感を増長させていないかどうか観察してみてほしい。母親が意識して穏やかな声を発することで，子どもが落ち着けるかもしれない。

　以上のように，人間の声を鳴き声として聴いてみることで新たな発見がある。人々はどのような鳴き声をしているのか，また自分はどのような鳴き声をしているのか，よく観察をしてみよう。

技3 ▶目を使って聴く

　目に映れども見えず。対象が目に映っていても，対象を見ることに注意が向いていなければ，その対象は意識には上がってこない。聞き手が話の内容に気を取られていると，見ることに注意が向いていないので，話し手の表情や姿勢を意識化することはできない。「目を使って聴く」ということは，相手の非言語的行動あるいは身体言語（ボディ・ランゲージ）を見ることに注意を向けながら話を聴くということである。それはどのような点で役立つのだろうか。

　話し手の非言語的行動を知ることによって，その人の心理状態の理解が促進される。たとえば，会話中に腕組みをするのはどのような心理状態だろうか。それは，相手に対して威圧的になっていたり，自分が防衛的になっていたりすることの現れである。また，手で身体を撫でる動作はどうだろうか。人は，不安な気持ちや寂しい気持ちの時，自分の手で自分の腕や胴体を撫でることがある。また，口の周辺を指で触れる動作はどうだろうか。指1本で口の周辺を触ってみよう。これは甘えた気持ちになっている心理状態である。

　ことわざで，"目は口ほどにものを言う"というのがある。人の目には本心，本音が表現されていることがある。"目を輝かせる"というのは比喩のようであるが，実は目は本当に輝くのである。目は瞳孔が大きくなると黒目が大きくなって，それが光に反射して輝いているように見える。瞳孔は，目の中に入る光の量を調節する働きがあり，明るい場所では光の量を減らすために小さくなり，暗い場所では光の量を増やすために大きくなる。こうした働き以外にも，何か興奮すると瞳孔が大きくなるという性質がある。それゆえ，話し手の話に関心をもって好意的に聞いている時，聞き手の気持ちは興奮して，瞳孔は大きくなる。つまり，黒目が大きくなって，まさに目を輝かしながら聞いていることになる。

　大人に比べて子どもは，とくに中学生は，相手の目をじっと見て直感的に目の輝きを感じている。そして，相手は自分に関心をもっているのか，自分は嫌われていないか，相手はうそをついていないか，相手は本心なのかなどと相手の目の輝きを通して判断している。大人は，言葉の内容に関心が向かうので，相手の目を本当には見ていないことが多い。中学生は，相手の目に注意を向けているので，親や教師やカウンセラーなどの大人の本心は見破られてしまう。

第2章　相手のこころに近づく聴き方十二の技　　21

このような意味で，中学生に対して大人は本気で対応しないといけない。

技4 ▶話されなかったことを想像する

　話し手が「僕は友達なんかいらない」と言った時，これを文字通りに受け取ると，友達は全くいらないということになる。また，話し手が「あなたなんか大嫌い」と言った時，これを文字通りに受け取ると，あなたのことは大嫌いということになる。しかし，話し手の気持ちは本当にそうだろうか。人のこころは，葛藤やアンビバレントなことがあって白黒つけられないことが多い。

　人の気持ちはまるでシーソーのように，6：4になったり，4：6になったりして，二つの気持ちの間で揺れ動いている。そして，6割の方の気持ちが言葉として表出され，4割の気持ちは表出されないでこころの中に潜んだままになる。これを「6：4の法則（ロクヨンの法則）」と呼ぶことにする。前述の例で考えてみよう。話し手が「僕は友達なんかいらない」という6割の気持ちを言葉にした時，「僕は信じられる本当の友達がほしい」という4割の気持ちはこころの中に潜んだままである。また，話し手が「あなたなんか大嫌い」という6割の気持ちを言葉にした時，「本当はあなたのことをもっと好きになりたい。甘えたい」という4割の気持ちは潜んだままである。

　そこで，「話されなかったことを想像する」という聴き方は，話し手のこころの中に潜んだままになっている4割の気持ちを想像しながら聴いていくということである。結果として口から出てきた言葉だけでなく，言われなかったことにも気を配ることである。具体的にはどのような対応をすればよいのか。前述の例を用いると，話し手が「僕は友達なんかいらない」と言った時，聞き手はまず〈友達なんかいらないと思うんだね〉と反射の技法で返す。そう返されると話し手は，理解してもらえたと思う反面，本当の気持ちとのズレを感じる。そこで聞き手は，〈何かわけがあるのですか？〉，〈どんな友達がほしいですか？〉という質問をして，話されなかった気持ちに焦点を当てていくのである。

　ただし，注意しておかねばならないことは，話し手は自分が発した言葉に責任をもつことや，聞き手は相手から発せられた言葉通りを尊重することは，現実社会のコミュニケーションとしては大事な側面があるということである。

　「話されなかったことを想像する」という聴き方にはもう一つの意味がある。

それは，話し手自身も気づいていないところの無意識に焦点を当てた聴き方である。青年が「何かムカつく」，「何かイヤ」という表現しかできない時，こころの中には言葉になる前の気持ちが流れている。簡単には言語化することができない気持ちは，行動化（強迫行為，自傷行為，等），身体化（腹痛，身体の違和感，等），精神症状化（不安，無気力，等）によって表現される。聞き手は，こうした明確な輪郭をもたない漠然とした気持ちを想像しながら聴いていくことが大切である。青年のこころの中で流動する感覚や感情を大事にしながら，〈それはもしかするとこういうことだろうか〉，〈それはもしかするとこういう意味だろうか〉，などと青年が言葉にしていくための支援を行うことである。こうして青年の気持ちが言語化の道をたどることによって，行動化，身体化，精神症状化は軽減されていくのである。

技5 ▶ 言葉を口に入れ，よく噛んで，腹に入れ，消化する

知的理解というのは，相手の言葉を"耳から入れて頭で分かる"という聴き方である。一方，共感的理解というのは，相手の言葉を"口に入れ，よく噛んで，腹に入れ，消化する"という聴き方である。この一連の流れは，四つのステップ，①"口に入れること，②"よく噛むこと"，③"腹に入れること"，④"消化すること"に分割して考えることができる。

まず，①"口に入れること"について考えてみよう。「梅干し」という言葉を口に入れてみる。そうすると多くの人には唾液分泌という条件反射が起こる。また，「不登校」あるいは「人から見られているようで苦しい」という言葉を口に入れてみる。そうすると，このような経験がある人は胸が締めつけられるような緊張反応を起こす場合がある。他方，この言葉の意味は理解できるけれど何も身体反応が起こらない人がいる。つまり，自分が経験したことがある人は口に入れて味わいやすいが，自分が経験したことのない人は口に入れて味わうことは難しいのである。

次に，②"よく噛むこと"について考えてみよう。「経験がないから分からない」とか，「経験があるから分かる」などという簡単なものではない。それは，ある人の経験と別の人の経験は似ているけれども，いろいろな点で異なるからである。自分も経験があるから同じ味だと思い込んで，分かった気になってし

第2章 相手のこころに近づく聴き方十二の技　　23

まうことがあるが，これは誤解である。むしろ，自分には経験がないからどういう味なのかを一つひとつ相手に確認する方が相手の経験を正しく理解することにつながる。つまり，"よく噛むこと"は，相手の経験を一つひとつ確かめていく過程である。経験のある人は口に入れて味わうことは容易かもしれないが，よく噛まずに飲み込んでしまう危険がある。ややもすると，相手の経験ではなくて自分の経験を飲み込んでいるだけに過ぎないことに注意する必要がある。

　そして，③"腹に入れること"とは，聞き手がよく噛んで飲み込んだ相手の経験を自分の経験と照らし合わせることである。たとえ別の人物の違った経験ではあっても，同じ人間としてそこに共通する本質がある。たとえば，話し手の不登校という経験に対して，聞き手は不登校の経験がなかったとしても，人間の挫折経験に本質的に含まれているところの，孤独感，無力感，怒り，悲しみなどの影の部分，他方で絆，思い遣り，あきらめないことなどの光の部分については共通している。たとえば，会社で活躍する父親は不登校の中学生の息子のことを腑甲斐ないと感じて全く理解できないと拒絶していたけれども，息子の話をよく噛んで腹に入れて，父親自身が若い頃に挫折して苦しんだ経験と照らし合わせてみたとき，父親は人間の挫折経験に本質的に含まれている光と影に気づき，息子への理解が広がり深まっていくのである。

　最後に，④"消化すること"について，前述の父親の例をもとに説明しよう。父親は，腹に入れて，自分の挫折経験に照らし合わせたことで理解が促進され，息子の状況を消化することができた。父親は息子の置かれた状況の辛さが身にしみてよく分かるようになり，息子に温かい言葉かけができるようになっていった。しかし，息子が「あいつのせいで」と人を恨んだり，「何で自分だけ」と人を妬んだりしたとき，父親は息子の言葉を"口に入れ，よく噛んで，腹に入れる"のだが，前向きなパーソナリティの父親にとっては人間の恨みや妬みの感情というものは消化しにくかった。父親は，腹に入れたものの，消化不良を起こして吐き出してしまった。もし無理解な親ならば，最初から口に入れることさえも拒絶しただろう。

　ところで，この不登校の息子が「あいつのせいで」，「何で自分だけ」と言葉にしたのは，息子自身が自分のこころの中でその気持ちを消化できず吐き出したと考えることができる。このように消化不良の気持ちを言葉にして投げかけてくる。それゆえ，聞き手もこの言葉を腹に入れると消化不良を起こす可能性

が高い。息子にとっても父親にとっても簡単には消化できない気持ちである。こうした時，父親は自分では消化できない気持ちをカウンセラーに投げかけて，カウンセラーに消化してもらう方法がある。そして父親は，恨みや妬みという消化不良を起こしやすい感情をどのように理解しどのように克服していくのかを知り，改めて息子と向き合うことになる。

技6 ▶ 自然に話したくなる質問の仕方

　何も話したくないという拒否的な青年，何を話したらいいのか分からないという不安の強い青年がいる。こうした青年が親に促されて無理をして来談することがある。拒否的な青年は腕組みをして顔を背けていたり，不安の強い青年は固く手を結んでうつむいていたりする。こころだけでなく，姿勢にも気持ちが表現されている。

　カウンセラーが〈今日はどうしてここに来てみようと思ったのですか？〉と質問すると，青年は「……」と沈黙のままである。〈何か困っていること，相談したいことはありますか？〉と質問すると，「別に…」と一言だけである。「こういう話はあまりしたくないですか？」と質問すると，「分かりません」と言うだけである。これ以上は青年のこころに入り込めないと思って，普通は降参する。しかし，カウンセラーはこれから青年のこころと身体を一つひとつゆるめ，閉ざされた扉を開いていくのである。

　そこで，「自然に話したくなる質問の仕方」を用いて話を聴いていく。質問の仕方には，閉ざされた質問（クローズド・クエスチョン）と開かれた質問（オープン・クエスチョン）の2種類がある。閉ざされた質問とは，はい・いいえ，簡単な単語で回答できる質問の仕方のことである。たとえば，〈きょうだいはいますか？〉（回答例：「いいえ」），〈何時に起きましたか？〉（回答例：「9時」），〈好きな食べ物は何ですか？〉（回答例：「カレーライスです」）などである。閉ざされた質問のメリットは，簡単に答えやすいことである。デメリットは，このような質問を連続して受けた時，何か暴かれているように感じられることである。他方，開かれた質問とは，答える者がどのようにでも答えられるような自由度の高い質問の仕方のことである。メリットは，思ったことを自由に言えることであり，デメリットは，何を言えばよいのか迷うことである。たとえば，〈いまの気分はどうです

か？〉，〈どんなところが好きですか？〉，〈どんなふうに思いましたか？〉など
である。開かれた質問は，クライエントが思ったことを自由に答えることがで
きるので，主体性が引き出される。

　状況によって，この2種類を使い分けていく。まずは，沈黙しがちな青年に
は閉ざされた質問をする。〈何か好きなことはありますか？〉と質問すると，青
年は「野球」と答える。そして，〈好きな選手は？〉と質問すると，「○○選手」
と答える。そこで，〈どんなところが好きなの？〉と開かれた質問をする。そう
すると，青年は自分が好きな選手の話なので自然に話したくなる。質問内容も
重要である。その青年の趣味や好きなことに関して開かれた質問がされたなら
ば，青年は気軽に楽しく話せる。

　たとえ無理に連れて来られた青年であっても，親はやっとの思いで連れてき
たのであり，また青年もかなり頑張って来談したのだから，拒否的な気持ちの
まま帰してはいけない。また，「もう二度とカウンセリングなんか行きたくな
い」と思わせるような逆効果があってはなおさらいけない。まだ来談の時機で
はなかったという合理化をして，自己弁護してはいけない。カウンセラーの関
わり方が誤っていたからかもしれない。引きこもりの青年は，ある意味では社
会的な命が危機にさらされている状態である。来談は少ない貴重なチャンスだ
から，取り逃がしたり見捨てたりしてはいけない。

技7 ▶ こころの波長を合わせる，波長をずらす

　相手のこころに近づくためには，相手のこころの波長に合わせることが重要
である。スターン（Stern, D. N., 1985）は，母親と乳児の相互交流において情動調
律という概念を提唱した。たとえば，乳児はおもちゃに興奮して「アー」とい
う喜びの声をあげ，母親を見る。すると母親も乳児の目を見て，乳児の「アー」
という声のリズムに合わせて，手を握ったり広げたりする。これが情動調律で
ある。このように，相手の動作や声に対して，同じリズムの動作や声で応答す
ることである。

　こころの波長が合っていることが調律だとすると，反対にこころの波長がず
れていることは誤調律である。たとえば，小さな声でぼそぼそと話す人に対し
て，元気な声で返すのは波長がずれており，誤調律である。「技2. 鳴き声とし

て聴く」で述べたように，人の声を鳴き声として聴くとその人の感情状態が分かる。その鳴き声に波長が合っている応答（動作や声かけ）をすることは調律であり，波長がずれた応答をすることは誤調律である。

こころの波長をわざとずらす方法がある。これは意図的誤調律と呼ばれている。たとえば，乳児がワーワーと激しく泣いているとき，親はその泣きのリズムとは違った穏やかなリズムを乳児に送り込む。親は「よし，よし」と穏やかに声をかけ，優しく背中をさすってあげる。すると，乳児の興奮はだんだん静まっていく。また，別の例を挙げよう。ある生徒指導のベテランの先生は，生徒たちが一触即発で喧嘩を始めそうになっている時の対応について教えてくれた。その時教師は，激しい大きな声をかけるのではなく，穏やかに「まぁ，座れ」と言って生徒を落ち着かせるそうである。生徒の興奮した気持ちの流れに乗らないで，穏やかに接していくことが大事だと教えてくれた。このように，わざとこころの波長をずらすという意図的誤調律はさまざまな場面で活用できる。

うつ状態の人のカウンセリングにおけるカウンセラーの対応を例に考えてみよう。カウンセラーは，面接の最初の時間はボソボソと穏やかな声かけをして，うつ気分のクライエントに波長を合わせる。中盤からは少しずつ元気のよい声かけや笑いのある関わりをして，波長をずらすことによって，クライエントの元気を引き出していく。もし，カウンセラーが最初から最後までクライエントのうつ気分に波長を合わせてばかりだと，クライエントのうつ気分は長引いたり増幅して，うつ気分を強めてしまうことになる。最初は波長を合わせ，その後は波長をずらすという応答の仕方は，同質性の音楽と異質性の音楽の活用と似ている。元気がないときはバラードを聴いてこころの波長と合わせ，その後は軽快なリズムの曲を聴いていくことで，気分を変化させるという方法である。

技8 ▶肯定的に言い換える

否定的な意味の言葉を肯定的な意味の言葉に言い換えることである。否定的な意味を肯定的な意味に捉え直してフィードバックすることである。リフレイミングとも言われている。

「私はあきっぽいんです」という否定的な意味をもつ言葉に対して，聞き手は〈好奇心旺盛なんですね〉と肯定的な意味の言葉を返す。「私はいいかげんなん

第2章 相手のこころに近づく聴き方十二の技　　27

です」に対して、〈おおらかなのですね〉と返す。「私は頑固です」に対して、〈意思が強いのですね〉と返す。「口が軽い」に対して、〈うそがつけないのですね〉と返す。「自分がない」に対して、〈協調性豊かですね〉と返す。

このように一面的な見方、とくに否定的な見方に囚われている人に対して、本人が気づいていない肯定的側面に光を当てること、つまり別の視点、別の意味を提供することである。

しかし、聞き手が肯定的に言い換えて返したとしても、否定的な見方に囚われている人は簡単には変化しない。それは、反射的に起こってしまう「考え方の癖」（認知行動療法の自動思考）だからである。肯定的な面を見ようとしない、悪いところばかりを拡大して見る、全てを悲観的に捉えるなどという「考え方の癖」である。私たちは日常生活の行動においてもさまざまな癖があるが、こうした癖はなかなか直らないものである。では、癖を直すにはどうすればよいのだろうか。第1段階は「自分の癖に気づく」ことである。第2段階は「自分は癖を変えることができる」というエフィカシー（自己効力感）をもつことである。第3段階は「癖を変えたい」というモティベーション（動機づけ）を高めることである。こうした過程を経て、「考え方の癖」は少しずつ変化したり、ある時は突然に変化したりする。

ただし、ねたみ、うらみの心理である「ルサンチマン」（ニーチェが提唱した概念）に陥っている場合には、ここから抜け出すにはかなりの時間がかかる。なぜなら、それは癖というレベルのものではなくて、こころの奥底にあるトラウマ（心的外傷体験）が影響しているからだと考えられる。

技9 ▶支えること，探すこと

「支えること」とは、なぐさめること、肯定すること、励ますこと、一般化することなどである。「探すこと」とは、詳しくたずねて掘り下げていくことである。まるで金属探知機のように、見えないところに潜んでいるものを発見することである。なお、以下では支えることを「支持的対応」、探すことを「探索的対応」とする（McWilliams, N., 1999）。

母親が「子どもの細かいことまで気になります」と言った。これに対してカウンセラーが「母親ですから気になりますよね」などと返すのは支持的対応で

ある。他方，カウンセラーが「どんなことが気になるか，例を挙げて教えてください」，「小さなことまで気にしてしまう自分のことをどんなふうに思いますか？」などと返すのは探索的対応である。

　もう一例を挙げよう。生徒が「何か気になって勉強する気が起きないです」と言った。これに対して教師が「そういう時は勉強が手に付かないよね」などと返すのは支持的対応である。他方，教師が「気になっていることを教えてくれませんか」，「やる気が起きない時は，それからどうしているの？」などと返すのは探索的対応である。

　来談の最初の頃には，支持的対応が望ましいだろう。カウンセリングにやって来たクライエントは自己否定の気持ちが強かったり，混乱していることが多い。そこで，こうした時には支持的対応によってこころに元気を回復することが必要である。「心配ですね」などとなぐさめ，「これまでよく頑張って来られましたね」と肯定し，「希望をもって一緒にやっていきましょう」と励まし，「あなたと同じように悩み苦しんでおられる人もいますよ」と一般化し，このような支持的対応が効果的である。

　しかし，面接が何回か過ぎて，クライエントがある程度落ち着いてきた時には，カウンセラーの支持的対応は何か物足りないように感じられ，また問題を回避しているだけのように感じられたりする。クライエントは，自分が背負っている問題に立ち向かっていく勇気と動機が高まってきているのだろう。そうなって初めて探索的対応が効果をもつことになる。

　カウンセラーはクライエントと協力し合って，クライエントの環境やこころの世界を一緒に探索していく。しかし手当たり次第に掘り下げるのではない。カウンセラーのもつセンサーの性能がどの程度のものなのかが重要である。鈍かったり歪んでいるセンサーでは何も発見できない。たとえば，カウンセラーが「お父さんはどんな人ですか？」と尋ねたとき，クライエントは「普通の人です」と答えた。その時カウンセラーのセンサーは「ピピッ」と反応した。ここには何かあることに気づいたのである。

　支持的対応と探索的対応は，相反するものではなく相補的なものである。支持的対応のイメージは“温かいものを注ぐこと”である。探索的対応のイメージは，“掘り起こすこと”である。カウンセラーは，クライエントのこころの世界を一緒に歩きながら，“掘り起こすこと”によって，地中に潜んでいた大事な

第2章 相手のこころに近づく聴き方十二の技　　**29**

ものを地表に出して安全に取り扱う。一方，ぽっかりと空いた穴には“温かいものを注ぐこと”で修復を行う。面接が展開していくというのは，こうした支持的対応と探索的対応の循環によって，クライエントのこころの世界がしだいに耕されていくというイメージである。

技10 ▶ 自己開示

　相手がどんな人か分からないと，自分を出しにくいものである。そこでカウンセリングでは，クライエントが人に対して過敏になったり警戒している時，カウンセラーが自己開示をしてクライエントに安心感をもってもらうようにする。自己開示とは，自分に関する情報（事実，経験，感情，人生観など）を他者に言葉で伝えることである。カウンセラーの自己開示によって，クライエントはカウンセラーに対して安心感と親近感を抱くことができる。たとえば，カウンセラーが〈私の趣味は音楽を聴くことです〉，〈私は初対面では緊張する方です〉などと自分のことを率直に話すことである。なお，広い意味の自己開示には，間接的に個人の考えや気持ちが含まれた表現がある。たとえば，〈紅葉がきれいになってきましたね〉，〈ドライブなどをして気分転換も大事です〉などと言う場合である。

　自己開示の内容はどのようなものがよいのだろうか。相手のことをあまり知らない段階では，似ていたり共通している内容について自己開示する方がよいだろう。たとえば，サッカーが好きだという青年には，自分もサッカーが好きだという話をするのがよい。青年の場合，音楽，芸能，スポーツなどの話題を共有することによって，安心感のある関係づくりができる。カウンセリングで，ある中学生が人の目が気になると訴えたり，くよくよ考えるとお腹が痛くなると訴えた時，カウンセラー自身も同じような経験があることを自己開示すると，中学生は安心感をもつことができる。他方，違う内容を自己開示する方が効果的な場合もある。ある中学生が「あんなことを言われて嫌だったけれど，我慢して黙っていた」と言った時，カウンセラーが〈本当に腹が立つねえ。私だったら文句を言うかもしれない〉と自己開示する。そうすると自分を抑えがちだった中学生は，誰でも腹が立つのは当然だから文句を言ってもいいのだと思えて，気持ちが楽になることもある。このように自己開示の内容は，どのような効果

をもたらすのかを想像しながら選んでいくことが大切である。

　社会心理学では「自己開示の返報性」という考え方がある。これは，自己開示を受けた人は自己開示をしやすくなるということである。相手がそこまで話してくれたのだから，自分も話そうという気持ちが生じるのである。カウンセラーが自己開示することで，クライエントも返報性によって自己開示しやすくなる。

　自己開示の過程には，互いの関係性が影響している。日常関係では一般的に，お互いに少しずつプライベートな話をしていくことで関係性が深まっていく。しかし，自他の境界がゆるい人がいる。初対面なのに，かなり個人的な自己開示をしてしまう人は，相手を戸惑わせることがある。相手との関係性に見合った内容の自己開示というものがある。ただし，カウンセリング関係においては，専門家に相談するという特別な関係なので，初対面であっても他人には言いにくい悩みを自己開示できるという面がある。

技11 ▶分身になる

　「分身になる」という技は，相手のこころに近づくために，"自分がどこか相手と似ているところ"を見つけるという聴き方である。もしかすると相手は"自分の分身"であり，言い換えれば"もう一人の私"であるかもしれないと想像してみる。こうした聞き手の関わりを通して，相手は自分独りだけではないという感覚を得て孤独感が癒やされる。

　人はさまざまなこころの悩みを抱えている。その悩み自体からくる苦しみに加えて，悩みを抱えたために副次的に起こる孤独感に押しつぶされそうになることがある。たとえば，家庭内暴力を振るう子どもを抱えた母親は，自分だけがこんなにも苦しんでいて，この気持ちは誰にも分かってもらえないという孤独感に陥ることがある。また，ひきこもりの青年は，ほとんど外出することもなく自分の部屋で過ごしながら自分は独りぼっちだと感じて，この気持ちから逃れようとしてゲームに没頭していることがある。こうしたクライエントと向き合うカウンセラーは，"自分がどこか相手と似ているところ"，"もう一人の私"を発見しようと思いながら話を聴いていくのである。同じ人間として何か共通するところはないかと考えてみる。たとえば，この母親とは「くよくよと

第2章　相手のこころに近づく聴き方十二の技　　**31**

悩むところは似ている」，この青年とは「空想して楽しむところは似ている」などと考えてみる。こうした似ているという気持ちになる時，カウンセラーはクライエントに親しみを感じ，共鳴し，温かい気持ちになることができる。このようなカウンセラーの態度や雰囲気を通して，クライエントの孤独感が癒やされる。

　同様に，子どもに関わる父親，母親，担任教師においても，“自分がどこか相手と似ているところ”，“もう一人の私”を発見することによって，子どもに親しみを感じ，共鳴し，温かい気持ちになることができる。たとえば，“強くなければならない”という強さ志向で生きてきた父親が，自分には不登校の経験はないけれども，不登校の息子が今感じている挫折感，劣等感，疎外感という側面では共通する経験があることに気づいたとき，息子に対して温かい気持ちになることができる。そして息子は，こうした父親の深い愛情に接したことによって，孤独感が和らぎ，癒やされる。一方，父親も気持ちが楽になる。それは，父親自身が自分の中に抑圧してきた“弱さ”を認めるからである。

　以上のように，「分身になる」という聴き方を通して，立場は異なるけれども自分と相手を重ね合わせてみることによって，人間の悩みの根本にある孤独感が癒やされるのである。

　しかし，似ているところが何も見つけられなかったときはどうすればよいのだろうか。自分は相手とは全く違う人間だという突き放した見方からは何も生まれてこない。表面的な類似性だけで見ようとしないことが大切である。河合 (1970) は「共通の因子」を見つけることだと言っている。クライエントが家出のことを話していたが，カウンセラーには家出の経験がなかった。家出は親からの自立という意味があり，この点ではカウンセラーにも同じ経験があることに気づいた。このように人間の本質を捉えていくことが大切である。

　一方，似ていると思い込んでしまうことの危険もある。カウンセラー自身，深刻な悩みを抱えた経験のある人は，自分と似たような経験をもつクライエントに同情的になってしまって，自分を見失わないように注意する必要がある。

　最後に，「分身になる」という聴き方は次のような概念から導かれたので，ここで紹介しておきたい。神田橋 (1984) は「相手の身になる技法」という話の中で，援助者が実際に患者のベットに横になってみたり患者の姿勢や動作を真似てみることが大切だと述べている。サリヴァン (Sullivan, 1953) は，同性同年

輩の親しい友人のことを「チャム」と呼んで，その本質は「似ていること」にあると述べている。コフート（Kohut, 1984）は，本質的に類似しているという安心の体験を与えてくれるものを「分身自己対象」と呼んだ。

技12 ▶意味を探し求める

　夜空に散りばめられた星には何か意味があるのだろうか。古来から人間は星を眺めて，星の集まりを一つの意味あるもの，たとえば双子座などと見なして，物語を連想してきた。こうした星座（コンステレーション）は，人間が星の偶然の布置（配置）に「意味」を発見したことから創作されたものである。ただし，星座を構成している恒星は，天体力学的な関連をもって並んでいるわけではない。星座のそれぞれの恒星は，地球からの距離もまちまちであり，たまたま同じ方向に見えるだけのことである。

　星座はただの偶然で並んでいるだけなのだろうか。このような星と同じように，自分の命はただの偶然で生まれただけなのだろうか。また，自分の家族はただの偶然で一緒になっただけなのだろうか。それは，偶然かもしれないし，偶然ではないかもしれない。真実は分からないが，確かなことは人間は星座のように「意味」を創造する性質があるということである。人は自分の人生の「意味」を感じることによって，生きる意欲，使命感，生きがいをもつことができる。

　人は病気や悩みに遭遇したとき，それまで漠然と感じていた「意味」を見失うことがある。たとえば，自分の子どもにいじめや不登校の問題が起こったことで，これまでの子育てや家族のあり方に対して疑問をもったり，友人の存在や学校という社会制度に対して疑念を抱く。このように漠然と感じていた「意味」が壊れていく。そして，人生とは何か，家族とは何か，友人とは何か，学校とは何かなどを改めて捉え直し，新しい「意味」を創造していくのである。

　いじめや不登校のことは忘れてしまいたいと思うのは当然のことである。嫌なことには蓋をして，できれば見ないようにしたいと思うのが自然な気持ちである。しかし，病気や悩みには否定的側面だけではなく，肯定的側面もある。心理的に傷ついた経験があるからこそ，反対に心理的に成長できるということがある。これは「外傷後成長」と呼ばれている。いじめや不登校を経験したからこそ，人の思い遣りの温かさに気づくようになったり，人をゆるせる気持ち

第2章　相手のこころに近づく聴き方十二の技　　**33**

になれたり，ということがある。挫折経験，失敗経験，傷ついた経験は，人生では避けることができないものである。こうした経験は，新しい「意味」の創造という側面から見れば宝である。しかし，否定的にばかり見ていたのでは単に自分を苦しめる価値のないものになる。以上のようにして，人は病気や悩みを通して新たな「意味」の創造に向かっていくのである。

　カウンセラーの「意味を探し求める」という聴き方は，クライエントのこころの洞窟を歩いているようなものである。洞窟の暗闇の中で，カウンセラーは明かりを灯しながらクライエントと共に歩いている。カウンセラーが照らす明かりの下で，クライエントは病気や悩みに対する覆いを少しずつ取り払って，過去の否定的な出来事，現在の苦悩，そして未来への不安などを語る。こうした否定的側面だけではなく，これまでの努力や喜びなどの肯定的側面も照らし，一つひとつの様子を確認する。時には，見たくないことも見なければいけないこともある。その時クライエントの「抵抗」が起こる。カウンセラーは，こうした気持ちも当然のこととして理解し，励まし，一緒にこころの洞窟を歩き続ける。そして，カウンセラーとクライエントの二人は，クライエントの人生において星のように散りばめられていた出来事の中に星座（コンステレーション）を発見する。こうしたプロセスが「意味を探し求める」という聴き方である。結果として現れた「意味」は，カウンセラーとクライエントの関係性の中で協同して創造されたものである。

◉ 文献

　神田橋條治（1984）．精神科診断面接のコツ．岩崎学術出版社．

　河合隼雄（1970）．カウンセリングの実際問題．誠信書房．

　Kohut, H. (1984). How does Analysis Cure? The University of Chicago Press. (本城秀次・笠原嘉（監訳），幸順子・緒賀聡・吉井健治・渡邊ちはる（共訳）（1995）．自己の治癒．みすず書房)

　McWilliams, N. (1999). Psychoanalytic Case Formulation. Guilford Press. (成田善弘（監訳）(2006)．ケースの見方・考え方——精神分析的ケースフォーミュレーション．創元社)

　源了圓（1989）．型．創文社．

　Stern, D.N. (1985). The Interpersonal World of the Infant: A view from psychoanalysis and developmental psychology. Basic Books. (小此木啓吾・丸田俊彦（監訳），神庭靖子・神庭重信（訳）(1989)．乳児の対人世界——理論編．岩崎学術出版社)

　Sullivan, H.S. (1953). The Interpersonal Theory of Psychiatry. W.W.Norton. (中井久夫・宮崎隆吉・高木敬三・鑪幹八郎（訳）(1990)．精神医学は対人関係論である．みすず書房)

第3章

不登校の子どもへの訪問
十二の技

　家に引きこもっている不登校の子どもは，学校，教育支援センター（適応指導教室），専門相談機関になかなか行こうとしないので，教師やカウンセラー等の支援者は家庭訪問を行う必要がある。なお，本章では家庭訪問する支援者のことを「訪問者」と呼ぶことにする。

　文部科学省（2003）は，『今後の不登校への対応のあり方について（報告）』の中で訪問型の支援の促進について述べている。また，不登校生徒の訪問に関する研究論文には，スクールカウンセラーの訪問事例（岩倉，2003），開業の臨床心理士の訪問事例（大塚，1997），臨床心理士資格をもつ学校教師の訪問事例（長坂，1997），臨床心理士を目指す大学生・大学院生の訪問事例（篠原，2004）などがある。

　筆者が所属する鳴門教育大学大学院臨床心理士養成コースは，2002年度から教育委員会主催の『引きこもり傾向の不登校の訪問支援事業』に連携・協力している。筆者は教育委員会からの要請を受けて，訪問者（大学院生）の個人スーパーヴィジョンを行ったり，事例検討会のコメンテーターなどを務めてきた。そして，2002年度から現在までの十数年間で，約350の訪問事例の概要をみてきた。こうした経験の中から導き出されたのが「不登校の子どもへの訪問十二の技」である。

　本章で提示した技は，訪問者が家庭訪問を通して子どもの心理的支援を行っていくときの心得や関わり方である。教師，スクールカウンセラー，大学院生が不登校の子どもの家庭訪問を行う際に活用してもらいたい。また，不登校の子どもの保護者には，家庭訪問の意義や方法を理解するのに役立てていただきたい。

技1 ▶安心基地に入れてもらう

　子どもにとって家の中や自分の部屋は「安心基地」という大事な居場所である。子どもは訪問者のことを「安心基地」を脅かす侵入者のように感じて警戒している場合がある。子どもにとって不意の訪問は困惑や不安を与える。そのため，訪問するときは事前に家庭と連絡をとって，子どもに日時を知らせておくようにする。また，子どもには気持ちがのらない時は無理して会わなくてもよいことも伝えておく。会えない場合には，子どもの緊張状態が長く続かないように短時間で訪問を切り上げる。

　子どもが大切にしているペットがいる場合，訪問者はその名前をたずねたりかわいがったりする。また訪問者は，できるだけ定期的・計画的に訪問を継続する。このような関わりを通して，子どもは訪問者に親しみと安心感をもつようになり，安心基地に入れてくれるようになる。

技2 ▶さわやかな風を吹き込む

　子どもも家族もこころが閉ざされ固くなっていることがある。家庭が風通しの悪い，息苦しい雰囲気になっていることがある。こうした中，訪問者の存在はさわやかな風を吹き込むという意味がある。

　訪問者は子どもと顔を合わせることができたら「会えてうれしい」という気持ちをこころから伝える。子どもは大人の本心を見抜く。訪問者の表情，まなざし，声の調子などから，本当に安心できる人なのかどうかを見極めている。

　訪問者は，子どもの気持ちを落ち込ませるような話題ではなく，楽しく明るい話題を提供する。子どもの興味や関心，趣味などを大切にしながら関わっていく。登校，勉強，進級・進路に関する話題は，子ども自身がどう答えたらよいのか分からないことがあるので慎重に扱う。

第Ⅰ部 不登校の子どもへの理解と関わり

技3 ▶沈黙から脱する

　沈黙がちな子どもにとっては，長い沈黙はますます緊張を高めることになる。そこで訪問者は，「顔を合わせると緊張するね」，「何か言われないかと心配しているのかもしれないけれど，そんなことしないから大丈夫だよ」などと子どもの緊張や不安の気持ちに共感しながらそれを代弁してあげる。子どもは否定的な感情を受け入れてもらったことでかえって安心できる。

　沈黙がちな子どもに対しては，「どうしようと思うの？」など答えにくいような質問の仕方（「開かれた質問」）は控えて，「好きなテレビ番組は？」など簡単な単語で答えられる質問の仕方（「閉ざされた質問」）から会話を始める。そして，子どもが好きなこと得意なことを話題にして，一緒に楽しめる感覚を共有することが大切である。

　子どもは，もう二度と会いたくないという気持ちになるのか，それともまた会って話がしたいという気持ちになるのか。それは訪問者の関わりによって決まる。

技4 ▶機が熟すまで待つ

　子どもは，心理的な不調が起こると，集中力に欠け意欲が出なくなり根気がなくなり，何かをやろうとしてもできないことがある。また子どもは，傷ついていたりひけめを感じていたり，いろいろな気持ちが渦巻いていて，こころを開けないこともある。こういう時は「しばらく見守りましょう」という対応になる。しかし，これは放任することではない。子どもの様子をみながら適度な刺激を送り続けて，その反応を確認することである。適度な揺さぶりをかけ，関わりを止めないことが大事である。

　訪問者は，子どものあるがままを認め，「無理しなくてもいいよ」，「自分のペースでいいよ」，「自分の気持の流れのままでいいよ」と声をかける。しかし子どものあるがままを受け入れることは非常に難しい。訪問者が子どもを「直したい」，「変えたい」と思うのは，子どもの生き方をどこかで否定している。そうした訪問者の気持ちを子どもは敏感に察知して，心を閉ざしてしまう。また訪問者は，明るく楽しいことを中心に関わっていく一方で，「もしいろいろ相

第3章 不登校の子どもへの訪問十二の技　　**37**

談したくなったら，その時は話してね」と内面を見せてくれるのをいつでも待っていることを伝えておくことも大事である。

　訪問者は以上のような関わりを通して，機が熟すまで待ち続ける。

技5 ▶会えない時にはこころを渡す

　子どもが訪問者と会わなくてもよいことを保障することは大切である。子どもは，人の表情，視線，声などの刺激に過敏になってしまって，人に直接顔を合わせることができない場合がある。「こころの花粉症」のようなもので，人がいるところに出られなくなる。そういうときは，手紙やメールを使って，子どもの心理的抵抗が少ない方法で関わることが必要である。

　訪問しても顔を見せてくれない子どもは，訪問者がどのような感じの人なのか，家族とどのような会話をしているのか，その様子を感覚を研ぎ澄まして感じている。訪問者は，こうした子どもの存在を意識し，子どもの気持ちを想像しながら家族と交流する。訪問者は，家族と雑談したり，ペットと遊んだり，子どもに聞こえるように挨拶したりなど，子どもに安心感をもってもらうようにすることが重要である。つまり，会えない時には安心感を渡すということである。なお，子どもと家族との関係があまり良くない場合，訪問者が家族と親しく交流すると，逆に子どもは訪問者に対して警戒するので，この点は配慮する必要がある。

　最初は会えなくても，週1回ペースで継続的に訪問する。手紙やメールを活用し，また親の情報を得ながら，訪問に対する子どもの気持ちを推測しながら子どもに無理のない範囲で訪問を継続する。10回訪問してやっと会えたという場合もある。難しい場合もあるので，その時はしばらく訪問は見送る場合もある。

技6 ▶明かりを灯しながら共に歩む

　子どもは暗闇の中を光を求めて歩んでいる。訪問者は，子どもが道を大きく外れないように安全に前に進めるように明かりを灯してあげる。

　子どもは，お昼頃に起きたり，ゲームばかりして勉強をしなかったりなど，だらしなさが目立つ場合がある。子ども自身もこれでよいとは思っていないけ

れども，現実の自分の姿を直視することを避けている。そうしないと劣等感，疎外感，罪悪感，孤独感などで押しつぶされそうになるからである。

　そこで訪問者が現実に立ち向かうプレッシャーをかけると，子どもは追い詰められ，こころを閉ざしたり反撃に出たりする。訪問者は，良い・悪い，できている・できていないなどの評価をしないことが大切である。

　訪問者は，子どもの状況の改善を期待して，「～しよう」などと約束をするかもしれない。しかし，子どもは，約束を守れるかどうか不安になったり，約束を守れなかったことで信頼を裏切ったという罪悪感を感じて訪問者に会いにくくなる場合がある。子どもにとって励みになることもあるが，心理的負担を考えて過剰な期待にならないようにする。

　子どもは遅れている自分，できない自分にとらわれている。そして，こうした自分を認めたくなくて，うぬぼれたり，人を否定したり，人をねたむことがある。特にねたみは，「ルサンチマン」，「羨望」などと呼ばれており，人が囚われて抜け出せなくなるような感情である。

　訪問者は，以上のような子どもの気持ちを理解して，子どもが自分の道を自分なりに歩んでいくために，明かりを灯してあげて共に歩むのである。

技7 ▶共にいること

　不登校に至った原因は一つではない。原因を取り除けば不登校が解決するというものでもない。たとえば，親の過干渉が原因だと言った場合，正しいとも間違いとも言える。確かに親の過干渉が子どもの心理発達に影響していた面がある。しかし，過干渉になったのは，親自身の生い立ちが関係しているかもしれない。あるいは子どもの生得的な特質が関係しているのかもしれない。多様な要因が絡み合っており，原因はこれだなどとは簡単には言えない。不登校は，子どもの生得的特質やパーソナリティ，親子関係，家庭環境，友人関係，いじめ，部活など多様な要因が絡み合って起こったことである。

　不登校の状態を一つのシステムと見なす。システムとは，個々の要素が相互に影響しあいながら，全体として機能するまとまりや仕組みのことである。そうすると，ある要素に影響を与えると全体に波及していくのである。

　訪問者が週1回1時間家庭訪問をすることは，不登校状態というシステムに

第3章　不登校の子どもへの訪問十二の技　　**39**

影響を及ぼす。訪問者が子どもと話したり一緒に楽しんだことが，子どものこころの全体に，家族関係や家庭の雰囲気に影響を及ぼしていく。したがって，訪問して何か特別なことをしなければいけないというのではなくて，訪問者が子どもの気持ちに共感しながら，共にいることが最も大事なことである。

技8▶こころの傷に触れる

　子どもと訪問者の信頼関係が強くなってくると，子どもは他の人には話さなかったことを訪問者には話すようになる。幼い時代の話をしてくれたり，アルバムを見せてくれたり，いじめられたこと，家族への不満，不安な気持ちなどを話してくれる。訪問者は，子どもの秘密を守ることが大事である。ただし，子どもの安全に関わることなどは例外である。

　子どもは訪問者にこころの傷を見せてくれることがあるが，家庭は日常生活の場なので控えた方がよいことがある。親に対する思いやこころの深い傷を語ることは家庭という場では適切ではない。こうした話題は，非日常的な場，つまり相談室の方が良いと思われる。たとえると，こころの応急処置は家庭で行ってもよいが，こころの手術は相談室で行うのが適切である。

　訪問者の役割は，子どもが最初にこころの傷を見せてくれたとき，それを受けとめ共感することである。もし訪問者が励ましや説得などをすれば，子どもは再びこころを閉ざしてしまう。訪問者の受容と共感によって，子どもはこころの傷に向かい合っていく勇気と意欲をもつようになる。そこで訪問者は，子どもや家族をカウンセリングにつなげていくことである。

技9▶「小さなアーティスト」としての子どもの表現を味わう

　小さな声でぼそぼそと話す子どもに対して，訪問者が元気な声で話すのは波長がずれている（「誤調律」）。訪問者も同じようにぼそぼそと話せば波長が合う（「調律」）。子どもの声を「鳴き声」として聞いてみると，子どもの感情状態が分かる。そしてその鳴き声に波長を合わせて交流するのである。

　しかし，波長を合わせられてばかりだと，その感情が長引いたり増幅してしまう。たとえば，うつの気分に波長を合わせられると，ますます沈んだ気持ち

40　　第Ⅰ部 不登校の子どもへの理解と関わり

になってしまうようなことである。そこで，訪問者は少し明るい声を出して意図的に波長をずらしてみる（「意図的誤調律」）。すると，子どもは訪問者につられて明るい声に引き上げられる。

　子どもは「小さなアーティスト」である。たとえば，小さな詩人，小さなイラストレーター，小さな音楽家，小さな小説家などである。そのような子どもは，風で木の枝が揺れるのを見ていると心が揺さぶられるように感じたり，人の表情や声が自分の身体に突き刺さってくるように感じたりなど鋭敏な感受性をもっている。この才能・特質は諸刃の剣であり，優れた可能性をもつ反面，自分を苦しめるような危険性の両面を兼ね備えている。

　訪問者は，「小さなアーティスト」である子どもに波長を合わせて交流していくことである。子どもはさまざまな作品を制作するが，その作品には子どもの心理が投影されている。訪問者には，そうした作品を味わうことのできる感性が求められている。

技10 ▶ 「弱さ」を受け入れることによって 「しなやかな強さ」が得られる

　訪問者が自分自身のことを話題にすること，つまり自己開示することで，子どもは訪問者に対して親しみと安心感をもつようになる。自己開示の内容は，まずは子どもが興味・関心をもつと思われるようなこと，子どもが理解し共感できるようなことである。子どもが訪問者を自分とは違う人のように感じてしまうような話題は避けた方がよい。

　ある程度親しくなった後，訪問者が自分の「弱さ」を自己開示することで，たとえその悩みの内容は違っていてたとしても，苦労や挫折を経験して乗り越えていった訪問者の語りの中から子どもは希望と勇気をもらう。

　子どもは，自分の「弱さ」から目をそらして強がっていたり，ごまかそうとする。多くの子どもは，ゲーム，テレビ，マンガ，その他の趣味に没頭することで心理的空白をつくっている。自分の現実から逃れようとするのは，厳しい現実に直面すると，こころが壊れそうだからである。

　人は，不登校の子どもに対して，「くよくよしないで」，「もっと強くなろう」と前向きに言いたくなることがある。しかし，まずは「弱さ」を受け入れるこ

第3章　不登校の子どもへの訪問十二の技　　**41**

とから始まる。自分の「弱さ」を受け入れることが，別次元のもう一つの強さ，「しなやかな強さ」をもつことにつながる。このような意味で，訪問者には子どもが自分の「弱さ」を見せられる相手になってほしい。訪問者が「弱さ」を受け入れ，苦労や挫折を乗り越えていったモデルになって，子どものこころの支えになってほしい。

技11 ▶現実への橋渡し

「見守る」というのは放任ではない。子どもの様子をみながら，過剰刺激あるいは過少刺激にならないように適度な刺激を送り続け，子どもの様子を常に観察しておくことである。過剰刺激は，子どものトラウマになるような悪影響を及ぼすことがある。反対に過少刺激は，放任のように，必要とされる支援を受ける機会が与えられないので，じわじわと悪影響を及ぼす。適度な刺激とは，底に沈んでしまわないように揺さぶりをかけ続けることである。不登校から長期のひきこもりにならないための予防として重要である。

子ども自身も良くなりたい成長したいという気持ちは当然もっている。しかし，どうすればよいか分からず，現実から目をそらしている。そこで訪問者は，情報提供，提案，調整を行って現実への橋渡しを行う。たとえば，相談室で教師やスクールカウンセラーと話してみること，学校の部活に参加すること，適応指導教室に行くこと，塾に行くこと，習い事をすること，このように人との交流を絶やさないためのさまざまな方法を示すことである。勉強を通して自信をつけてあげる。やりとげることで忍耐力を回復させる。進路について一緒に考える。

もちろん，子どもは何も無理をする必要はないし，強制的にされることもない。できるところまで挑戦することである。訪問者に対する子どもの信頼感と安心感が基礎になっている。

登校刺激を与えること（たとえば，子どもを励まして車で校門まで連れて行くこと）による肯定的影響と否定的影響，登校刺激を与えないこと（どうせ登校する見込みがないから連れて行かないこと）による肯定的影響と否定的影響，これらを考慮して，適度な刺激を考え，子どもを揺さぶり続ける。こう考えると簡単な対処法はない。実は，こうした葛藤そのものは，子ども自身が感じていることである。子

どもはうまく意識化，言語化ができないが，大人は追体験しているわけである。

技12 ▶こころの栄養を届ける

　身体は栄養を摂取して維持されているが，その栄養の種類には炭水化物，たんぱく質，脂質があり，これらは三大栄養素と呼ばれている。こころにも何かの栄養が必要であり，栄養を吸収しないと，こころを維持することができなくなってしまう。それでは，〈こころの栄養素〉にはどのような種類があるのだろうか。

　人間の〈こころの栄養素〉として，〈自信〉，〈希望〉，〈仲間〉が重要であると筆者は考える。この発想の背景には，コフート（Kohut, 1984）の自己心理学理論がある。この理論における「自己対象（self-object）」とは，人のこころを支えているイメージや現実の他者・モノのことを意味している。自己対象には，「鏡映自己対象」，「理想化自己対象」，「分身自己対象」の三つがある。鏡映自己対象は，自分の良さや現状を映し返してくれる（フィードバックしてくれる）存在であり，人に〈自信〉の栄養を与えてくれる。理想化自己対象は，目標やあこがれを抱かせてくれる存在であり，人に〈希望〉の栄養を与えてくれる。分身自己対象は，同じ気持ちや考えを共有して孤独感を癒やしてくれる存在であり，人に〈仲間〉の栄養を与えてくれる。まとめると，〈こころの栄養素〉（自己対象）とは，コフートの自己心理学理論を援用すると，〈自信〉（鏡映自己対象），〈希望〉（理想化自己対象），〈仲間〉（分身自己対象）の三つから構成されている。

　引きこもり傾向の不登校の子どもは，「自分が嫌い。自分を認めてくれる人は誰もいない」と感じて〈自信〉（鏡映自己対象）の栄養素が欠乏している。また，「自分が何をしたいのか，何をすればいいのか分からない。やる気が起きない」と感じて〈希望〉（理想化自己対象）の栄養素が欠乏している。しかし，〈自信〉と〈希望〉の栄養素を獲得するのは容易ではなく時間もかかる。こうした中で，〈仲間〉（分身自己対象）の栄養素は比較的得やすい面がある。このような意味で筆者は，〈仲間〉（分身自己対象）を得ることが回復のための突破口になると考えている。

　訪問者は，まるでトンネルの暗闇を歩いているような子どもに明かりを灯しながら，〈希望〉の栄養素を提供する。訪問者は，自分も他人も信じられなくなってしまった子どものこころの傷を手のひらで温めてあげて，子どものあり

第3章　不登校の子どもへの訪問十二の技　　**43**

のままを認め，そして勇気づけて，再び歩み始めるための〈自信〉の栄養素を提供する。訪問者は，家の中でひとりぼっちで過ごしている子どもに，訪問者も同じように悩み苦しんだ経験があることを伝えて，共に生きる同じ人間として〈仲間〉の栄養素を提供する。

　こうして，こころの栄養を届けるような気持ちで訪問者が定期的に継続的に関わっていくことが大切である。

◉文献

　岩倉拓（2003）．スクールカウンセラーの訪問相談──不登校の男子中学生3事例の検討から．心理臨床学研究，20（6），568-579.

　Kohut, H.（1984）．How does Analysis Cure? The University of Chicago Press.（本城秀次・笠原嘉（監訳），幸順子・緒賀聡・吉井健治・渡邊ちはる（共訳）（1995）．自己の治癒．みすず書房）

　文部科学省（2003）．今後の不登校への対応のあり方について（報告）．

　長坂正文（1997）．登校拒否への訪問面接──死と再生のテーマを生きた少女．心理臨床学研究，15（3），237-248.

　大塚真由美（1997）．緘黙児の訪問面接の意義──コミュニティの活用．心理臨床学研究，15（1），89-97.

　篠原恵美（2004）．準専門家による訪問援助の実践的研究．カウンセリング研究，37，64-73.

第4章

不登校と関わる十二の技

　筆者は長い間さまざまなかたちで不登校と関わってきた。不登校の子どもの個人カウンセリング，保護者の個人カウンセリング，不登校親の会，不登校の子どもの合宿，不登校の子どものグループ，フリースクール，ホームスクール，不登校の訪問臨床といった多様な形態の心理臨床実践に取り組んできた。そして，こうした実践をもとに不登校に関する研究を進めてきた。

　こうした心理臨床実践と研究の全体を振り返って，「不登校と関わる十二の技」として分かりやすくまとめた。なお，「技」という表現には，観点や視点，方法や技法という意味を込めて使っている。また，「十二の技」という数については，筆者が厳選した事項という意味で理解してもらいたい。

　筆者は，不登校の子どもを抱えて悩んでいる保護者の力添えになりたいと真底から願っている。保護者が子どもの状態をより良く理解し受け入れられるように，また希望をもって子どもを支援することができるように，少しでも貢献したいと思っている。また，教師，カウンセラー，学生・大学院生においても不登校の理解と支援のために活用してもらいたい。

技1 ▶学校にとらわれないで，子どもに必要な経験を提供する

　親はわが子が学校に行かなくなって初めて，こんなにも不登校が家族を悩ませるものなのかと気づくことになる。親は，「学校に行かないと勉強が遅れる」，「学校に行かないと友だちと遊べない」，「学校に行かないのは世間体が悪い」，「学校に行かないと将来が困る」などの気持ちを抱くだろう。このような悩みは親としての自然な気持ちである。

　しかし，学校に行かなければいけないという気持ちを強くもちすぎると，親も子も強い緊張を感じることになる。登校への気持ちを強くもてば登校できる

45

というものではない。むしろ登校に関して楽な気持ちでいられることが，再登校の可能性を高める。学校にこだわっている間は，状況はなかなか改善しない。したがって，再登校を目標に掲げると過大なプレッシャーになるので，再登校は目標ではなく結果であると考える方がよい。

　学校に行かなければならないという心理の背景には，学校の絶対視，つまり「学校に行くのは当然である」という学校信仰がある。不登校の人数は，小学生は約0.3％，中学生は約3％と少数であるから，多くの人々は学校に行くのは当たり前と思って過ごしてきた。不登校に限らずマイノリティの理解はなかなか難しいものである。学校にとらわれないためには，暗黙のうちにもっている学校信仰という価値観に気づくことが重要である。

　通常の学校に行かない場合には他の道があることを知ることによって，学校へのとらわれが軽減され，不安が小さくなる。学校以外の場には，適応指導教室（教育支援センター），フリースクール（吉井，1999；吉井，2000a；吉井，2004），ホームスクール（吉井，2000b）がある。なお，高校段階になると，不登校経験者を対象にした高校，定時制通信制高校，サポート校，大検などがある。選択肢があることを知って学校の相対化の視点をもつことによって，広い視野で子どもの発達や教育について考えられるようになる。暗黙のうちにもっている学校信仰を自覚し学校の相対化を図るように述べたが，これは学校を否定・非難することを勧めているのではない。通常の学校とは違う場があるという事実を認識することで，広い視野が得られるのである。子どもの人生という長く広い視野をもつことよって，こころにゆとりがうまれる。

　実は，学校は素晴らしい施設である。給食についてみてみよう。不登校になると，親は子どもの昼食のことを考えなければならなくなる。昼食を作ってあげたり，子どもに自分で作らせたり，お弁当を買ってきたりなど，昼食をどうするかを毎日考えなければならない。不登校が長期化していくと，子どもの健康に関わることなので重要である。その点で学校給食は栄養を考慮してくれているので本当にありがたいシステムである。学習においても同様である。長い歴史の中で精選されてきたカリキュラムがあり，理科室や音楽室などの安全で充実した施設があり，教科の専門性のある教師が指導支援してくれる。学校では体育祭や遠足などの行事がある。学校では友だちとの交流ができる。部活動もある。以上の点を考慮すれば，学校は素晴らしい施設であることは間違いない。

こうした事実を認める一方で，学校にとらわれない見方で考えてみよう。学校の給食は食べられないが，学校以外でも栄養のある食事は得られる。学校で勉強はできないが，塾，通信教育，家庭教師などでも学習は可能である。学校で友だちと接することはできないが，放課後や土日に友だちと交流することはできる。学校の体育や部活はできないが，地域の活動や習い事に参加することはできる。以上のように，学校に行かないことによって失われる経験はあるのだが，その代わりに学校以外の場で得られる経験がある。

　それでは，学校特有の経験は何だろうか。これは学校教育の本質に関わる要素と言えるだろう。学校には子どものこころの成長・発達における重要な要素が提供されている。筆者は子ども・青年において重要な経験は次の2点にあると考える。一つは，友だちの中で我慢して達成する喜び（忍耐力，達成感）である。もう一つは，友だちと協力し合って創り上げる喜び（協調性，協力）である。学校に行かないと，こうした要素を得る機会が少なくなるのではなかろうか。

　そこで，学校に行かない場合には，こうした要素を補うことが必要である。適応指導教室，フリースクール，学習塾，習い事，地域社会活動，心理相談などの場で，できるだけこうした要素を補ってあげることが必要である。ただし，後から取り戻すことも可能であるが，その時でなければ得られないような敏感期がある。

　学校にとらわれないということは，学校を否定するのではないことを再確認しておきたい。学校にとらわれないことを強調する理由は，自己否定感，劣等感，罪悪感に親子が苦しまないようにしてほしいからである。こうした否定的な気持ちをもつことは悪影響を及ぼしてしまい，問題解決には役に立たない。そして，学校に行かないことで子どもに損失が起きないように，子どもに必要な経験を提供することが重要である。

技2 ▶ 原因を一つに決めつけないで，全体の調和を保つ

　不登校の原因を一つの要因だけに決めつけることはできない。たとえば，ある子どもの不登校の原因として，母親の過保護・過干渉があると考えられた。しかし，こうした母親の養育態度は，父親が子育てを母親だけに任せて家事に協力してくれないことが影響していることが分かった。そこで不登校の原因に，

第4章 不登校と関わる十二の技　　47

父親との希薄な親子関係があると考えられた。しかし，父親は会社では重要な役割を担っており，仕事のことで精一杯の日々を過ごしていた。父親としては家庭や子どものことが気になっていたのだが，自分が抜けるわけにはいかないという強い責任感をもって仕事に専念していたのである。そこで，不登校の原因は，父親に過剰に依存し多大な負担をかけていた会社にあると考えられた。このように原因を辿っていくと，家族を超えて社会問題に行き着くことになる。もちろん，不登校の背景には社会問題があるという捉え方も一理ある。以上のように，母親の過保護・過干渉も，父親の希薄な親子関係も，父親が働いている会社の問題も，全ての要因がこの子どもの不登校の原因であり，一つに決めつけることはできない。

　不登校という現象は，さまざまな要因が複合した結果起こったことである。ある中学生男子のケースでは，以下のようなさまざまな要因が考えられた。①生得的特質の要因では，もともと人刺激に敏感な（感受性豊かな）子どもだった。②パーソナリティの要因では，根気よく継続してやり遂げる自信や忍耐力をもたせることが不足していた。③家族関係の要因では，親には子どもを励まし勇気づけるという意味での突き放しが不足していた。④友人関係の要因では，苦しい時に，心を打ち明けられる友達がいなかった。⑤心的外傷の要因では，いじわるな級友，暴力的な級友によって，こころが傷つけられた。最も傷ついたのは，親しかった友達が助けてくれなくて，むしろ裏切ったことだった。⑥タイミングの要因では，新しい環境（中学校）に移行する時，家族や教師の支援が不足していた。これらの他にも，身体的特徴，教師との関係などの要因があった。もし不登校の生起に先の6要因が関係しているとしたら，ビンゴゲームのように，これら6要因が一列に並んだということである。以上のように，多数の要因が絡み合って不登校の現象を引き起こしている。

　それでは問題解決のためには，これら全ての要因に対応しなければ不登校は解決しないのであろうか。二つの例を挙げて考えてみよう。

　家族療法のある事例では，心理相談室に不登校の子どもとその家族が一緒に来談して，粘土を使って自由に作品を作るという課題が与えられた。1回目は，家族は沈黙がちでそれぞれ好きなように作った。2回目は，家族は自分たちで少し話し合って，共通のテーマがある作品を作った。3回目は，家族が楽しい会話をしながら協力し合って一つの風景のある作品を完成させた。来談当初は

バラバラで，コミュニケーションがとれていなかった家族が，作品をつくるプロセスの中で交流が促進され，そして家族の一体感が生み出されたのである。こうした経験によって，これまでバラバラだった家族にまとまりが生じて，子どもの不登校はしだいに改善されていった。

　不登校の中学生女子とその父親は全く会話がなかった。父は，娘が幼稚園の頃は一緒に遊ぶこともあったが，小学生になってからは全く遊ばなくなった。そうした父娘関係を気にしていた母親が，犬を飼うことを勧めた。母親は犬嫌いだったが，父と娘が犬好きなので，交流のきっかけになればと思って我慢することにした。犬を飼い始めると，父と娘が一緒に犬の世話をしたり散歩したりなどして，交流が始まった。こうした中で，娘の不登校は改善していった。

　以上の2例のように，家族はシステムであり，部分的な変化が全体に波及していくことがある。不登校の現象は複数の要因が絡み合って起こるのであり，解決のためにはこれらの要因の一つひとつに対処するのではなくて，全体の調和を保つということが大事である。ユング（Jung, C. G.）の相補性，全体性，コンステレーションという視点である。家族のバランスを崩している要因を取り除いたり，あるいは家族の中に新しい要因を投入して，家族システムに変化を起こすことである。

技3 ▶よく観察・交流してタイプを理解する

　不登校の子どもは，頭が痛い，お腹が痛い，吐きそう，気分がわるいなどの身体症状を訴えることがある。こうした身体的不調は心理的要因の影響だと決めつけないで，身体医学的な問題がないかどうか病院で診てもらうことが必要である。たとえば，腫瘍などの病気が背景となっていることもあるからである。そして，身体には特別な問題はないと判断されてから心理的要因の影響を検討していくことになる。

　不登校のタイプ分けについてはさまざまなものがある。文部科学省は，不登校児童生徒に関する実態調査の中で，「不登校状態を継続している理由」として五つのパターンを示している。①無気力型：何事にも意欲を見せず，学校に行かないことに対してもあまり罪悪感を感じず，心の葛藤も少ないパターン。②遊び・非行型。③人間関係型：学校内において友人，先輩後輩，教師などとの

人間関係の躓きがきっかけになっているパターン。④複合型：原因が一つではなく，さまざまな要因が絡み合い，どれか一つの原因とは言い切れないパターン。⑤その他：上記四つ以外の原因で不登校になったパターン。

心理の専門家によるタイプ分けを一例紹介する。山本（2005）は登校状況から見た不登校の5類型を示した。①選択的に忌避，および参加するタイプ。②安全基地の同行で登校可能なタイプ。③教室忌避と別の「居場所」を確保しているタイプ。④不登校であるが，学校以外の場に定期的に通うタイプ。⑤まったく学校に出てこない不登校のタイプ。また，山本（2005）は不登校の原因論として家族要因二つ（下記の①②），パーソナリティ要因三つ（下記の③④⑤），学校要因二つ（下記の⑥⑦）を挙げた。①愛着対象との分離不安。②虐待的，崩壊的な家族関係。③自己像の脅威と強迫的な不安。④過剰適応とその内的破綻。⑤パーソナリティ障害。⑥学校での居場所の剥奪（いじめ，等）。⑦子どもと学校の文化摩擦。

以下では筆者が分類した3タイプの不登校，すなわち「トラウマのあるタイプ」，「社交不安傾向のあるタイプ」，「発達特性のあるタイプ」について述べる。これら3タイプは木村（1981）の理論とのつながりがある。木村は，精神病理と祝祭性（フェストゥム）の心理を結びつけた理論を発表している。

抑うつの人は，過去のことをくよくよと後悔する特徴があるので，その心理は「ポストフェストゥム」（祭りの後）である。これは「トラウマのあるタイプ」の不登校に相当する。統合失調症の人は，未来への期待と不安で大きく揺さぶられる特徴があるので，その心理は「アンテフェストゥム」（祭りの前）である。これは「社交不安傾向のあるタイプ」の不登校に相当する。境界例の人は，通常の枠に収まりきれない特徴があるので，その心理は「イントラフェストゥム」（祭りの最中）である。これは「発達特性のあるタイプ」の不登校に相当する。

「トラウマのあるタイプ」の不登校は，過去の出来事にこころが奪われて，前へ進めなくなっている。いじめを受けたことでPTSDになったケース，親の離婚によって見捨てられ感をもったケース，優れたスポーツ選手がケガのため退部したケースなどである。このタイプへの対応で重要なことは，こころの傷について十分に聴いてあげることである。

次に，「社交不安傾向のあるタイプ」の不登校は，社交不安傾向が強くて，人目が気になるので外出できないことから不登校となったケースである。このタ

50　第Ⅰ部　不登校の子どもへの理解と関わり

イプへの対応で重要なことは、自分のペースでよいので、一つひとつ自信をつけて自己肯定感を高めていくことである。

　さらに、「発達特性のあるタイプ」の不登校は、他者とのコミュニケーションがうまくいかなくて、被害感や疎外感を感じたことから不登校になったケースである。いじめを受けて不登校になったケースもある。齊藤 (2011) は、発達障がいと不登校の関係についてデータを整理した。これによると、不登校763人のうち発達障がいの割合は小学生16.1%、中学生7.9%、高校生13.3%だった。他方、高機能広汎性発達障がい550人のうち不登校の割合は12.4%だった。このように発達障がいと不登校の関連は強いことが示されている。このタイプへの対応で重要なことは、攻撃性や依存性などの心理的問題への対応だけでなく、コミュニケーションスキルなどの発達特性への対応を図ることである。

　不登校のタイプ分けにはさまざまなものがあるので、明解に結論づけることはできない。しかしながら、おおよその傾向として受け取ることで役立てられる。医療による診断、心理によるアセスメントによって、子どもがどのようなタイプで、どのような状態にあるのか、ある程度明確化してもらうと、保護者にとっては子どもの理解と対応に役立てられる。専門家の見解だけでなく、同じ不登校の子どもをもつ保護者同士が情報交換してタイプを話し合うことも意義がある。自分の子どもの様子を話して、他の子どもと比較してみることで、自分の子どもの特徴がよく見えてくることがある。似ているところもあれば違っているところもある。似ていたとしても、同じ対応をしてうまくいくかどうかは分からない。

　保護者は不登校のタイプ論を詳細に知る必要はない。それは、不登校になっている自分の子どもは一人か二人だけだからである。自分の子どもたちへの理解と対応ができればそれでよいのである。タイプを知ったからといって、これで理解と対応が十分にできるわけではない。要するに保護者の関わりとして大事なことは、子どもの様子をよく観察して、子どもの反応をよく見て、子どもの話をよく聴いて、子どもとよく交流して、その上で子どもを理解することである。こうした理解に基づいて今後の対応について考えることである。

技4 ▶ 人の目が気になることを理解し，安心感で包んであげる

　不登校の子どもの多くは，学校に行っていないことへの引け目を感じ，人の目が気になって自由に行動しにくいことがある。たとえば，用事があって学校に行ったときや，買い物で近くに外出したときなど，こそこそ，びくびくとした行動をとっている。このように，久しぶりに会った人からどう思われるのかと不安になって人の目が気になることは，自然な感情として理解される。しかし，人の目が気になることが過剰になってきた場合には問題である。学校が休みの日であっても人の目が気になって外出できない，自宅から遠く離れた場所に出かけても人の目が気になって車から降りることができない，などは自然な感情としては理解が難しい。この状態は，社交不安傾向が高いといえよう。

　人の目が気になる子どもをどのように理解すればよいのだろうか。「見る自分(I)」と「見られる自分(me)」があって，「見られる自分」に過剰に注意が向いており，そして「見られる自分」の評価に敏感になっている状態である。分かりやすく言えば，「見られる自分」というのは鏡に映った自分の姿である。こうした自意識過剰は，アイデンティティ形成に関わることであり，心理発達上普通のことである。ただし，過剰に人の目が気になるのは，自己肯定感が非常に低かったり，自己受容が非常に低いからである。加えて，生得的な気質として人刺激（人の態度，表情，声など）に敏感に反応する面もあるだろう。

　それでは，こうした人の目が気になる子どもにどのように対応すればよいのだろうか。まず，簡単な受容として，「そうかぁ」，「うん，うん」などと対応する。次に，不安感の受容として，「気になるね」，「いやだね」，「ドキドキするね」などと対応する。そして，安心感の提供として，「よしよし」，「大丈夫」などと対応する。ちなみに，安心感を与えてくれる方言がある。「なんくるないさー」（沖縄県），「よかよか」（熊本県），「かまへん」（大阪府），「えーでー」（徳島県）などがある。反対に，人の目が気になる子どもにやってはならない対応がある。「気にし過ぎだ」，「誰も見ていない」，「変わっている」などと，本人の感じ方を否定してはならない。「将来がない」，「生きていけない」などと否定したり責めたりしてはいけない。「勇気を出して頑張ろう」，「やればできる」などと励まして無理をさせてはいけない。

　以上をまとめると，親の関わりとして重要なことは，人の目が気になること

を理解し，安心感を提供することである。不登校の子どもは，人に対して敏感になり，自己否定が強くなり，強い孤独感を感じている。親はこのような子どものこころの状態を理解して，さまざまな方法で安心感を与えることである。そうすれば，子どもは元気を回復していくのである。

　ところが，親が人の目が気になる子どもを理解するのは簡単ではない。人の目が気になると言って引きこもっている子どもへの対応に困っている親は，「子どもの気持ちがわからない」と言うことがある。親は，自分の経験や価値観を基準にして，こうしなければならないと思い込んでしまい，一面的な見方しかできなくなっている。そのため親子の意思疎通は困難になり，親子関係は対立あるいは断絶してしまう。こうした状況を打開するために，カウンセリングの場で親が自分の考えや気持ちをカウンセラーに聴いてもらう方法がある。親は自分の考えや気持ちをカウンセラーから受容されたことにより，心にゆとりができて，自分とは異なる子どもなりの考えや気持ちに気づいていけるようになる。親は，カウンセラーに話を聴いてもらった経験が，子どもの話を聴いていくときのモデルになる。そして親は，子どもをだんだん受容できるようになっていくのである。以上のように，カウンセラーと親の受容的な関係性が，親と子どもの受容的な関係性につながっていったと考えられる。その結果，親は，「子どもは子どもなりに考えているのですね」，「子どもの気持ちを聞いていけばいいのですね」という発言をするようになる。この結論は，特別な洞察ではなく，ごく自然な当たり前のことである。実は，親子関係がうまくいかなくなったのは，こうした当たり前のことを忘れてしまっていたことが問題だったのである。こうした親の気づきと変化は，不登校親の会でも起こることがある。親同士の情報交換や自己開示を通して，親としての気持ちを受容してもらったり，同じ悩みをもつ親がいることを知って安心感を得たり，子どもへの関わり方のモデルを得たりする。こうして親は，子どもの考えや気持ちを受容できるようになっていくのである。

　人の目が気になるということは理解できたのだが，その後はどうすればよいのだろうか。前述したように，安心感の提供として，「よしよし」，「大丈夫」などと対応するのである。しかし，もっと積極的な安心感の提供はないだろうか。そこで，ある親が人の目が気になるという中学生の息子に語りかけて効果的だった内容を示そう。①「自分がしたいことに集中しよう」。②「何か一つのことを

第4章 不登校と関わる十二の技　　53

やり遂げて自信をもとう」。③「他の人と比較しないで，自分のやり方，自分の
ペースでいこう」。④「妬んだり恨んだりすると自分のこころが汚染されるので
やめよう」。⑤「人の目が気になるのは，危険から身を守ろうとする本能だか
ら，危険察知能力が優れていると考えてみたらどうだろう」。⑥「一度こころが
折れてしまったのだから，リハビリのように毎日少しずつ動かして練習しよう。
そうすれば必ず回復できるよ」。この親が語りかけたように，子どもが前向きに
自分らしく生きることができるように，大きな安心感で包んであげることが重
要である。

　人の目が気になることを克服することは，森田療法から見れば「とらわれ」
から脱して「あるがまま」を得ることである。とらわれの状態とは，理想と現
実のギャップから自己否定したり，誇大的になってうぬぼれたり，自意識過剰
になってくよくよと気にしたりなどの心のあり方である。他方，あるがままと
は，端的に言えば自己受容のことである。あるがままは，現代語としては「あ
りのまま」という言葉になるかもしれない。「ありのままの自分」や「ありのま
まの姿」という言葉を含んだ歌がヒットするのは，多くの人々が自己受容を切
望しているからかもしれない。

技5 ▶なかまと交流し，孤独感にのみ込まれない

　学校に行かないようになると一人で過ごす時間が増える。そして，自分はこ
れからどうなるのだろうか，何をすればいいのだろうかなどと考えていると，
大きな不安が押し寄せてくる。そこで，不安から逃れたい気持ちからゲーム，
マンガ，テレビなどに没頭するようになる。こうやって現実に向き合うことを
やめて思考停止すれば，心は空白になり，不安を忘れることができる。ゲーム
依存の心理は，不安を感じている自分から逃れたいという気持ちが背景となっ
ている。こうして不登校の子どもは，引きこもりという殻の中に入り込んでし
まうのである。

　殻の中に入り込むというのは，学校に行かないで家や自室に引きこもってい
るという意味であり，また現実の自分を見ないようにしているという意味であ
る。殻の中に退避していれば，一時的な安全が得られ，脅かされることは少な
いだろうが，そこは孤独な寂しい場所である。自分は他の人とは違っていると

54　　第Ⅰ部　不登校の子どもへの理解と関わり

か，自分の気持ちは誰も分かってくれないという孤独感と疎外感を抱えることになってしまう。そうした時，「自分と似ている存在」に救われることがある。

不登校生徒Aは数カ月間引きこもっていたが，やっとフリースクールの見学に行くことができた。そしてフリースクールに通っている不登校経験者と出会った。Aは，不登校生徒は大勢いることはもちろん知っていたが，これまで誰とも出会ったことがなかった。不登校経験者と出会って初めて不登校という悩みを経験しているのは自分だけではないことを実感した。そして，不登校経験をもつ人々の話を聞いていく中で，自分と似た経験をもつことを知って，しだいに孤独感が和らぎ，楽な気持ちになることができた。こうした「自分と似ている存在」は，「チャム」あるいは「分身自己対象」と呼ばれている。

チャム（chum）とは，サリヴァン（Sullivan, 1953）が提唱した概念であり，年の近い同性の親しい友人のことである。青年は，自分だけが他の人と違っていると感じて，不安や自己否定の気持ちを抱くことがある。こうしたとき青年はチャムがいれば，率直な自己開示をして自分の気持ちや考えを友人と比較する。そして，自分の気持ちや考えを確かめたり修正したりしながら，人間は似ていること，人間は分かり合えること，人間は独りぼっちではないことに気づくのである。

分身自己対象（alterego selfobject）とは，コフート（Kohut, 1984）が提唱した概念であり，本質的に似ていることで安心感を与えてくれる対象（人間，動物，その他）のことである。コフートは，分身自己対象について，「沈黙の存在」，「ただ沈黙のコミュニケーションのなかで双子と共にいること」，「体験そのままの複製品ではなく，情緒的に類似の援助を提供する体験」，「外的な類似ではなく，意味の同一性や機能の類似である」，「人間のなかにいる人間であると自分自身を感じるときに，あいまいではあるが強くて広範な安定感を獲得する」と述べている。

チャムも分身自己対象も，自己と対象（相手）のあいだに同質性，類似性，共通性が存在することを意味している。

ところで，不登校になった理由には友人関係問題が多いことから，不登校生徒の多くは友人関係における心的外傷を抱えている。友人関係のつながりを失って孤独感を抱えていた不登校生徒が心理的な回復を図るためには新しい友人関係のつながりを形成することが必要である。つまり，不登校生徒は，友人関係

によって心が傷つけられ，そして友人関係によって心が癒やされるのである。心的外傷からの回復についてハーマン（Herman, 1992）は，他者との新しい結びつきをつくるという再結合（reconnection）が必要であるとし，それは，「私は一人ではないという発見を以て始まる」と述べている。このように，「私は独りではない」，「自分と似ている人がいる」という感覚によって，孤独感が和らげられ，他者とのつながりが回復する。

　適応指導教室やフリースクールなどで同じ不登校を経験した者同士が交流することは，孤独感を和らげるという意味がある。こうした場に行くことができないで，家で過ごしている子どもの場合には，家庭訪問した訪問者がチャム的に関わったり，分身自己対象として関わることが有効である。また，教師やカウンセラーは年齢的に異なるのでチャムとは言えないが，チャム的に関わることは可能であり，「似ていること」をもとに交流することが重要である。教師やカウンセラーが，自分と似ていることを自己開示するという方法も効果的である。

技6▶温めながら，できるところまで少しずつ動かす

　不登校は学校恐怖症（school phobia）と呼ばれた時代もあったように，学校に関係することを何でも恐がるところがある。しかし，恐いからといって避けてばかりいると，恐いままになってしまって，何も改善されないことになる。不安や恐怖から逃げてばかりいないで，できるところから少しずつ向き合っていくことが大切である。焦らないで，投げやりにならないで，あきらめないで，地道に挑戦し続けることが大切である。

　その際，子どもが極度の不安にならない範囲を把握する。つまり，子どもが少し無理をすれば可能な範囲に収まるようにするのである。そして，スモールステップで進めていくことである。段階を追って，少しずつ難易度の高い不安・恐怖の場面に触れされていくのである。そこで，スモールステップで不安・恐怖を乗り越えていった一例を以下に示す。

　中学生男子Aは車で学校に連れて行かれると，「恐い，恐い」と言って車の中で縮こまって隠れた。そのまま3分間くらい経つと，緊張が極限に達して，「ワーッ，早く車を出してくれ」と叫んでシートを蹴ることがあった。また，学校の先生が訪問したり電話をかけてくると，さっと顔色が変わって自室に逃げ

こむこともあった。こうした一般的な不登校の状態に加えて，Aは放課後も土日も一切外出することができなかった。知人でなくても，とにかく人の目があるところには出て行くことができなかった。Aは社交不安障害の診断を受けていた。

Aは本屋で少年誌を買いたかった。最初の段階は，車に乗って本屋の前まで行くことを目標とした。本屋に行くと思っただけで緊張していたが（予期不安），何度か繰り返すうちに平気になってきた。次の段階は，本屋に着いて車から降りることを目標にした。車から降りることさえもできなかった。何度か挑戦するうちに，車から降りられるようになった。父親は「よく頑張ったね」と毎回ほめた。そして次の段階は，お店の中に入って少年誌が置かれた場所まで行くことを目標にした。そして最終的には，レジに行って自分で支払うことを目標にした。

父親はAとの話し合いで，「できるところまでやろう」という目標を共有して「できないこと」に対しては決して無理をさせない方針で関わっていった。そして父親は，「逃げないようにしよう」，「練習だから」，「毎日やろう」と声をかけ，ほぼ毎日徹底的に関わった。その際に，子どもに対する説明を大事にした。父親は「動かすと痛いからといって，足を動かないままにしておくと固まってしまう。あきらめたら固まってしまう。少しずつできる範囲でいいから動かそう」と言って励ました。

このケースをもとに，人の目を恐れて外出できないタイプの不登校，つまり社交不安傾向の不登校への関わり方について以下にまとめておくことにする。

第一に，楽しいことをすることである。やりたくないことを我慢してやるのではない。やりたいこと，楽しいことをするというのがモティベーションとなる。Aは少年誌を買いに行きたかったが，その他には，卓球，キャッチボールをやりたいと言っていた。

第二に，できる範囲で無理のないようにすることである。恐怖の場面・対象を回避しないで，それに直面することが大事である。スモールステップで段階を追って実行することで，少しずつ慣れてくる。「できるところまでやってみよう」，「苦しくなったら無理をしないでいいよ」と言ってあげるとよい。

第三に，ほめることである。不安場面に耐えることができた場合は，できたことを必ずほめる。「よく頑張ったね」，「素晴らしい」といった言葉をかけるこ

とである。子どもはほめられることで自信になり，不安場面に挑戦していく勇気が出てくる。たとえ，できなかった場合でも「よく頑張った。よく努力した」とほめることが大事である。「残念だったね」，「もっと頑張ろう」などと否定的に言わないように注意が必要である。

　第四に，嘘をつかないことである。予告しないで，急にどこかに連れて行ったり，急に誰かと会わせたりするのは，過剰な不安を与えてしまう。次からは，もう一緒に行動してくれなくなる。また，ウソをついてしまうと，次からは信用してくれなくなる。信頼関係を形成することが大事である。

　第五に，よく観察しながら関わることである。子どもが少し頑張れば可能な課題を与えたつもりでも，その時の子どもの状態によっては全く困難な場合がある。子どもの様子をよく観察しながら柔軟に対応することが大事である。たとえば，Aの例では，あちこち探してやっと誰もいない公園を見つけて車から降りてキャッチボールを始めようとした。ところが，その瞬間公園の外を犬を連れて散歩する老人が現れた。途端にAは車の中に逃げ込んでしまった。老人はすぐに通り過ぎて，他には誰もいなかった。もう大丈夫なはずなのにAはまた人が現れるかもしれないと思って車から降りられなくなってしまった。せっかく，時間をかけて公園を探したのにできなくなってしまったのは本当に残念だった。子どもの様子を見ると，これ以上の活動はできない状態になってしまった。

　よく観察しながら関わるということについて，別の例を挙げて説明しておきたい。「朝起こした方がよいでしょうか？」という質問がよくある。まず名前を呼ぶなど声をかけてみる。子どもが反発するような反応がなかったら，「朝食ができたよ」と，もう一声かけてみる。それでもまだ反発がなければ，身体に少し触れてみる。すると，「あー，なにー」と少しいらついた声が返ってきた。そこで止めておけば何も問題は起こらない。しかし，さらに「もう時間だよ」と声をかけたり体を揺さぶったりすれば子どもは「うるさいなあ」と反発してくる。このように，いらついた声が返ってきた時点でやめておくのがよい。

　以上5点を考慮のうえ，「できるところまで少しずつ動かす」というのが重要なポイントである。しかし，動かすことは恐いことにチャレンジしていくことなので，当然苦しさを伴うことになる。そこで，「温めながら」という点がもう一つの重要なポイントである。

　温めることについて五十肩を例に説明しよう。五十肩への対応では次の事項

が大切にされている。①最初はむやみに動かさないで，冷やすこと。②その後は，温めてから動かすこと。③動かさないと固まってしまうことに注意する。不登校への対応もこれに似ている。①過剰な登校刺激を与えて無理矢理動かさないこと。②周囲の者は温めてから関わるようにすること。③そのままにしておくと，ひきこもりが強くなってしまう。つまり，社交不安傾向の改善においても，まずは心理的に温めることが大事だということである。温めることは，否定しないで，気持ちを理解し，優しく接してあげることであり，つまり受容することである。「温めながら，できるところまで少しずつ動かす」という関わりを継続することによって，人の目が非常に気になって身動きがとれなくなっている状態が改善していくといえよう。

技7 ▶自分くずしと自分探しの道を共に歩む

　ある高校生女子は，中学時代まではまじめで成績優秀な生徒だった。しかし，高校1年生になって，「これ以上我慢できない。本当の自分じゃない」と言って，ピアスをしたり，髪を染めたり，深夜徘徊したりなど，徹底的に自分をくずし始めた。そして，数カ月間そういう生活を送った後，家にひきこもるようになった。まるで古い家（古い私）を取り壊して，何もない更地（無為な私）になったような状態だった。これから新しい家（新しい私）を建築したいと思っているのだが，まだ設計図が描けないような段階だった。

　こうしたケースは，優等生の息切れタイプと呼ばれている。このタイプは，幼少期と小学校時代は親や教師から良い子と見られているが，中学校時代または高校時代になると反抗的になり問題行動を呈するようになる。子ども時代，本当はもっと甘えたり反抗したかったのに，こうした素直な気持ちを強く抑えて，ひたすら良い子の評価を崩さないように頑張って生きてきたのである。そして中学生，高校生になって，無理をして良い子を演じてきた自分に疑問を感じるようになったのである。つまり，「偽りの自分」に限界を感じ，「本当の自分」を求めるようになったのである。そして，これまで抑えてきた欲望が満杯になって，堪忍袋の緒が切れるように，ダムが決壊するように，突然に「自分くずし」が始まるのである。

　自分くずしという意味で，家庭内暴力を起こすケースがある。ある中学生男

第4章 不登校と関わる十二の技　　59

子は，不登校になって約6カ月間家に引きこもっていた。普段は，絵を描いたりマンガを読んだり，家族とおしゃべりしたりなど，楽しい雰囲気で過ごしていた。しかし，外に出たい気持ちはあるのに人の目が気になって外出することができず，イライラ感が高まってきた。ちょっとした親の言葉や態度にイラついてキレるようになった。包丁を取り出して，「クソー！　殺してやる！」と言いながらソファーを数回突き刺した。こういうことが何度も続いて，結局ソファーはずたずたに切り刻まれて使えなくなってしまった。暴力はだんだんエスカレートしていった。親の言動に反応して急に形相が変わって，「腹立つー！ぶっ殺すぞー！」と言って家の中の板壁を殴って穴を空けることが何度も続いた。親は包丁やハサミなどの刃物は常に隠したのだが，これらを見つけては親を脅すようになった。

　このケースでは，親のちょっとした言動によって「良い子でなければならない」というイメージが起こって，これを払い除けるために激しい暴力を引き起こしていたと考えられる。ソファーを突き刺したり壁に穴を空ける暴力行為は，自分を傷つけた対象（たとえば，いじめた友人，分かってくれない親）に反撃するという意味がある。同時に，この暴力行為は，こころが傷ついている自分自身を今ここで表出するという意味がある。このようにして，これまで自分が抑圧してきた感情の解放（カタルシス）を行っている。

　子どもが攻撃的な状態の時，親が大きな声を出したり力で制止したりするのは危険である。間違って互いの身体を傷つけてしまう可能性がある。事件や事故が起こらないように，子どもの気持ちが落ち着くまで，親は少し離れて，あるいは家を出て，しばらくの間子どものやりたいようにやらせるしかない。ただし，子ども自身が破壊衝動を抑えられないような場合には警察に連絡して助けを求めた方がよい。

　こうした暴力のエネルギーはどこから来るものなのだろうか。端的に言えば，子どもは怒りのエネルギーを溜め込んだのである。そして満杯になったから吐き出すのである。たとえば，親から口うるさく注意されたり，親からこころを傷つけられたり，夫婦喧嘩から嫌な思いをしたり，学校でいじめられたりなどがあって溜め込んだのである。

　しかし，良い子という偽りの自分を演じて，現実の中で適度に吐き出すことができず，不登校という状態になって破綻してしまった。言い換えれば，超自

我（「こうしなければいけない」という良心や理想）が自分を縛って身動きできないようにしてしまった。こうした偽りの自分や超自我を払拭するためには激しい暴力が必要だった。抑圧された攻撃性の発散はどうしても通らなければならない道だった。なお，攻撃性のエネルギーが外側に向かった場合は暴言暴力として表出されるが，それが内側に向かった場合は自傷行為や自己破壊的行動になる可能性がある。攻撃性は，日常生活の中で表現されると危険が伴うので，できることなら面接室でのカウンセリング，プレイルームでの遊び，絵画やコラージュなどの表現療法などの非日常的な場でカウンセラーに保護された中で表現されていくのが安全である。

　ところで，攻撃性をかなり溜め込んでいると思われるにもにもかかわらず，ほとんど表出しない子どもがいる。こうした子どもは，ゲーム等に没頭するなどして思考停止と心理的空白によって回避している。いずれは何らかの形で攻撃性を表現しないと状況は進展しないのかもしれない。

　以上のような自分くずしを行った後，自分探しの道に向かう。自分探しの道を進むには自己受容が必要である。つまり，過小でもなく過大でもない等身大の自分を見つめることである。ところが，不登校の子どもは，自己評価や自尊心の低下がみられる一方，その反動で，誇大的になったり虚勢を張ったりする。たとえば，ある中学生男子は，自分はこのまま家から出られなくて誰も相手にしてくれなくなると言う反面，漫画家になって皆を驚かせたいと言うことがあった。

　現実の自分を見つめ自己受容するのは誰でも難しいのだが，不登校の子どもは自己評価が大きく揺れ動くので自己受容は一層難しくなる。そこで周囲の大人は，子どもが自己否定をしたならば，まずはその気持ちを十分に聴いた上で，次に肯定的な言葉をかけるとよい。たとえば，「心配になるんだね。でも友だちから手紙や年賀状が届いて気に懸けてくれているよね」などである。他方，子どもが誇大的な言動をしたならば，まずはそれを率直に認めた上で，次に適度に現実を示して修正させるのがよい。たとえば，「漫画家志望，素晴らしいね。試しに雑誌に応募してみたら」などである。このような周囲の大人の関わりによって，子どもの自己評価の揺れ幅は小さくなって，等身大の自分を見つめられ自己受容できるようになってくる。ただし，中には，誇大的だと思われていたことを実現する者がいる。ある高校生女子は，「アメリカの先住民のインディアンのところに行って人生を学びたい」と言っていたが，本当にそのツアーに

参加した。

　自分探しの道は，自己受容が重要であり，現実から目を逸らさないで受け入れ，ここから再出発することである。不登校になったことで，当たり前だと思っていたことができなくなった。しかし，後悔したり妬んでも先には進めない。他と比較するのではなく，自分らしくできたことを認めて，一つずつ積み上げていく気持ちが大切である。自分探しは一歩ずつゆっくりとしたペースである。実は，子どもだけでなく親自身も，自分くずしと自分探しの道を歩んでいるのである。

技8 ▶子どものこころの傷を受け取る：キャッチハート

　こころの傷（トラウマ）が適切に表現されないで，抑圧や否認などの防衛機制によって意識から排除され無意識に押し込められてしまうと，その後さまざまな症状となって出現することがある。このようなトラウマを抱えて不登校になっているケースがある。

　ある中学生男子は，中学1年生の9月から不登校になった。父親が理由をたずねると，「クラスに乱暴な男子や暴言を言う女子がいて学校に行くのが苦しい」と言っていた。2年生になっても登校できなかった。5月頃になって，中学1年時の5〜7月頃の出来事を父親に話してくれた。親しかった友人がその乱暴な男子から命令されて自分を叩きに来たこと，また別の親しかった友人はニヤニヤと笑っているだけで自分を助けてくれなかったことなどを語った。「こんなことをするのは友だちじゃない」，「自分だったら友だちに対してそんなことはしない」と涙を流しながら怒りを込めて語った。実は，親しい友人の裏切りが深いこころの傷となっていたのだった。彼は，「いじめはもちろん嫌なことだけれども，いじめる人間が悪いのだから仕方がないと割り切って考えられる。でも親しい友人から裏切られたり見捨てられたりするのは人が信じられなくなるくらい深く傷ついてしまう。今思うことは，人は一人ではそんなに強くない。友だちも自分がやられるのが怖かったのだから仕方ない」。人間不信に陥るような経験だったがゆえに，すぐには話すことが難しく，約1年が過ぎてやっと話すことができたのだった。

　ある中学1年生女子は，時々学校を休むようになったので，担任の紹介でス

クールカウンセラーのところにやってきた。趣味や日常のことを楽しく話した後，数年前に親が離婚した話になった。母親が彼女に会いに来た話になって，カウンセラーが「離婚しても，お母さんはあなたのことをずっと想い続けていると思うよ」と言った。すると彼女は，急に顔色を変えて，「そんなことはない。あの人は自分のことだけしか考えていない。親じゃない」と激しい口調で言って涙ぐんだ。離婚後，小学生だった彼女は一時保護され，行き場のない不安な寂しい生活を送ったのだった。こうした経験がこころの傷となっていることが明らかになった。

　ある中学3年生男子は，中学1年生のとき父親が突然病気で亡くなり，その数カ月後から不登校になった。彼は家に引きこもっていたので，スクールカウンセラーは週1回1時間の訪問面接を行った。彼は無口で，話す内容は日常生活やテレビ番組の話題だった。亡くなった父親のことは何も話してくれなかった。こうした中，彼は将来介護職に就きたいという希望を言ったので，スクールカウンセラーは重症心身障害施設で1泊2日のボランティア活動を行うことを提案した。彼は同意し，学校側も保護者も了承した。施設に向かう途中，海が見え始めると，急に彼は父親と一緒に海釣りに行った話を始めた。通り過ぎていく海の景色を眺めながら，釣りに行った時の楽しかった話をしてくれた。また，父親は健康に全然気をつかわない人で，ヘビースモーカーで，毎晩夕食時にはお酒を飲みながら何本もタバコを吸っていたことを笑いながら話してくれた。そして，施設での活動においては，彼の障害児への接し方について職員が感受性の豊かさを認めてくれて，彼はうれしそうだった。彼は，突然病死した父親への思いを誰にも話せないまま，深いこころの傷を抱えていたのだった。

　こころの傷は，時間が経てば自然に消えてなくなるというものではない。こころの傷が癒やされるというのは，こころの引き出しに収められるということである。喩えるならば，部屋の中に汚れた服が散らかったまま置いてある。汚れた服は，洗濯され，乾かされ，アイロンをかけられ，たたまれ，整理され，そしてタンスの引き出しに収められる。同様に，こころの傷もこうしたプロセスを通ってこころの引き出しに収められるのではなかろうか。こころの傷が癒やされるためには，こうしたプロセスの促進を援助することが必要である。

　それでは，子どものこころの傷をどのように聴いていけばよいのか。こころの傷を聴くという前に，子どもの気持ちを聴くというのが基本である。野球の

基本がキャッチボールだとすると，カウンセリングの基本は"キャッチハート"である。ハートとは気持ちのことであり，言語と非言語を通して相手に投げられる。人と人とのコミュニケーションにおいて，ハートは目に見えないボールのように投げられている。近すぎる距離で速いボールを投げられるとキャッチするのが難しい。また，方向が違ったボールを投げられるとキャッチするのが難しい。このように，ボールが適切に投げられるためには距離，速度，方向の3要素が関係している。ハートの投げ方にも3要素，つまり心理的距離，心理的速度，心理的方向が関係している。

　実際のボールの場合は，投げ手も受け手も，ボールを正しくキャッチしたのか取り逃がしたのかは明確である。しかし，ハートはまるで目に見えないボールを投げ合うようなものなので，正しくキャッチされたかどうかは簡単には分からない。日常の会話では，話し手が投げたハートが聞き手に正しくキャッチされたかどうか確認されないまま会話は進んでいる。それでも会話が成立するのは，話し手も聞き手も互いに正しくキャッチできたと思い込んでいるからである。この背景には，人と人は理解し合えるという共通感覚がある。ところが，人への不信感や強い孤独感を抱くような経験があった時には，こうした共通感覚が幻想であるように感じてしまう。自分の気持ちは誰も分かってくれないし，分かってほしいという気力さえも起こらなくなる。ハートを投げても受け取ってもらえないと感じ，ハートを投げる気力も起こらなくなってしまった子どもに対して，カウンセラー等の聞き手は子どもが投げたハートをしっかりと受け取ったことを積極的に伝えることを積み重ねて，理解されたという感覚を回復させることが必要である。

　他方，ハートの聞き手の要因がある。聞き手がハートを取り逃がさないで確実にキャッチしてくれるからこそ，話し手はハートを投げようという意欲が出る。聞き手は自分の経験や考えや感情が邪魔をして，話し手の言葉を素直に聴くことが難しい場合がある。カウンセラーでさえも，自分の経験や考えや感情が邪魔をして素直に聴くことが難しい場合がある。これは逆転移が起こるからである。親は，子どもが傷つけられた話を冷静に聞くのは難しい。親は，子ども以上に腹を立てたり悲しんだり不安になったりして，感情が大きく揺さぶられてしまう。そうすると子どもは，正直な気持ちを親に打ち明けにくくなる。

　また，カウンセラーは子どもが自分に向けてきた攻撃を穏やかに受け取るの

64　　第Ⅰ部　不登校の子どもへの理解と関わり

は難しい。カウンセラーは，他の人に対する攻撃ならば受け取りやすいが，自分に対する怒りを受け取ることは難しい。そこでカウンセラーは，反撃したり，逃げたり，無視したりする。すると子どもはさらに攻撃してくる。このような状況で，カウンセラーが「生き残ること」(Winnicott, D. W.)，その子どもを愛し続けることが重要である。

技9 ▶登校刺激は見守りながら適時適量で与える

　登校刺激とは登校を促すための刺激である。言葉で指示すること（例：「学校へ行きなさい」と言うこと），課題を与えること（例：玄関まで行くこと）などがある。登校刺激の実際について，朝の登校時間の親子のやりとりを見てみよう。

　ある父親は，登校を渋っている小学4年生の子どもを車に乗せ，子どもの好きな曲をかけながら学校に向かった。そして，靴箱に一番近い場所に車を止めた。しかし，子どもは表情をこわばらせたままで車から降りようとはしなかった。子どもの心の中では緊張がピークに達していた。子どもは心の中では次のように感じていただろう。「学校に行かなければならない。でも行きたくない。今は行けない。もう無理。無理。無理。苦しい。助けて」。「誰かに見られる。変だと思われる。先生や友だちが誘いに来たら困る。早く逃げたい。もうダメ」。子どもは言葉にはできなかったが，おそらくこんなふうに感じていただろう。父親は限界に達している子どもの様子を見て，子どもの気分転換を図るために，曲をかけながらドライブをすることにした。その後，再度，校内に車を止めた。しかし，子どもは車から降りなかった。父親は仕方なく，再びドライブをすることにした。父親は出勤の時間が迫ってきたので焦った。今日は自宅に子どもを置いていくのか，それとも再度挑戦して登校させるのか。父親はだんだん冷静さを失って，子どもを怒鳴ったり運転が荒くなった。それでとうとう子どもは泣き出した。

　この父親は登校を渋っている子どもにさまざまな登校刺激を与えることを試みた。「図書室に行ってみよう」，「保健室に行ってみよう」，「放課後に教室に行ってみよう」，「スクールカウンセラーの先生に会ってみよう」，「担任の先生に家庭訪問をしてもらって話をしよう」，「担任の先生とメールをしよう」，「友だちと手紙の交換をしよう」などを提案し，子どもが了承したことを実行した。

第4章　不登校と関わる十二の技　　**65**

これらは部分的には成功したのだが，その学年の間に安定して登校するようにはならなかった。

　以上の例のように，登校刺激を与えたとしても子どもは登校するとは限らない。不登校にあまりなじみがない人は，「親がもっと強く言わないから子どもが言うことをきかない」と思うかもしれない。しかし，強い登校刺激を与えると，子どもは不安になったり反抗的になったり，心が傷ついたり身体症状を呈したりすることがある。そして親子関係は緊張状態になって，状況は複雑化していくことになる。子どもは一日中自分の部屋に引きこもってしまったり，家族と一緒に食事をとらなくなったり，誰とも話をしなくなったりすることがある。

　そこで重要なことは，登校刺激はどのような時に，どのように与えると効果的なのかという問題である。もちろん，登校刺激の内容は，親の立場，教師の立場，その他の立場（友人，スクールカウンセラー等）によって異なるが，立場に共通する基本方針について考えることにする。

　登校刺激が過剰だった場合について具体的に見てみよう。「技8」の中学3年生男子の母親はカウンセラーに，「子どもが学校に行かないのなら一緒に死んでしまおうかと思うくらいです」と気持ちを語った。そして母親は，子どもに向かって，「学校に行かないなら，ご飯を食べるな！」と何度か叱ったことがあると言った。このように母親が子どもに過剰なプレッシャーを与えている時期は何も好転しなかった。この中学生男子が不登校になったのは，父親が病気で急死してから数カ月後だった。彼は，スクールカウンセラーとの面談の中で父親との思い出を楽しく語ってくれた。父親と海釣りに行った話，父親が食事中にお酒を飲んでタバコを吸って健康にわるい生活をしていた話など，たくさん語ってくれた。こうした回想を経て，彼は次第に元気を回復して，自分の進路や将来について考えられるようになっていった。母親は，夫の死後，悲しみと不安を抱えながらやっとの思いで過ごしている時，子どもの不登校が起こった。だから母親が冷静でいられないのは当然だった。母親は，あとで考えてみれば，極端な発言や考えだったことに気づくであろう。親子間では適度な心理的距離がとれなくなって，感情がぶつかり合って，暴言・暴力などの極端な登校刺激が与えられる可能性がある。この例から分かることは，登校刺激は子どもの心の障壁がある間は効果がない。登校刺激はかえって子どもの心を強く閉ざしてしまう危険がある。子どもが自分の気持ちを表現し始めて，心の障壁がゆるみ

66　　第Ⅰ部　不登校の子どもへの理解と関わり

始めた頃，登校刺激は効果を発揮する。このように登校刺激のタイミングを図ることが重要である。

　登校刺激が過剰だった場合についてもう一例をあげよう。不登校経験のある30代の青年が中学時代を振り返って次のように語った。「不登校になって苦しんだことはいろいろあるけれども，一番嫌な思い出として記憶に残っているのは，母親が何としてでも僕を学校に行かせようとして鬼のような形相で僕を見た時のことです。あの目が忘れられません」。彼の母親は日頃は穏やかな優しい人だった。それで彼は，突然鬼のように変容した母親の眼差しに衝撃を受けたのだった。この例のように過剰な登校刺激は，トラウマになることもあるので注意しなければならない。

　ところで，逆に登校刺激が過小な場合も問題である。子どもが学校に行かなくなっても親があまり問題意識をもたない場合がある。ある不登校の中学生女子の母親は，「学校に行きなさいと言っても行きません。理由をたずねても何も答えてくれません。娘は悩んでいる様子もなく普通に過ごしているので，しばらく見守ることにします」と言った。担任もこうした母親の気持ちに即して，「しばらく見守ることにしましょう」と答えていた。もちろん，この母親は親としての普通の役割を果たしているので，ネグレクトには相当しない。この中学生女子には，不登校に至った特別の理由が見あたらないし，また早急な対応が必要な状態でもなかったので，「しばらく見守る」という対応になってしまった。そして，彼女は毎日ゲームやテレビに没頭していって，昼夜逆転の生活になっていった。「しばらく見守る」という方針によって，家族や教師の関わりが非常に少なくなって，彼女はますます現実逃避し無気力になっていった。これは，見守られているというよりも，放任されているのではなかろうか。過小な登校刺激によって，現実逃避や無気力の状態に陥り，心の中では孤独感や見捨てられ感が引き起こされたのではないだろうか。

　以上のことから，登校刺激は過剰でも過小でもなく適度であることが大切である。登校刺激それ自体が悪いというわけではなく，登校刺激が適時適量に与えられているかどうかが重要なのである。

　蓋を取ってはならない時がある。反対に，蓋を取って攪拌しなければならない時がある。つまり，蓋の内側で心の作業が行われているときには周囲の者は邪魔をしないことが大事な時がある。反対に，気持ちが深く沈み込んでしまわ

ないように，蓋を取って心の中を攪拌することが大事な時がある。本当の意味
での「見守る」とは適時適量を見るということである。

技10 ▶つながりを絶やさないで，手助けできる機会を待つ

　不登校の子どもや親への援助者として，教師はもちろん，スクールカウンセ
ラー，専門機関関係者などがいる。こうした援助者とのつながりを大事にして
おくことで，手助けが得られる。なお，友人は最も重要な援助者であるが，友
人については，「技5.　なかまと交流し，孤独感にのみ込まれない」で先述した
通りである。また，親戚，地域の人々，不登校親の会なども援助者であるが，
ここでは述べないことにする。

　まず，教師とのつながりによって手助けを得ることについて述べよう。親が
学校や教師に対して批判・否定することは手助けを断ち切ってしまうことにな
る。子どもが学校に行かなくなった契機には学校での出来事が関係しているこ
とが多いが，それだけが原因ではない（「技2.　原因を一つに決めつけないで，全体の
調和を保つ」で先述した）。親が学校での出来事を過大視して，学校や教師に原因
があると決めつけるのは妥当なことではない。不登校という現象は，学校での
出来事を含めた多様な要因が絡み合って生起したものである。こうした理解を
もとに，むしろ学校や教師に味方になってもらい，手助けしてもらうことが大
事である。子どもと家族の気持ちを教師により良く理解してもらうことを心が
けることが重要である。そこで，教師から手助けしてもらったエピソードを述
べよう。

　ある中学生男子Aは，中学1年生の9月から全く登校しなくなった。そこで
担任からは，「チャンスがあれば夜でも登校していいですよ。私がカギを開けま
すから。理科の実験でもやっていいですよ」と言われていた。親は子どもにそ
のことを伝えたのだが，本人は全く登校する気配を見せなかった。そして中学
2年生の6月の夕方，病院受診した帰りに，Aは「誰にも会わないでいいなら教
室に入ってもいい」と言った。そこで親は，担任に連絡して今から学校に行く
ことを伝えた。夜7時頃，校内は職員室とAの教室だけが明かりがついていた。
Aと親は，誰とも顔を会わせることなく，真っ暗な廊下を走ってドキドキしな
がら教室に入った。Aは2年生になって始めて自分の席に着席できた。

68　　第Ⅰ部　不登校の子どもへの理解と関わり

その後Aは，中学2年生で2カ月間ほど登校したが，中学3年生になってから
は全く登校できなかった。そこで，親が担任にAとパソコンでメール交換して
もらうことを提案したところ，担任は快く了承してくれた。そして担任からは
A宛てに毎日メールが届くようになった。主な内容は，翌日の時間割や学校生
活の様子だった。担任の文章は，さわやかで，飾りのない率直さがあり，思い
遣りが感じられるものだった。結局，Aが卒業するまで約1年間毎日のように
届き，Aは毎日の楽しみにして数行のメール返信をしていた。Aは最初は担任
との面会を避けていたが，数回目にやっと会うことができた。担任は，無理を
させない，穏やかで温かく接するという姿勢だったので，Aは安心して担任と
継続的に面会することができた。その後，保健室登校を数回試みたが，Aの過
剰な緊張のために再登校はできなかった。しかし，最後の日，卒業式には出席
することができた。その後Aは無事に高校に進学し，無事に高校を卒業し，そ
して大学に進学することができた。このように予後が良かったのは，中学時代
の担任との継続的な親しい交流があったことがAの心理的成長に大きな影響を
与えたからだと考えられる。不登校という状況ではあっても，家の中で孤立し
て過ごすのではなくて，人と交流することが大事である。

　以上のような教師からの手助けを得るためには親の姿勢が大きく影響してい
る。Aの親は担任に，Aの病気のことや日常の様子を書いた記録を渡したり，
メールや電話で現状を伝えたりした。子どもが不登校になると親も学校に行き
にくくなるものだが，学校や教師とのつながりを絶やさないようにすることが
大事である。親が子どもと学校の橋渡しとなることが大事である。たとえ現在
の学校では再登校に結びつかなかったとしても，こうした親の姿勢が子どもに
伝わって，将来の進学・進路に影響してくるのである。

　また，親は教師や学校に対して，要求的な態度をとるのではなく，親として
の自然な気持ちを表現して，適度に依存し，協力関係を結ぶことが大事である。
つまり，親は教師に対して要求するのではなく理解を求めることである。反対
に，教師は，親の要求に表面的に応じるのではなく，親の気持ちを共感的に理
解することが大切である。

　教師だけではなく，スクールカウンセラーや専門相談機関などの援助者との
つながりをもって手助けを得ることも大切である。しかし，不登校の子どもや
親には，援助を求めることへの葛藤，つまり援助欲求と援助抵抗の両方がある。

第4章　不登校と関わる十二の技　　**69**

相談への抵抗には，誰にも相談したくないという気持ち，相談することが恥ずかしいという気持ち，相談しても何も変わらないというあきらめの気持ち，などがある。援助抵抗があるのはある程度自然なことであり，援助者はその気持ちに配慮する必要がある。そして援助者は，自分が提供できることについて説明するのである。子どもや家族が学校や教師などとのつながりを絶やさないようにすれば，援助者はいつか手助けができる機会がめぐってくる。見守るとは，そういう機会をじっと待ちながら過ごすということである。

技11 ▶マッチングとタイミングという関係性を調整する

　マッチングとは二者の組合せの適合度という関係性を意味する。タイミングとは，二者の時間的な一致度という関係性を意味する。不登校の子どもの理解と対応のためには，マッチングとタイミングという関係性を考慮する必要がある。

　二つの禅語をもとに考えてみよう。一つは「隻手音声」（秋月，1985；永井，2007）という禅語であり，これはマッチングという関係性を意味している。もう一つは「啐啄同時」（永井，2007）という禅語であり，タイミングという関係性を意味していると考えられる。

　まず，「隻手音声」は，「両手を打てば音が響くが，片手ではどんな音がするか？」という公案である。江戸中期の禅僧，白隠の有名な公案である。なお，公案とは修行者が悟りを開くために課題として与えられる問題のことである。この禅語を通して筆者は次のように連想した。両手を叩いて出た音は，右手の音でも左手の音でもなく，右手と左手の出会いの中で，あるいは右手と左手の関係性において生起した音である。そこで，関係性ということについて連想してみた。両手を叩けばパンパンと音がする。片手で机を叩けばコンコンと音がする。こうしたパンパンとコンコンの違いはどうして起こるのだろうか。二者の組み合わせによって違った音がするのである。手それ自体に音があるのでもなく，対象物それ自体に音があるのでもなく，手と対象物の関係性によって違った音が生起する。つまり，二者の関係性の中で音が生起しているのである。

　ある中学生男子は，母親が上から目線で注意をすると反抗的な態度を示すが，母親が笑顔で楽しい雰囲気で接すると冗談を言ったり甘えたりする。また，彼は父親とは顔を合わせないようにしている。このように母親と子どもの関係性

は良かったり悪かったりと流動的だが，父親と子どもの関係性は冷たいまま固定的である。子どもの言動は，母親とのあいだで，父親とのあいだで，担任とのあいだで，それぞれの関係性の中で異なっている。子どものもつ特性は，相手との関係性によって異なる様相を示すのであり，子どもの特性は絶対的なものではないということである。不登校の子ども個人がもつパーソナリティや特性というものは，誰に対してでも共通に見られる固定的側面と，母親，父親，友人，教師など相手によって違って見られる変動的側面がある。母親と子どもとの間で起こる現象は，母親だけの要因でもなく，子どもだけの要因でもなく，母親と子どもの関係性の中で生起する現象である。そして，母親と子どもとの間で起こる現象は，父親と子どもの間で起こる現象とは違っている。子どもはこういう性格だから，こういう特性があるからと決めつけた見方をしないで，関係性によって違った様相を示すことを認識しておくことは重要である。

　次に，啐啄同時とは次のような意味である。「啐」は生まれ出ようとする雛が卵の中から殻を破ろうとすることであり，「啄」は親鳥が外からくちばしで卵の殻をつつくことである。こうした雛と親鳥の行為が同時に起こって，雛が卵から生まれるということである。言い換えれば，内側から殻を破って生まれ出ようとする者と，外側から殻をつついて手助けしようとする者，これら両者のタイミングが合うことによって生まれるという意味である。内側の力と外側の力が呼応する関係性によって殻が破れて生まれるのである。

　ある中学生男子Ａは学校に行かなくなってから3カ月間，オンラインゲームや動画鑑賞に没頭した日々を送っていた。毎朝，幼なじみの友人が誘いに来ていたが，寝たままで全く起きようとはしなかった。心配した親はスクールカウンセラーに数回相談した。Ａも週1回1時間，学校でスクールカウンセラーと継続的に面会した。そして，親子の交流がしだいに増え，Ａのゲーム依存も少しずつ改善されてきた。しかし，再登校への様子は全く見られなかった。こうした中，ある朝クラスの友人たちがＡの家に来て，部屋まで入ってきてＡを着替えさせ，半ば強引に学校に連れてくることがあった。それ以来Ａは，少しずつ登校できるようになっていった。一見，突然に登校できたように見えるが，潜在的にはさまざまなことが起こっていたと考えられる。Ａの内側では，ゲーム依存が改善され，親子関係の交流が増え，登校回避感情が低くなるなど，殻が少しずつ破られていった。他方，Ａの友人たちは意識的か無意識か分からな

第4章　不登校と関わる十二の技　　71

いが，絶妙なタイミングでＡの殻に対して強い刺激を与えた。この現象は，Ａと友人たちによる啐啄同時といえよう。

　殻は単に不登校だけを意味するのでもなく，殻を破って生まれるということは単に再登校を意味するのでもない。殻というのは，自分の現状から目を逸らしている殻であり，自分の将来や人生を否定している殻であり，人と交流することを避けている殻であり，社会とのつながりを絶とうとする殻などである。殻が破れて生まれるまでのプロセスは外からは見えにくいものなので，周囲の者は不安を抱え続けるだろう。しかし，周囲の絶え間ない関わりが，少しずつだが確実に蓄積されていった結果，プロセスが促進させられ，時が満ちて，ある瞬間に殻が破れるのである。親や教師は，子どものこころの中で，つまり殻の内側で何が起こっているのか，子どもの様子をよく観察する必要がある。啐啄同時の機を逃さないためには，子どもが今どのような状態なのかをよく見ておかねばならない。

　殻が破れて生まれる前には，長くて暗い「道」（不登校という経験）を通らなければならないだろう。どうしてこんな道に迷い込んでしまったのだろうか，いつになったらこの道から出られるのだろうか，もうこの道から出られないかもしれない，などと思うこともあるだろう。こうした時，どうしても通らなければならない道なのだと覚悟を決め，いつかは道は開けてどこかにつながると信じて，ひたすら歩み続けるしかない。そして，外側からの関わりをやめないこと，外側から辛抱強く関わり続けること，そうすれば内側の力と外側の力が合わさって殻が破れて生まれる日が必ず来ると信じ続けることである。

技12 ▶ 自分の道を切り拓く

　まず，進路のことを全く考えようとしない子どもの場合について検討してみよう。不登校の子どもで，ゲームなどに没頭して現実逃避し，自分の進路について考えることを避けている者がいる。そこで親や教師が子どもに真面目に考えるように促しても難しい場合がある。こうした場合，進路意識を高めるためには，二つの心理的側面へのアプローチが必要である。一つは，進路意識の背景において自尊心が影響している。つまり，自分のことが好きであり，自分を大事に思う気持ちがあるから自分の将来を真剣に考えようとするのである。も

72　　第Ⅰ部　不登校の子どもへの理解と関わり

う一つは，進路意識の背景には自己受容が影響している。つまり，自分のもつ学力，適性，関心などを客観的に振り返って，現状の自分をあるがままに受け入れることによって，自分に適した進路を選択することができる。自己受容ができないと，過大評価あるいは過小評価をして，不適当な進路選択をするかもしれない。

　次に，進路のことを考えようという気持ちはあるが，希望がもてなくて悲観している子どもの場合について検討してみよう。不登校の子どもは，進路について「自分が行ける学校はどこにもない。もうどうでもいい」と悲観したり投げやりになったりすることがある。この言葉を聞いた親は動揺するだろう。しかし，道は決して閉ざされてはいない。親は，結論を急がせないで，子どもと一緒にさまざまな可能性について具体的に検討するのがよい。なぜなら，進路を調べたり考えたりする過程で子どもの進路意識と学習意欲が高まるからである。そして，最終的な進路決定には子ども自身の意思が反映されているのがよい。なぜなら，自分の進路を自分で決めることによって自己決定感と自己コントロール感（自律性）が高まるからである。こうして蓄えられた心理的エネルギーが将来困難な状況に直面したときの乗り越える力となるのである。だから，単に卒業後の身の振り方が決まればよいというわけではない。

　さらに，進路において現実適応していく者とそうでない者との違いについて検討してみよう。小中学校で不登校だったが高校進学後は改善していく者が多数いる一方で，中学卒業後どこにも所属しなかったり高校を中途退学したりして長期のひきこもり生活になっていく者がいる。こうした違いはどこにあるのだろうか。改善していくために必要な要因について筆者は次のように考えている。第一に，人と交流することの喜びを経験したかどうかである。教育支援センター（適応指導教室）やフリースクール等で同じ不登校の子どもたちと交流したり，休日に学校の友だちと遊んだり，家庭訪問してくれる担任と会話をしたりなどして，人と一緒に過ごすことは楽しいという気持ちをもつことである。第二に，相談できる関係をもっているかどうかである。家族，友人，学校の先生，カウンセラー，医師など，継続的に相談できる関係をもっていることによって，定期的に自分を振り返ったり，悩みが生じた時にすぐに相談でき，予防的な面で役に立つ。第三に，ある程度の学力をつけているかどうかである。学力が高いほど進路の選択の幅が広がる。そこで，教育支援センター，学習塾，通

信教育，家庭教師などで支援を受けながら自分のペースで進められるようになるとよい。以上をまとめると，小中学時代に不登校であっても，人と交流する喜びの経験をもつこと，相談できる相手をもつこと，ある程度の学力をつけること，これら三つの要因がその後の現実適応に影響を及ぼしている。

　ところで，不登校経験者を受け入れている全寮制の高校がある。ある中学3年生男子は，進路選択に際して全寮制高校3校，通信制高校1校，公立高校1校の計5校の説明会に行った。そして最終的に進学したいと思った全寮制高校の授業体験に参加して，進学先を決めた。全寮制高校の説明会では，先輩たちが自分も不登校だったが，今は高校で楽しく充実した毎日を過ごしていると話してくれた。先輩たちは，中学時代はほとんど登校せず，勉強も全くしなかったが，高校に入ってからは毎日登校していると話してくれた。勉強については，他の人と比較して遅れているとは思わないで，自分は今からスタートだと思ってやっていけば必ず追いつけると話してくれた。こうした同じ不登校を経験した先輩たちの声はこころに染み渡るような希望を与えてくれた。

　不登校経験者を積極的に受け入れている全寮制の高校は古くは，生野学園高等学校（兵庫県，1989年開校），吉備高原学園高等学校（岡山県，1991年），黄柳野高等学校（愛知県，1995年開校）がある。こうした全寮制の高校に通うようになって改善していく例は多数あるが，それはどうしてなのだろうか。第一に，家庭から離れることによって家族関係の否定的影響が少なくなるからである。第二に，"本音の関係"によって人への安心感をもてるようになるからである。友人たちと寝食を共にする寮生活で，互いに自分を隠せない状況に投げ込まれ，最初は警戒心，恐怖心を強く感じる。しかし数カ月経つと，苦しさや寂しさ，喜びや感動を共有することを通して，まるで同胞のように仲良くなる。不登校の子どもの多くは集団になじめなかったという経験をもっている。いつまでも集団を回避し続けていると怖いままであるが，あえて集団に飛び込むことによって恐怖心を克服しようということである。人と心理的距離をとって付き合うことは建前と本音が交錯して人に対して疑心暗鬼になってしまう。だから，人の懐に飛び込むことによって本音が見える関係を経験して，人への安心感が獲得されるのである。第三に，同性同年輩の友人との付き合いの中でチャム体験が得られるからである。チャム関係を通して，孤独感が癒やされるとともに，自分のパーソナリティの自覚と変革が促される。第四に，先生との関係の中で，

甘えと反抗を経験し，大人への信頼を回復し，先生をモデルとして対人関係を学ぶからである。こうした高校には，教育的な情熱をもった不登校対応のプロフェッショナルとしての先生がたくさんおられる。第五に，生活習慣の改善が図られるからである。たとえば，昼夜逆転だった生活が改められることがある。

　不登校という挫折を経験したからこそ得られることがある。外傷後成長，レジリエンス（精神的回復力）という考えがある。渡辺（2011）は「魂の野心」という言葉を提示している。「どうしてこのような挫折や状態になってしまったのか。私は何を探し求めているのか，私はどこに向かおうとしているのか。人生の挫折，病気の発症などの大きなマイナスに思われるようなことも，決してマイナスだけではない。逆に大きなプラスの意味が隠されている」と述べ，自分なりの「魂の野心」を発見することの意義を説いている。

　不登校の子どもと家族は，予想していなかった大きな壁にぶつかって，焦り，落胆し，苦労しただろう。しかし，挫折があったからこそ，分かったことや得たこともあっただろう。これからも希望をもって自分の道を切り拓いていってほしい。

◉ 文献

秋月龍珉（1985）．白隠禅師．講談社現代新書．

Herman, J.L.（1992）．Trauma and Recovery. Basic Books.（中井久夫（訳）（1999）．心的外傷と回復．みすず書房）

木村敏（1981）．自己・あいだ・時間．弘文堂．

Kohut, H.（1984）．How does Analysis Cure? The University of Chicago Press.（本城秀次・笠原嘉（監訳），幸順子・緒賀聡・吉井健治・渡邊ちはる（共訳）（1995）．自己の治癒．みすず書房）

永井政之（監修）（2007）．ふっと心がかるくなる禅の言葉．永岡書店．

齊藤万比古（2011）．発達障害が引き起こす不登校へのケアとサポート．学研．

Sullivan, H.S.（1953）．The Interpersonal Theory of Psychiatry．W.W.Norton.（中井久夫・宮崎隆吉・高木敬三・鑪幹八郎（訳）（1990）．精神医学は対人関係論である．みすず書房）

渡辺雄三（2011）．私説・臨床心理学の方法．金剛出版．

山本力（2005）．不登校の子ども支援に関するガイドライン試案．岡山大学教育実践総合センター紀要，5, 131-137.

吉井健治（1999）．不登校を対象とするフリースクールの役割と意義．社会関係研究，5, 83-104.

吉井健治（2000a）．フリースクールと不登校問題．田畑治（監修）人間援助の諸領域──そのこころ・実践・研究．ナカニシヤ出版．pp. 123-138.

吉井健治（2000b）．日本におけるホームスクールの可能性と課題──ホームスクールの一事例を通じて．社会関係研究，6, 55-76.

吉井健治 (2004)．フリースクールと学校教育の連携に関する一考察——沖縄のフリースクールへの参加観察を通じて．熊本学園大学付属社会福祉研究所報, 32, 295-304.

不登校の子どもへの
多様な支援

II

第Ⅱ部「不登校の子どもへの多様な支援」は，筆者の不登校に関する研究論文をまとめたものである。筆者の不登校に関する研究および実践の志向性は，一つは環境的側面の重視であり，もう一つは「なかま」の存在の重視である。

　一つ目の志向性として，不登校の子どもを取り巻く環境的側面の重視について述べる。心理相談においてカウンセラーは，クライエントの主訴（こころの悩みに関する訴え）を理解し対応するのが仕事である。この主訴は，個人や家族の側面から理解されるのはもちろんだが，その背景には組織や社会の問題が潜んでいる。つまり，主訴には個と環境の相互作用が内包されている。したがって，カウンセラーは，個人や家族の要因だけではなく，組織や社会の要因との相互作用を考慮しながら理解し対応していくことが必要である。同様に，不登校現象においても，子どもや家族の要因だけではなく，世間，学校，教師，学級，部活，友人などの要因との相互作用を考慮に入れることが重要である。以上のような意味で，不登校を取り巻く環境的側面に焦点を当てている。

　そこで本書では，学校教育構造の問題について検討した（第Ⅱ部第1章）。不登校は，子どもや家族の問題というよりも，むしろ学校の課題であり，こうした課題に対して子どもが身を挺して訴えているという理解の仕方がある。このような意味で，カウンセラーは，不登校の子どもと家族が暗黙のうちに提起している学校の課題を敏感に察知して，代弁し，提案し，改革に結びつけていく役割を担っている。これまで筆者はそうした思いをもって教育・研究・実践を行ってきた。また，学校以外の教育の場についても述べた。不登校の子どもたちの学びと交流の居場所であるフリースクール（第Ⅱ部第2章），学校に行かないで家庭・地域を中心に子どもの教育を行うホームスクール（第Ⅱ部第3章）を取り上げて，それぞれにおいて筆者が関わった事例を紹介した。とくにホームスクールの事例は希少であり，先駆的な論文（2000年発表）である。フリースクールや

ホームスクールといった学校以外の教育の場に焦点を当てることは，学校を否定しているのではない。それは，子どもたちにとって本質的に重要な教育とは何かを問いかける契機になったり，またこれまで当たり前のように思ってきた学校教育のあり方を再発見することにもつながるのである。現代においてはフリースクールもホームスクールも新しい教育形態として注目されてきている。

　もう一つの志向性として，不登校の子どもの「なかま」の存在の重視について述べる。以前から不登校問題においては友人関係が大きく影響していることが示唆されてきたが，改めて「なかま」という視点から友人関係の本質的な意味を検討した。ここでいう「なかま」は，青年期における同性同年輩の親しい友人である「チャム」，本質的に似ていると感じられる人・モノである「分身自己対象」を意味している。こうした「なかま」の存在は，孤独感を癒やしてくれることに大きな意義がある。

　そこで本書では，教室に入りづらくて別室登校をしていた中学生女子がチャム関係を通じてこころを癒し成長していった様子を描いた事例研究を提示した（第Ⅱ部第4章）。また，チャムに関する先行研究論文をまとめ，チャム測定尺度を開発して，これを用いて質問紙調査研究を行った結果を提示した（第Ⅱ部第5章）。さらに，ひきこもり傾向の不登校の子ども・青年の家庭訪問を「訪問臨床」という専門的視点から捉え直し，訪問の事例を提示した（第Ⅱ部第6章）。訪問臨床においては，支援者が子どもの家庭状況に身を置いて，互いの気持ちを重ね合わせ，互いのまなざしを共有することに意義がある。不登校の子どもは，支援者との間で「共にある関係」を経験することを通して「私は独りではない」という感覚を得て，孤独感を和らげ，そして人とのつながりを回復するのである。

　以上の通り，第Ⅱ部の各章を貫いている軸は，一つは環境的側面の重視であり，もう一つは「なかま」の存在の重視である。

第1章

不登校と学校教育構造

はじめに

　「学校に行きたいが，行けない」という不登校は，個人のパーソナリティ要因（心理発達や家族関係を含む）と学校教育構造との関数によって生じる現象である。ところが，心理療法的アプローチでは主として個人のパーソナリティ要因に焦点があてられ，学校教育構造の要因に関する分析は不十分なままである。

　筆者はこれまで専門相談機関，学校教育，民間の三つの領域における心理臨床から不登校問題にアプローチしてきた。専門相談機関においては，不登校生に対する個人心理療法およびグループ・アプローチを行い（吉井，1992；吉井，1995），学校教育においてはスクールカウンセラーや適応指導教室相談員として不登校生とかかわり，民間においては不登校の親の会での助言や不登校生のためのフリースクールの設立と運営を行ってきた。

　こうした実践を通じて筆者は，不登校生が学校教育構造の問題性を敏感に察知して学校教育のあり方に警鐘を鳴らす存在であることに気づかされた。不登校問題は，長期欠席に至る一部の不登校生に限定された問題ではなく，学校の存立における危機的な問題を孕んでいるのである。ただし，個人や家族の精神病理からとくに心理療法が必要なケースについては除外して考えなければならない。

　学校では生徒数の減少にもかかわらず不登校生が増加しているが，これは不登校の裾野の拡大と関係している。森田（1991）は，不登校まではいかなくとも，「学校に行くのが嫌になる」という登校回避感情をもつ生徒を不登校のグレイゾーンとして捉えている。この調査結果では，中学2年生のうち何らかの頻度で「学校に行くのが嫌になったことがある」と回答した生徒は70％に達した。森田は，不登校現象の全体像を，①登校回避感情は示すが我慢して登校する生徒，②登校回避感情を示し遅刻・早退行動をとる生徒，③登校回避感情を示し欠席行動に至る生徒，の3群から構成されるという。これらのうち実際，不登校生として定位されるのは③の中でも長期欠席（年間30日以上の欠席）に至る生徒のみである（全生徒の約1％程度）。森田は，不登校はごく一

81

部の生徒の問題ではなく，約7割の生徒が不登校のグレイゾーンにいるとみている。

　このように潜在的不登校がクローズアップされてきたが，では学校教育の何が問題なのだろうか。その答えは，登校回避感情をもつ生徒および不登校生における心理と行動を分析していくことで明らかにされるだろう。なぜならこれらの生徒は，学校教育構造の問題性に最も敏感に反応した子どもだからである。

　本章では，学校教育構造の問題性を指摘した上で，これに敏感に反応する不登校生が心の癒しと成長の場を獲得するには，学校はどう変わればよいのかについて考察する。

　なお本章は，臨床観察および心理臨床から得られた，いわゆる臨床知としての記述であって，探索的かつ概念構成的な性質をもっている。事例研究および調査研究は今後実施していくことにしたい。

1．学校教育構造の問題性：登校回避感情を抱く背景

①「影」の声

　生徒は，教師には話しにくい気持をスクールカウンセラーに投げかけてくる。ある高校生女子が，「先生（筆者）と話をして良かったです。あんな話はいつも友達にしかしなかったけれど，大人の人に相談してみるのもいいですね」と語ることがあった。同様に，他の何人かの生徒も，「大人の意見を聞いてみたい」と言って来談したことがあった。このように生徒は，教師には話しにくいことでもスクールカウンセラーには率直に自己開示し，大人の立場からの意見を求めるのである。なぜ生徒は教師に対して自己開示しにくいのか，また教師と生徒の関係の希薄化さらには断絶が生じているのだろうか。

　その理由の一つに，教師と生徒の心理的距離のとり方の難しさの問題がある。青年期にある生徒は子どもと大人の境界に位置し，大人に対して独立と依存の葛藤をもつ。青年は，大人に対して，親しくしたいが接近するのは嫌だ，任せてほしいが見放されるのは困る，甘えたいのと同時に反抗したくなる等の「接近－回避葛藤」をもっている。そこには，大人に依存すると「呑み込まれ不安」を抱く反面，大人からの援助の手が差しのべられないと「見捨てられ不安」を抱くという心理機制がみられる。そのため青年は，大人的立場をとる教師との関係において適度な心理的距離を保つことが難しくなるのである。しかしながらスクールカウンセラーに対しては，呑み込まれることもなく見捨てられることもない関係，換言すればつかず離れずの関係という適度な心理的距離を保つことが可能である。生徒は，自分の判断や行為に迷い悩んだ時，タテの関係からではなく側面から支援してくれる大人の存在を求めているのである。

　また，生徒は評価者としての教師の前では仮面を被っているという問題がある。生

徒は，教師からの評価を敏感に察知し，教師に自分の「goodな自己」を見せようとして率直な気持ちを語ろうとしない。しかし，評価とは直接関係しないスクールカウンセラーに対しては「badな自己」を率直にみせる。たとえば，「憎くて殴りたい」，「死んでしまえばいい」等のアグレッションを露わに言語化したり，喫煙，深夜徘徊，性交渉，盗み等の問題行動を包み隠さず語ることがある。一見普通の生徒に見えても，潜在的には激しいアグレッションがあることに気づかされる。最近話題になっている「いきなり型非行」や「キレる子ども」はこうした生徒である。生徒の本当の内面を知るためには，生徒の「badな自己」への接近が必要なのである。

　さらに，生徒は教師の価値観や枠組に一方的に押し込められているという問題がある。生徒の考えていることが分からない，生徒がなぜそういう行動をとるのか分からないという教師が大勢いる。そして教師は，自己の不安から逃れるために，表面的，形式的に生徒を型にはめようとする。しかしながら本来青年の心には，大人の認識の枠組からは理解し難いことが起こるものなのである。だからこそ生徒の価値観や認識の枠組を探求していくことが生徒理解において必要不可欠となる。教師が自己の不安から逃れるために，「それは良くないことだ。やめた方がいい」等とタテの関係から一方的に生徒を批判，否定する対応をとるならば，生徒は教師の侵入を阻止してしまう。その結果，生徒理解の深化を図ることができなくなるのである。

　このようにして，教師と生徒の関係は離反し，両者の通路は絶たれてしまう。そして，行き場を失った生徒の「影」の声が，異質な大人としてのスクールカウンセラーに集積される。

　たとえば，ある高校生男子は教師に一方的に注意を受けて叩かれたことで，「ぶち殺したる」と怒りの言葉を吐くことがあった。彼は自分が悪かったことは理解しているのだが，突然叩かれたことに納得がいかなかった。彼は自己の傷つきからくる怒りを次のように語った。「教師は権力を使って生徒を抑え込もうとする。教師は，生徒には言いたい放題のくせに，自分がかわいいから周りの大人には何もいえない。大人は汚い。不合理，矛盾があってもそれを見逃そうとする。それは自分がかわいいからだ。そういう大人にはなりたくない」。

　実は，生徒だけでなく，教師の「影」の声もスクールカウンセラーに届いてくる。学校内部ではあたかも集団幻想のごとく信じ込まれている教師の論理というものがあるが，こうした幻想から醒めた教師は居場所を失う。また，本来ならば率直に語り合って全教師が対処していかなければならない問題（たとえば授業妨害）に対して，個々の教師のプライドがあって本音が言えないこともある。こうした時，教師の怒り，苦しみ，失望等の「影」の声がスクールカウンセラーに届けられる。

教師と生徒の通路が絶たれている場合，スクールカウンセラーは「影」の声の媒介者となって両者の関係の改善を図ることもある。守秘義務には十分配慮した上で，生徒側には教師の率直な苦悩を説明し，他方教師側には生徒の本音の部分を伝えるのである。

　スクールカウンセラーは，学校教師でもなく，また学校と全く関係ない人でもない。つまり，学校組織の内でも外でもなく，その境界線上に位置するのである。学校組織の周縁的位置にいるスクールカウンセラーには，内部の者が抱えている矛盾，葛藤，隠蔽された感情が「影」の声として持ち込まれるのである。

　学校教育構造には抑圧された「影」の声が蓄えられており，そしてたとえば校内暴力，いじめによる自殺というかたちで「影」の復讐が引き起こされる危険がある。

② 囲い込み

　生徒は，学校生活の中で時間的にも空間的にも拘束され，自由な行動が制限されている。また，与えられたカリキュラムを受動的に受け取るだけで，学びたいことを自由に学ぶ活動は保障されていない。さらに，校則の遵守等，学校生活全般にわたって教師の監視の目にさらされている。生徒は，こうした目に見えるまたは目に見えないシステムの枠の中に囲い込まれているのである。

　このような批判に対して，「生徒の自由にさせるとけじめがつかなくなる」，「生徒には社会性を身につけさせなければならない」等と反論されることがある。確かにそれはもっともな意見である。実際，突然に枠を取り払って生徒の自主性と自律性に任せたところ，生徒はゴミをまき散らす，タバコを吸う，授業をさぼる，授業妨害を行う等の行動をとったという実例がある。したがって，単にシステムの枠を撤去して生徒を開放すればよいということではない。

　筆者は，生徒が枠のもつ意味を問うことにこそ教育的価値があると考える。生徒が枠からの強制力に盲従するのではなく，枠を通じての自己コントロールを獲得することが重要なのである。このような意味からすれば，枠を越えようとする生徒も，枠の内で安住する生徒も問題である。

　いわゆる反社会的行動を起こして枠を壊す生徒は，潜在的に自己顕示的欲求，承認欲求，愛情欲求をもっているが，これが満たされないと憤怒やイライラが起きて他者攻撃や自己破滅的行為を起こす。こうした生徒に強制力をもって枠を遵守させることに意味があるのだろうか。強制力を強めるほど彼らのアグレッションは破壊的なエネルギーを放出することになってしまう。彼らの根底にある感情にアプローチしていかない限り問題行動を抑制することは困難である。たとえば，ある高校生男子はスクールカウンセラー（筆者）に非行の数々を吐露してくれた。筆者は，彼がどんなことを語

ろうとも，批判，否定することなく受容していった。彼のもつ隠蔽された感情は，自分に注目してほしい，自分のすばらしさを認めてほしいという欲求である。これらの感情を取り扱わない限りパーソナリティの変容は起こり得ない。説得，指示等を控えて話を十分に聴いていくことによって真の欲求が満たされていくのである。また枠を破壊しようとするアグレッションの言語化やその象徴レベルでの表現によって，非行という行動化は抑制されるのである。こうしたプロセスを踏んだ上で，枠のもつ意味を伝えていくのである。

　他方，枠の内で安住する生徒にも問題がある。これらの生徒は，自らが置かれた状況を客観視できない，何も疑わないで周囲に同調する，自分が何を求めているのかが分からない等の問題がある。そして，そのまま大学生や社会人になって指示待ち姿勢でいる。「あなたはどう考えるのか」，「あなたはどうしたいのか」，「あなたはそれでよいのか」等の問いかけに応えられない。こうした生徒は，周囲の期待に応える良い子の仮面を被って，自分の欲求を抑圧し続けている。過剰な抑圧は後に破壊的なアグレッションへと転換する場合が多いので，仮面を被った良い子にはむしろ適度に枠を破ることを勧める必要さえあるかもしれない。これは，第二次反抗が自己の確立において重要な意義をもつことと関連している。

　学校の中の目に見えるまたは目に見えないシステムの枠の中に生徒を囲い込むことによって，生徒は破壊的なアグレッションをもったり，あるいは生徒の思考停止や無気力状態を招いてしまうのである。

③ 異質排除

　学校で生徒は，服装，言葉遣い，趣味，価値観等において，人と違うことを悪いことのように受け取ったり，人と違うことを恐れたり，人と違うことを許せないと感じている。

　学校やクラスで，どのように振る舞えば群れに受け入れられるかを気にして，嫌われまい，突出しまいとひたすら人並みを心掛けている。わずかな差異でさえ敏感に感じ取り，それを排除しようとする。その結果，異質を排除した表面だけの同質集団が形成される。こうした中で，生徒の自由な感情が抑圧されストレスが高まって，いじめ等が引き起こされるのである。

　このような異質排除の心理はどこからもたらされるのか。私たちは根本的に人は皆同じだという確信があるからこそ安心して人と違うことを受け入れられる。つまり，同質性の確信があるからこそ異質性を受け入れることができるのである。ところが，同質性の確信が欠如した状態で異質性を自覚すれば，それはまったくの孤立，断絶，逸脱になってしまう。したがって，表面的に同じであろうとする生徒の心理は，同質

性の確信が不十分なためにこれを補償しようとしていると解釈される。

　それではなぜ同質性の確信が不十分なままなのだろうか。その主要な理由として，生徒集団が学力偏差値による序列化の中で分断化されてきたことがあげられる。学校では偏差値が偏重され，このスケールが生徒の価値を決定する絶対的なものとして集団幻想されている。生徒は常に成績による競争的関係におかれ，互いに価値観や悩み等を表明する機会は少ない。その結果生徒は，互いの自己開示を通じて共に分かち合う体験あるいは共感する体験が得られないのである。

　以上をまとめると，生徒は同質性の確信が欠如しており，この補償として表面上同じであることを追求していった結果，異質排除の構図が形成されるのである。

2. 学校教育構造への鋭敏な感受性

　学校教育構造の問題性として，「影」の声，囲い込み，異質排除の3点について述べた。不登校生は，普通に登校する者に比べて学校教育構造の矛盾や不合理を無意識のうちに敏感に察知している。不登校生は，「何かなじめない」，「何か空気が違う」等曖昧で直感的な印象でそのことを伝えている。もちろん，不登校生に限らずこの年代の子どもは，感得した微妙な感覚を言語化するのが難しいので，こうした言葉しか出てこないことが多い。では，彼らは具体的にどのような事柄に反応するのか例をあげよう。

　学校のクラス構造は固定したメンバーが長期にわたって学校生活場面で行動を共にするため，クラス内の人間関係において閉塞的状況をうみ出す可能性がある。たとえば，グループから排除され行き場を失う，グループ間の対立に挟まれる，別のグループに移りたいができない等である。不登校生は，こうした事態の当事者でなくとも，閉塞的なクラス状況の人間関係に敏感な感受性をもって反応し，息苦しさを感じる。また不登校生は，教師から一方的に説得，干渉，指導を受けること，つまりタテの関係において「される存在」に置かれることを暗黙のうちに拒否している。そこには，教師に従うことによって自己の存在を喪失してしまうかのような呑み込まれ不安がみられる。さらに不登校生は，教師の一方的な威圧的な行為によって傷つくことがある。他の生徒が叩かれているのを目撃しただけでも傷ついたり，教師の命令口調に恐怖心を抱いたりする。

　このように不登校生は，学校教育構造からくる矛盾や不合理を無意識のうちに敏感に察知して登校できなくなる。そして，教育センター，各種相談室，病院に連れて来られるが，そこでは病気扱いされることに反応する。治療者や担当者から，何か欠陥のある者として特別視されているのではないかと警戒し，相手のまなざしに敏感に反応する。こうして不登校生は家の中に引きこもってしまうのである。

不登校生の中で積極的に登校を拒否する者は少なく，ほとんどの者が「できれば登校したい」と思っている。不登校生は「学校に行きたいが，行けない」という学校に対するアンビバレントな感情をもつと解釈されているが，実はそうではない。不登校生は重要な言葉を括弧に括っている。それは，「学校（なるもの）に行きたいが，（現状の学校に）行けない」ということである。学校なるものとは，不登校生が望む子どもの居場所のことである。

　不登校生のひきこもりが長期化したり集団参加への抵抗感が強まるのは，学校に行かないことを心配する親が子どものあり方を否定した結果，子どもが否定的自己像に囚われて人生への希望を失うからである。親から「登校するのかしないのか」，「将来どうするつもりなのか」，「こんな弱い性格でいいのか」等と強く迫られ家族関係の軋轢は高まる。こうした親の言葉の背景には，社会の「学校信仰」が入り込んでいる。通常は子どもの自我の確立のプロセスを経た上で，また時間をかけて行われるはずの親子間の対決が，子どもの不登校を契機に突如降りかかるのである。こうした副次的な問題であるにもかかわらず，教師の指導や心理療法において個人病理又は家族病理という暗黙のまなざしを受けて，家族や不登校生は自己否定に囚われてしまう。すなわち，不登校生の長期のひきこもりと集団回避には，学校信仰および教師やセラピストの見方が大きな影響を及ぼしている。

　不登校生は学校に行けない理由も言わないし，今後どうするのかとたずねても「わからない」，「別に」等と答えるに過ぎない。それは，言葉ではうまく表現できない感情をもつことに加えて，本人自身もあれこれ思い煩いたくないからである。家の中でファミコン，テレビ，マンガ，その他の趣味に没頭して現実の葛藤から逃避する。そして，思考を停止させ，感情を鈍麻させ，心理的空白をつくろうとする。こうした経過の中で自己を白紙に戻して，傷ついた自己の癒しを始めるための準備状態を形成する。この時に，大人が彼らの内面に入り込むことは容易ではない。ただ大人ができることは，子どもが我を忘れて好きな活動に没頭できるように居場所を保障してあげることである。

　不登校を起こすことになった最初の時点に立ち返って考えてみる。なぜ不登校生だけが独特の感受性でもって学校教育構造の問題性を察知できるのだろうか。筆者は，不登校生が「アーティスト的心性」をもつからだと考える。

　アーティストとして仕事をしている人々は，生得的にある種の鋭敏な感受性をもっている人々である。この種の人々は，他の人が気づかないような微妙な人間心理と外的事象を察知する能力をもっている。こうした能力を「アーティスト的心性」と呼ぶことにしたい。

アーティストは鋭敏な感受性をもつがゆえに心が傷つきやすい。しかしながら彼らは，それを表現するための優れた技能を獲得している。傷ついた感情を，絵画，音楽，詩，小説，陶芸，演劇等を通じて自己表現していくことができる。だから，むしろ自己が傷つけば傷つくほど，技能に裏付けられた上での深い芸術表現がなされるのである。アーティストにとって芸術表現は，一つの重要な自己表現といえる。

不登校生も「アーティスト的心性」をもっているが，彼らは感得したものを表現しないで内面に貯め込んでいく。また感得したものを表現できる技能をまだもたない。そしてまるで毒素が心と身体を痺れさせて動きを止めてしまうかのようにして現実から退却していくのである。不登校生が自己の癒しを行うには，アーティストのように何らかの手段を使って自己表現していくことが不可欠である。不登校生の心の癒しのプロセスをみていくと，詩をつくる者，小説を書く者，絵を描く者，演劇に熱中する者，動植物を育てる者等が大勢現れる。こうした何らかの感情の自己表現を通じて，心の癒しが行われるのである。したがって周囲の大人は，不登校生が自由に自己表現できる場と条件を確保することに努めなければならない。

3．隠れ家における「なかま」の交流

不登校生は，鋭敏な感受性すなわちアーティスト的心性を通じて，学校教育のあり方に警鐘を鳴らしている。しかし学校はすぐには変わらないのであるから，彼らが生活する場所を確保することが必要になる。そこで学校教育は，保健室，相談室，適応指導教室，教育センターを不登校生の心の居場所として位置づけている。ところが，こうした学校教育制度の周縁にある居場所でさえ不登校生にとって居心地は良くないことが多い。なぜならこれらの居場所は，出席率，教科書的学習，再登校を暗黙のうちに強いており，準学校的だからである。鋭敏な感受性をもった不登校生がこれに気づかないはずはない。

不登校生が求めるのは，こうした大人の監視や指導にさらされる場ではなく，「なかま」との自由な出会いの場である。また彼らは，再登校だけを問題とせず，子どもの人生や内面にかかわってくれる大人の存在を求めている。こうした場は，大人の発想で準備され制度的にも保障された心の居場所ではなく，むしろ秘密性や非日常性のある隠れ家なのである。以下では，まず登校回避感情をもつ生徒の交流について，次に不登校生の交流について示してみよう。

① 登校回避感情をもつ「なかま」の交流

本来的にはスクールカウンセラーの元へ来談するには具体的な悩みがなければならないが，困ったり悩んだりしている様子がなくて何となくやって来る生徒が大勢いる。

これらの生徒は周囲の者からさぼりや息抜きとしてみられる。

　高校生男子グループが，授業時間中にカウンセラー室を頻繁に訪れていたことがあった。最初，どんな所かのぞいてみたいという動機でやって来た。そして「おもしろい人がいるぞ」といって声を掛け合い，次々と三，四人が連れ立ってやって来た。彼らは「学校がおもしろくない」，「退屈だ」と言い，遅刻が多く，学校を時々欠席していた。したがって彼らは登校回避感情をもつ生徒として位置づけられる。

　相談室で彼らは，親や教師への憤り，校則への不満，恋愛，オカルト，宇宙，アルバイト等について自由におしゃべりをしていた。彼らは，互いに理解し合うのと同時に異なった考えを聞いて見方を拡げたりアドバイスをし合っていた。以下に，具体例として，教師や親に関する話題を列挙しよう。

　①服装検査における教師の対応に不満を語る生徒：「男の先生が検査をするから女子生徒には甘い。これは不公平だ。先生は自分たちの都合のいいようにして生徒の意見を聞かない」。

　②教師と生徒の人間関係について語る生徒：「先生と生徒の間をもっと詰めてほしい。もっと親しく接したい。今は上下関係になっている。いかにも，俺は先生だ，おまえらは従えという態度がある。威厳はもってほしいが威張るのはやめてほしい」。

　③共鳴し合う生徒：「親は子どもの話を分かろうとしてくれない。きょうだいで比較されていやだ」というある生徒の言葉に，別の生徒が「俺のところもいっしょだ」といって共鳴し合う。

　④アドバイスし合う生徒：ある生徒が「親には言っても分かってもらえない」と不満を語るが，それに対して別の生徒が自分の経験から「親のいうことを一応きいて親に合わせていれば，そのうちに締めつけが弱まってくるはずだ」とアドバイスをする。

　⑤学校の変わらない体質を分析する生徒：「生徒は意見を出していくと先生から睨まれて進学や就職に差障りが出る。生徒は自分が損をすることになるから，しばらくの我慢だと思って3年間を過ごす。結局，生徒がそういう気持ちだから毎年同じことが繰り返されて学校は何も変わらない」。

　彼らは，現実生活への不満，空想的な話，秘密めいた話等，つまり表と裏における裏の部分，建前と本音における本音の部分，光と影の影の部分を語っていた。このように話が展開したのは，筆者がグループのファシリテーター的役割をとって生徒の相互作用の促進に努めたことに加えて，スクールカウンセラーという人の存在と相談室という空間が隠れ家の意味をもっていたからである。ある生徒は，カウンセラー室を

「学校の中にいても学校ではないところ」と評していた。隠れ家には，その場を設定する人物がいて，ゆっくりとした時間の流れと落ち着いた空間があり，自由に語り合える等の条件がいる。しかし通常このような条件をもつ場は学校には存在しない。

隠れ家を求めているのは，彼らのような登校回避感情をもつ生徒だけでなく，一般の生徒も同様である。ある女子生徒が，「カウンセラー室からの景色がすごく好きです。何でか分からないけれど落ち着くし安心します。山がきれいにみえるからかもしれない」と言ったことがあるが，彼女にとってもカウンセラー室は学校の中の異質空間であった。

こうした経験から筆者は，学校生活の中に生徒同士の自由な相互作用を保障する時間と空間が必要なことを痛感した。今子どもたちは，家庭で学校でそして地域で常に大人のまなざしにさらされ追い立てられている。ある生徒は「家で縛られ，学校で縛られ，俺たちはどうすればいいんだ」と訴えていた。またある生徒は「友達にも本当のことは言えない」と仮面を被った付き合いしかできない不満を語っていた。子どもたちは，自由に率直に「なかま」と語り合える時間，空間，関係を求めているのである。

② 不登校の「なかま」の交流

子どもが過ごす時間と場所そして交友関係のほとんどが学校に占有されているため，子ども同士の出会いの場または語り合いの場は学校に行かなければ得られない。不登校生は，学校以外に行き場がないという状況で，自分の家または部屋にひきこもり，孤独感を抱いている。不登校生は，決して人を回避しているのではなく，むしろ他者と親密に交流したいという「人への渇き」をもっている。この渇きが強いからこそ理想化された真の理解者を求めようとする面がある。

想像してみよう。自分だけが知らない，自分だけができない，自分だけが怖がっている等の気持ちにとらわれたとき，その瞬間まるで自分が消えて無くなってしまいそうである。こうしたとき，自分と似た他者に出会えることがどれほど安心感をもたらすだろうか。

自分だけが特別の苦悩をもっていて，この自分を本当に分かってくれる人は誰もいないと思い込んで，数年間も内閉的生活を送る者がいる。ある18歳の不登校生は，中学3年生から不登校を始め，その後約4年間自宅で過ごしてきた。彼は，誰かに真に自分のことを分かってほしいと願う反面，他者とふれあうことで自分が傷ついてしまうのは怖いという葛藤をもっていた。そこで，ひきこもりの経験のある元不登校生と出会う機会を設定したところ，彼は堰を切ったように自分のことを話したのだった。彼は，話を聴いてくれるカウンセラーや大人よりも，自分と似た経験をもつ「なかま」との出会いを必要としていたのである。同じ経験をもつ者には分かってもらえるとい

う気持をもつことで，孤独感が癒されていったのである。

「なかま」の交流を通じて，孤独感が癒される様子を不登校のグループ・アプローチからみてみよう。中学・高校年代の不登校生を対象に実施された合宿の感想文にはそのことが示されていた（池田・吉井他，1992）。

A子：なぜ学校を休むことになってしまったのか等話し合うことができた。みんな一人ひとりが共通な悩みをもつことによって，感じたままをすぐ口に出せるのがこの合宿の魅力だと思う。

B子：同じ気持ちをもつ仲間がいて，話をすると気持ちが分かり合えてよかった。学校の友達や家族にも話せないことが，同じ気持ちの持ち主に話すことで，心の中の悩みが一つひとつ抜けていくような気がした。

C子：学校へ行っていない人と話をしてみたいと思って参加した。私とEちゃんの話をスタッフの人が真剣に聞いてくれて泣いてくれたのがうれしかった。親や学校の友達にも言えなかったことを言える友達ができてよかった。心の中でほんの少し学校へ行ってみようかなと思えた。

D男：始めは合宿には乗り気がしなかった。しかし，僕と同じ境遇の人（不登校）ばかりなので，少しは気持ちが落ち着いた。あるスタッフは自分自身も弱いということを僕に話してくれた。心の底に思いやりがあふれていると感じた。

不登校という共通の悩みが重要な接点となって，さまざまな悩みを互いに理解し合い分かち合うことによって他の人も自分と同じような感情や苦悩をもつことに気づき，自分は一人ではないと感じることができるのである。

不登校生はひきこもりの生活をしていることから，集団に入り込めないのではないかと思われているが，実際はそうではない。学校には行けなくても，フリースペース，フリースクール，合宿等では楽しく自由に過ごしている。そこでは，受容的な雰囲気があり，個人の意志が尊重され，率直な自己表現が許されている。以上のように，不登校生が孤独感から癒されるためには「なかま」の交流の場が必要である。

4．心理療法からみた「なかま」のもつ意味

なぜ，隠れ家における「なかま」の交流が，登校回避感情をもつ生徒および不登校生の心の癒しと成長をもたらすのだろうか。この点について，集団精神療法の視点および自己心理学の視点からみてみよう。

① 普遍性──集団精神療法の視点から

　人が集団の中で癒され成長するのは集団のもつどのような機能によるのだろうか。小谷（1987）は，Yalom, I. D. の研究等をもとに集団精神療法の治癒的要因を整理した。それは，愛他性，カタルシス，受容，ガイダンス，自己理解，同一視，希望，普遍性，実存的要因，対人関係における自己表現，対人関係における関係技術，家族力動理解の12要因である。不登校のグループにおいてもこれら治癒的要因が機能している。たとえば，学校へ行けないという気持ちを他の不登校生から無条件に受け入れられたり（受容），大学で充実した生活を送っている元不登校生に出会うことで進学への希望をもったり（希望）等である。

　子どもたちは通常，自分の性格，家族関係，友人関係，教師との関係，成績，進級，卒業，進学等のさまざまな悩みをもつが，ひきこもりの生活をしている不登校生はこれらの悩みを他者と共有する機会を逸している。また彼らは，鋭敏な感受性をもつため他の人よりも現実のストレスによって深く傷ついてしまう。こうして，悩みを自分固有のものとみなし孤独感を抱えてしまうのである。

　先の治癒的要因のうち，不登校生が孤独感から癒されるのに最も重要なのは普遍性の要因である。普遍性とは，問題の分かち合いによって他の人も自分と同じような感情や問題をもつことを理解し，人間の行動や苦悩には普遍性があり自分だけのものではないことを納得するということである。つまり，他者の内に自分と類似した特質を見い出すことによって，自分はひとりではなく共に通じ合える「なかま」がいると感じるのである。

② 双子転移──自己心理学の視点から

　次に，自己心理学の立場（Kohut, H., 1984 ; Lee, R. R. & Martin, J. C., 1991 ; 丸田，1992）から検討してみよう。

　自己愛人格障害の研究から自己心理学を提唱したKohutは，セラピスト－クライエント関係における自己対象転移を理想化転移，鏡転移，双子転移（あるいは分身転移）の三つに分類した。理想化転移とはクライエントの理想化欲求からくる万能な親というイメージをセラピストに投げかけることであり，鏡転移とはクライエントの自己顕示的欲求からくる誇大自己をセラピストが映し出してくれること（「ミラーリング」）を求めることであり，そして双子転移とは，クライエントの思考や体験をくい違いなく分かち合える似たものをもった同類の人としてセラピストを認知することである。これらを総合して述べるならば，クライエントは，尊敬し信頼できる優れたセラピストの下で自身に関する希望を抱き（理想化転移），自分が人とは違う特別の才能や個性をもった優れた存在としてセラピストから認められ（鏡転移），こうした自分がひとりよがり

で孤立した孤高的存在ではなくセラピストと共に思考や体験を分かち合える（双子転移）ということである。

　これら自己対象転移のうち双子転移は，クライエントにとって「なかま（＝セラピスト）」との出会いの意味をもつといえよう。双子転移は，クライエントがセラピストを本質的に自分に似ていると思い込むことで安心するような体験を与えてくれる自己対象を追求しようとすることである。ただし，セラピストとクライエントが完全に重なり合った融合的関係ではない。双子転移は，自他の共通項ないしは接点をみつけることであり，他者の中に自分をみることである。これによってクライエントは，人間存在の中に自分を確固と繋ぎとめ，人間としての自己存在の確認を行うのである。

　ところで，このような双子転移が起こるためには，セラピストから苦悩が理解され受容されたという一方向ではなく，互いの率直な語り合いが必要になる。こうした互いの自己開示によってクライエントは自分と似た他者の存在に出会うことができる。自己開示とは，自らの感情や考え，人生観，生い立ち，現況など個人的な事柄について率直に表明することである。それによって，互いの関係が親密なものとなり，生き生きとしたリアルな交流がうまれる。双子転移が起こるには，こうしたセラピストの率直な自己開示が必要となる。

　ただし，セラピストの自己開示の弊害や危険性を考慮しておかねばならない。精神分析ではセラピストの態度として「中立性」が原則とされ，セラピストは自らの社会的，道徳的，宗教的価値観をクライエントに押しつけたり，クライエントを感化する教育的，暗示的働きは慎むべきであるとされている。そしてクライエントと適切な心理的距離を保ってクライエントに巻き込まれぬよう，つまりクライエントの話に聴き入るのと同時に客観的な視点をもたねばならない。また精神分析の原則として，セラピストは「エンプティ・スクリーン」，すなわち自分の個人的な考えや私生活に関することを相手に知らせず，何でもそのまま写し出せる空白のスクリーンのような存在でなければならないとされている。もしクライエントがセラピストの個人的な好みや価値観を知っていると，それに左右されて自由に自分自身を表現することができないからである。

　もちろん，日常に近いかたちで実施される不登校のグループと，非日常性をもつ心理療法場面を比較することには慎重でなければならない。しかし，心理療法であろうとなかろうと人が癒され成長するということの本質として，自己開示によって導かれる普遍性または双子転移の体験は重要な要因と考えられる。

5. 「なかま」の場の構築

1 学校教育構造改革の方向性

　登校回避感情をもつ生徒および不登校生における心の癒しと成長は，相互に自己開示し合う「なかま」の交流からもたらされる。なぜなら「なかま」の交流は，集団精神療法の治癒的要因としての普遍性や，自己心理学における双子転移と等価の機能をもつからである。

　しかし，すでに指摘したように現在の学校教育構造においては「なかま」の自由な交流は極度に制限されている。また，現代の子どもたちが置かれている家庭環境および社会状況では対人関係の練習の場が失われている。その結果，他者と内面的に深く関わることを回避するふれあい恐怖がみられる。こうして，本質的に人は同じであるという同質性の獲得と，個々の違いを尊重する異質性の獲得の両方ともが欠如したまま，単に表面的に同じであることを求め異質を排除するという構図が形成されている。

　では，学校にはいかなる変革が求められるのだろうか。端的に言えば，登校回避感情をもつ生徒および不登校生が隠れ家で行っている「なかま」の交流を学校の中に実現化することである。現在の学校教育構造の形成過程において排除，抑圧されてきた「なかま」の交流を，学校は再び取り入れねばならない。不登校生は異質なるものを内包しつつ学校から退却していった。異質なるものはシステムの安定化にとって阻害要因だったが，システムが混乱を来たし方向性を模索している段階ではむしろ改革の担い手として期待される。このような意味において，学校教育の改革における不登校生の存在価値が見直されるべきである。

　以上のことから，学校教育における不登校問題の本質は，不登校生個人の心理発達や再登校という側面よりも学校教育構造の変革にあるといえよう。それでは学校は具体的にどのような方向へ進むべきなのか。筆者は，登校回避感情をもつ生徒および不登校生が隠れ家で行う「なかま」の交流の臨床観察を基に，以下の3点を提言したい。学力偏差値による一元的な序列化を廃して，創造性，感情の豊かさ，イメージ化能力等の多様なスケールから生徒の特性を多元的に位置づけることである。また，一つの正解に向かって競争するのではなく，正解のない自由回答の課題を設定して生徒の多様な思考を引き出すことである。さらに，感情や価値観を自由に語れる時間，空間，関係を設定して生徒に自己開示させることである。

　これらの理念から「なかま」の場の構築に向けてさまざまな具体的な方法が想定されるだろうが，最初のステップとして有効な一つの方法が構成的グループ・エンカウンター（國分，1992）である。筆者もスクールカウンセラーの立場から試行している。

生徒は，構成的グループ・エンカウンターを通じて「なかま」の交流を行い，同質性の獲得と同時に異質性への気づきを深めることができる。すなわち，本質的に同じ人間として分かり合えるという同質性を基盤にした上で，そこに他者とは違う自分，自己の固有の価値を認めていくことが可能になるのである。こうして，自分や他者をかけがえのないものと認識し，個の尊重と共存がうまれてくるのである。

② リゾームにおける棲み分けと遊牧

　生徒数の減少にもかかわらず不登校は増加しており，不登校問題への対策は急務である。これまで学校教育では主として適応指導教室やスクールカウンセラーによる対策が講じられてきたが，これらはあくまでも学校教育の補完的役割にしか過ぎず，学校教育構造の改革を視野に入れたものではない。これでは学校教育から浮遊する子どもの増加に歯止めをかけることはできない。前述したように，不登校問題は学校教育構造の問題に起因し，その解決には学校の中に「なかま」の交流の場を構築する必要がある。そのために学校教育構造の改革が求められるのである。

　こうした中，従来型の学校から脱却したオルタナティブ教育が全国各地で徐々に展開している。不登校生および高校中途退学者を対象とする文部省認可の「新しい学校」が設立された。それは，生野学園高等学校（兵庫県，1989年開校），黄柳野高等学校（愛知県，1995年開校），えびの高原国際高等学校（宮崎県，1995年開校）である。これら3校全てに筆者が心理臨床でかかわった不登校生が在籍又は卒業している。また不登校生のための民間のフリースクールまたはフリースペースは，大都市圏だけでなく次第に地方都市でも設立されるようになってきた。筆者は，フリースクール地球子屋（熊本市，1997年開設）の設立および運営に中心的にかかわってきた。さらには，インターネットスクール，ホームエデュケーション等の新しいタイプもうまれつつある。筆者はホームエデュケーションを行う一家族とかかわっている。

　以上のように，不登校問題から波及して，従来の学校教育構造とは異なる新しいシステムの子どもの教育の場が形成されつつある。しかし，これらが従来の学校よりも優れているとは一概に言い難いのが実情である。そこには，経営上の不安定さ，適当なスタッフの確保の困難さ，プログラムの不十分さ等の問題が山積みしている。それでもなお，家の中に退却して孤独感に浸り希望を喪失している不登校生に「なかま」の交流の場を提供できた点において意義があるといえよう。

　従来型の学校が何らかの改革を実現したとしても，それが適切な理念を欠如した形式的なものに過ぎないならば，本質的な問題解決には至らないだろう。たとえばオープンスペース，教科教室型，個人時間割，プロジェクト法等のユニークな構造があるが，全ての学校が画一的な改革を実施することにより，再び新たなかたちでの異質排

除の構図が形成される危険がある。この問題点を解決するには二つの方法が考えられる。一つは，あらゆる異質なるものを包含可能な「大いなる器」を各学校が構築することであるが，これはまさしくカオス的な構造であり実現困難だろう。もう一つは，個々の学校が特色を出すことによって全体として異質なるものを包含できる「多様な器」を構築するという，学校の多様化路線である。しかしながら実は，現状の学校の改革は新しい子どもの教育の場を創造すること以上に困難である。

　子どもの教育の場が従来型の学校しかないと考えるのは，これまでの学校信仰に他ならない。先に示したオルタナティブ教育の潮流は，個々にその運営は独立してはいるが，「多様な器（＝多様な子どもの教育の場）」をもたらしている。ここでは，従来型の学校は一種類の器にしか過ぎないものとなる。従来型の学校は何ら変わらなくても，多数の新しい子どもの教育の場が形成されれば，結果的に「多様な器」の状況は実現されるのである。

　最後に，今後の子どもの教育の場に関する筆者の理想イメージを描くことにしたい。個々に特色を出した「多様な器」が網の目状に連結した「リゾーム」（Deleuze, G., & Guattari, F., 1980）を形成している。このリゾーム型ネットワーク全体を「大いなる器」ということができる。子どもはそれぞれ自己の要求に応じてさまざまな器に「棲み分け」を行うが，要求の変化に応じてある器から別の器へ移動する「遊牧」も可能である。こうしたシステムにおいて子どもは生成変化する「なかま」の場を自己選択していくのである。

要　約

　不登校生ならびに登校回避感情をもつ生徒の増加は，学校教育構造の問題性と密接に関係している。この構造的問題として，「影」の声，囲い込み，異質排除という3点を指摘することができる。不登校生は鋭敏な感受性をもつがゆえ，こうした構造的問題に強い影響を受けて，学校教育の場から退却していくのである。

　不登校生の心の癒しと成長のプロセスにおいて最も重要なことは，「なかま」との自由な交流である。彼ら彼女らは，秘密性および非日常性を帯びた隠れ家において，同じ悩みをもつ者同士が相互に自己開示し受容する中で，孤独感から免れ自己存在感を得るのである。こうした「なかま」のもつ機能について，集団精神療法における治癒的要因の一つである「普遍性」と自己心理学における「双子転移」から説明することができる。

　学校教育場面においては子ども同士の自由な交流を保障する時間，空間，関係が保障されていないが，今後学校教育を含めた子どもの教育において「なかま」の場を構

築する必要がある。そこで最後に筆者は，学校教育構造改革の方向性について，さらに子どもの教育の場の構造に関する将来展望について若干の提言を行った。

◉文献

Deleuze, G., & Guattari, F. (1980). Mille Plateaux. (宇野邦一他訳 (1994). 千のプラトー. 河出書房新社)

池田博和・吉井健治・桐山雅子・長野郁也・石田智雄・長峰伸治 (1992). 不登校生徒の合宿体験. 名古屋大学教育学部紀要，39, 45-61.

Kohut, H. (1984). How does Analysis Cure? The University of Chicago Press. (本城秀次・笠原嘉 (監訳)，幸順子・緒賀聡・吉井健治・渡邉ちはる (共訳) (1995). 自己の治癒. みすず書房)

國分康孝 (編) (1992). 構成的グループ・エンカウンター. 誠信書房.

小谷英文 (1987). 集団精神療法の技法. 山口隆・増野肇・中川賢幸編. やさしい集団精神療法入門. 星和書店.

Lee, R.R. & Martin, J.C. (1991). Psychotherapy After Kohut. (竹友安彦・堀史朗 (監訳) (1993). 自己心理学精神療法——コフート以前からコフート以後へ. 岩崎学術出版社)

丸田俊彦 (1992). コフート理論とその周辺. 岩崎学術出版社.

森田洋司 (1991). 「不登校」現象の社会学. 文文社.

吉井健治 (1992). 攻撃性の表出に戸惑う登校拒否児. 名古屋大学教育学部心理教育相談室紀要，7, 101-115.

吉井健治 (1995). 遊牧するグループ——不登校生を対象とする「ヨコ体験グループ」実践からの思索. 名古屋大学教育学部心理教育相談室紀要，10, 59-66.

第2章

不登校とフリースクール

第1節 ● 不登校を対象とするフリースクールの役割と意義

はじめに

　学校基本調査によれば，平成9年度中に「学校嫌い」を理由として30日以上欠席した生徒は，小学校で約2万1,000人，中学校で約8万5,000人であり，生徒数の減少にもかかわらず年々増加の一途である。

　これまで学校教育ではさまざまな不登校対策が講じられ，最近ではスクールカウンセラーや心の教室相談員が導入されるようになった。しかし，これらは補完的役割に過ぎず，学校教育構造の改革を視野に入れたものではない。一方，専門相談機関では，不登校生の心理発達や家族関係に焦点があてられ，学校教育構造の要因に関する検討は不十分なままである。私はこれまで専門相談機関，学校教育，民間の三つの領域から不登校問題にアプローチしてきたが，その結果不登校は学校教育構造の問題に起因し，その一つの解決法として学校の中に「なかま」の交流の場を構築する必要性があることを指摘した（吉井，1998）。

　しかし，学校は容易に変えられるものではない。文部省や教育委員会のレベルでは学校独自の創造的な改革を促すが，学校現場に直接携わる教師は目前の出来事に困惑するばかりで，変革への意志も自信も喪失している。また保護者や地域の人々においては，ある者は受験勉強から歯磨き指導まで学校教育に依存し，またある者は学校を牢獄のごとくみなして全面否定し，またある者は学校は変わらないといって無力感を抱いている。このような学校教育への過剰依存，過剰批判，虚無感からは変革への機運は高まらない。さらに研究者や専門家においては，学校教育に関する批判と崇高な教育理念の提言に止まるだけで，具体的な変革への方策および不登校問題の解決には結びつかない。

　ただし，こうした状況においても公立小・中学校の教育改革として有名な福島県三春町の取り組み（武藤他，1998）からは希望をもつことができる。しかし，現在の学校

教育のシステムの変革が困難を極めるのは確かである。

　堀（1997）が「現在の公立学校体制において，特定の教育観，とりわけ私たちの教育観にしたがって，学校を新設したり既存の学校を変革したりするのは，不可能に近い。むしろ同一の教育観を持つ親や教師が，手を取り合って新しい学校を設立する方が，財政的な困難は大きいとしても，より現実的である」と述べるように，既存の学校教育システムの変革よりも，むしろこれとは異なる地平において子どもの教育の場としての新しいシステムを構築する方が現実的でかつ創造的ではなかろうか。

　こうした閉塞した状況の突破口になるのがフリースクールと言っても過言ではない。筆者は仲間や保護者と協力して，不登校生を受け入れる場の確保と学校外における子どもの教育システムの可能性を探ることを目的にフリースクールを設立した。筆者は，そこでの運営や活動に参加しつつ同時に生起する現象の観察と分析を行って，不登校のグループ・アプローチ，フリースクールの役割と意義，そして新しい子どもの教育システムのモデル構築等に関して研究をすすめている。

　心理学においてフリースクールをフィールドとする研究はほとんどみられないこともあって，こうした研究を行う際の難しさについて述べておきたい。筆者は，フリースクールに実践的にかかわる時，臨床心理学者あるいは臨床心理士という専門家の立場と同時に，“一人の人間”あるいは“一生活者”の態度を大事にしている。ところが時々，自分自身の中に矛盾や葛藤を起こしたり，子どもや保護者への対応に戸惑うことがある。またフリースクール内部の人から筆者のかかわり様式について疑問や批判を受けることもある。これらは，筆者個人およびフリースクール組織の中で，「専門性と素人性をどのように統合するか」という問題である。ここでは詳細には述べないが，端的に言えば，先の二つの性質が対立的な場合と相補的な場合があることについて，専門家本人と関係者が共通に認識しておく必要がある。そうしないとフリースクールにかかわる専門家は，内部の人々からは専門性にこだわった頑固な冷たい者として排除され，他方で専門家集団からは専門性を捨てたアウトローと烙印される危険がある。筆者は，常にこうした専門性と素人性の問題を念頭におきつつ，山本（1986）がコミュニティ心理学者の役割として示した，変革の促進者（change facilitator），コンサルタント（consultant），評価者（evaluator），システム・オルガナイザー（system organaizer），参加的理論構成者（participant conceptualizer）の五つの役割に準拠して，フリースクール活動にかかわっている。

1. フリースクールとは

　フリースクールという言葉はきわめて多義的に用いられている。広義のフリースクールは，「子どもの要求をすべて尊重するという自由を原理としたサマーヒル学園のような古典的なフリースクール，既存の学校の枠の中で子どもの自由と人間性を尊重するフリースクール，主としてアメリカで公立学校の枠外に自由を求める新学校，既存の学校の解体を主張する脱学校，さらにはアメリカで貧民のために無償で教育を行った学校，など」（細谷・奥田・河野他編，1990）である。

　伊藤・堀（1988）と堀（1985）は，こうした広義の意味における世界の主要なフリースクールとして，サマーヒル・スクール（1921年設立，イギリス），フレネ学校（1935年設立，フランス），シュタイナー学校（1919年設立，西ドイツ），パークウェイ・プログラム（1969年設立，アメリカ），クロンララ・スクール（1967年設立，アメリカ）を紹介している。

　狭義のフリースクールは，先の定義の中の「主としてアメリカで公立学校の枠外に自由を求める新学校」であり，その代表がパット・モンゴメリーの設立したクロンララ・スクールである。堀（1997）は，狭義のフリースクールについて，「1960年代後半から70年代にかけて，イギリス，アメリカ，ドイツなどで，主として大都市に現れた小さくてラジカルな，そして無認可で通学制の学校をさすことが多い」という。これらの特徴は，①授業選択や登校の自由など，子どもの自発的な行動や判断を徹底して認める，②多くは小規模である，③公立学校からのドロップアウトやマイノリティーの子どもの救援を意図するものが少なくない，④地域社会との結びつきが強い，⑤保護者が学校運営に積極的に参加する，などである（江川他編，1995）。最近とくに注目されているのがグリーンバーグ（Greenberg, D., 1996）のサドベリー・バレー・スクール（1968年設立，アメリカ）である。

2. 日本版フリースクール

　諸外国におけるフリースクール運動はニイルのサマーヒルによる影響が大きいため，多かれ少なかれ自由主義教育の立場をとるが，日本のフリースクールの場合は第一義には不登校生のための学校外の学びの場または居場所としての役割がある。換言すれば，不登校生の受け皿あるいはシェルターとしての役割である。フリースクールに参加する子どものほとんどが不登校経験者で占められ，また大人は不登校問題を中心に関与しているため，諸外国のそれとは性質的に異なっているのが実情である。

　わが国のこうした特異的な事情から，筆者は「日本版フリースクール」と呼ぶこと

にしたい。日本版フリースクールは1980年代半ばから大都市圏で設立されはじめたが，その一例をあげると，東京シューレ（1985年設立，東京都），野並子どもの村（1986年設立，名古屋市），神戸フリースクール（1988年設立，神戸市），わく星学校（1990年設立，京都市）等がある。

　日本版フリースクールと文部省の関係はどのようなものなのか。文部省（学校不適応対策調査研究協力者会議，1992）は，不登校が「必ずしも本人自身の属性的要因が決め手となっているとは言えない事例も多く」（p. 1），「特定の子どもにしかみられない現象であるといった固定的な観念でとらえるのではなく」（p. 2），「どの子どもにも起こりうるものである」（p. 14）と述べ，従来のいわば不登校の精神病理論からの脱却を示唆した。その上で，同報告書において，民間施設における不登校生の相談・指導について言及し，「民間施設のガイドライン（試案）」を提示した。これには，①実施主体，②事業運営の在り方，③相談・指導の在り方，④相談・指導スタッフ，⑤施設，設備，⑥学校，教育委員会と施設との関係，⑦家庭との関係，についての大まかな基準が示されている。しかし，無認可で非営利の組織であるフリースクールは，特別な財源もなく，有志のボランティアに近いかたちで運営されているのであるから，当然これらの基準をクリアできる所は少ない。

　なぜこのようなガイドラインが出てきたのだろうか。第一に，1991年の「風の子学園事件」という背景がある。民間施設で二人の子どもが懲罰を受けてコンテナ内で熱射病によって死亡したという事件である。実は，その子どもは教育委員会と学校の紹介で入所したのだった。こうした事件の防止から学校関係者に民間施設のあり方に注意を喚起する意図があったといえよう。第二に，吉井（1995）が指摘したように，子どもの教育おける"中心"である文部省が，公教育の発想からみれば混沌とした多様な活動を行っている民間施設を"周縁化"して，コントロール下に置こうとする意図があったともいえるだろう。これによって，フリースクールに何らかの規制を与えるのと同時に，フリースクールの有効な実践方法を学校が参考にして取り入れることが可能になるからである。これらの点から，文部省がフリースクールそれ自体を支援する目的からガイドラインを提示したのではないことは明らかである。

　また文部省は，不登校生本人の努力を評価するという意味で，フリースクールへの出席を学校は出席扱いとすることができることを認めた。しかし本質的には，学校復帰が前提とされている。ところが多くのフリースクールでは，学校復帰それ自体を積極的に肯定している所は少なく，学校復帰は個人の選択であると考えている。それは，子どもを学校に適合させるのではなく，子どもの特性に応じて場のシステムを変えたり，多様な子どもの教育の場を用意することを重視するからである。

日本版フリースクールは不登校問題を契機に設立されたが，しだいにその様相は変化し，新しいタイプのフリースクールが設立されてきた。こうしたフリースクールの全体状況を概観すると，フリースクールには大きく三つの志向がある。〈不登校問題志向〉は，不登校生や中途退学者のこころの癒しとなる居場所を提供するものであり，先に挙げた「東京シューレ」や「わく星学校」等の日本版フリースクールがある。〈新しい教育志向〉は，既存の学校とは違う新しい教育の理念と方法を掲げるものであり，「ラーンネット・グローバルスクール」（1996年設立，神戸市），「フレネ・ジャパン」（1999年設立，東京都）等がある。〈学習サポート志向〉は，補習，進級，進学のための学習をサポートするものであり，不登校生や中途退学者の増加に伴って大都市圏で進出しはじめ，東京周辺には29校もある（田口，1998）。今後こうしたサポート校は地方都市にも設立されてくるだろう。

　ところで，こうしたフリースクールの存立と通底する文部省の認可学校には以下のものがある。不登校生の受け入れを主眼におく学校には，生野学園高等学校（1989年開校，兵庫県），吉備高原学園高等学校（1991年開校，岡山県），黄柳野高等学校（1995年開校，愛知県）等があり，これらは〈不登校問題志向〉に相当するといえよう。また，不登校生に限定しないで自由主義教育の立場を打ち出した学校には，自由の森学園中学校・高等学校（1985年開校，埼玉県），きのくに子どもの村学園小学校・中学校・高等学校（1992年以降順次開校，和歌山県）等があり，これらは〈新しい教育志向〉に相当するといえよう。

　以下では，日本版フリースクールの一例として筆者らの実践例を提示した上で，日本版フリースクールの役割と意義，そして今後の方向性について考察する。

3. フリースクールの実践例

①「フリースクール地球子屋<ruby>地球子屋<rt>てらこや</rt></ruby>」の概要

　熊本市にある「フリースクール地球子屋」（以下，「地球子屋」と称する）は，学校以外に行き場のない社会状況で家庭に引きこもらざるを得ない不登校の子どもに心の癒しと学びの場を保障するために，約8カ月の試行期間を経て，1997年12月に不登校生の保護者とスタッフの共同運営により開設された。住宅街の二階建ての古い学生アパート全体を借用して，一階にはパソコン室（9畳），アート室（4畳半），台所兼居間（9畳），二階には学習室（4畳半），資料室（4畳半），子ども部屋（9畳），自由室（4畳半）が設けられた。

　子ども会員は規約上では「おおむね10歳から20歳までの者」とし，現在子ども会員数は小学生2名，中学生9名，高校中退者および通信制高校生4名の計15名で，全

員が不登校経験者である。説明会への参加者や日常の問い合わせは多数あり，会員数は漸増しており，本施設への社会的ニーズは高いといえる。スタッフは，正スタッフ（有償）が4名，ボランティア・スタッフが4名である。保護者は，施設に子どもを預けるだけのお任せ的な態度は全くみられず，日常の運営に積極的に参画している。

事業の運営は，保護者代表から構成された理事会があり，実質的な運営は保護者，スタッフ，子どもの三者から構成された運営委員会が「フリースクール地球子屋規約」に基づいて行っている。会議の種類には，運営ミーティング（月2回），スタッフ・ミーティング（随時），子どもミーティング（毎週），保護者会（月1回）があって，民主的に行われている。運営資金については，保護者等による出資金をもって立ち上げ，その後は入会金と会費が主な収入源である。設備の多くは，事業の趣旨に賛同する地域の人々や企業からの寄付と貸与の物品で賄っている。なお，コンピューターによる教育活動への研究助成金，民間団体への活動助成金の2件を得たことがある。

開設時間は月曜から金曜までの午前10時から午後7時までを原則とする。子どもの出席は自由で，自分の関心に応じてプログラムを選択することができる。なお，学校への出席日数としてはカウントされておらず，また何らかの卒業，資格が得られるわけではない。

② 子どもの活動プログラム

以下に示すようにプログラムは6領域から成っている。毎月発行の「地球子屋通信」には，翌月のスケジュールが掲載される。

①ゼミナール：子どもは何らかの「知と技」をもった講師と共に体験と学習を行う。現在，「情報ゼミ」，「アート」，「トロプス（楽しく体を動かすこと）」，「人間ゼミ」を実施している。特技をもった地域の人々を講師として招いている。

②プロジェクト：子ども自身が問題意識をもって主体的に課題の探求と実践を行う。従来の教科の枠組みにとらわれない，いわゆる総合的学習である。大人は子どもの学習の支援者である。現在，「阿蘇百姓村プロ」（農作業の活動），「うまかもんプロ」（料理づくり）がある。

③学習タイム：子どもは教科学習を行う。大人は，時間と場所の枠を準備するとともに子どもの学習活動を支援する。ただし，学習塾ではないので，試験勉強や受験勉強が目的ではない。

④イベント：ハイキング，星の観察，クリスマス会，合宿等のさまざまな行事を行う。企画・運営は，子どもを中心として，スタッフおよび保護者が協力して行う。

⑤ステラネット：インターネットにホームページを開いている。地球子屋がホスト

局となり，パソコン通信を使って，会員間連絡，ひきこもりの子どもとの在宅交流等を行う。すでに設備面は整ったが，現状はまだ十分に活用できていない。

⑥子どもミーティング：週１回２時間程度，過ごし方，運営等について話し合う。

③ 基本理念

地球子屋は，以下の五つの基本理念のもとに活動を行っている。以下の理念のうち①と②は不登校問題と関連し，③〜⑤は子ども観および教育観である。

①心の癒し：不登校ゆえに周囲からさらに自分自身から駆り立てられ追いつめられてきた子どもが「should」（「〜べきである」または「〜べきでない」）という抑圧から解放され自分を取り戻すには，その子どものありのままの存在が認められねばならない。また，真実の感情と意志への気づきが始まるには，自己を束縛していたさまざまな囚われから解放されるとともに心理的空白がつくられることが必要であり，そのためには比較的自由な時間・空間・関係の中で余計な気遣いをせずに自分の過ごしたいように過ごすことが保障されねばならない。

②仲間づくり：学校以外に行き場のないひきこもりの子どもは孤独感をもつが，不登校という同じ体験をもつ仲間と寄り添う中で，相互に苦悩や不安を自己開示することにより，「自分はひとりではない」と感じることができる。また，多くの不登校生はクラスという特殊な枠のある集団状況での外傷体験をもつことから別の集団状況においても恐怖心，回避感情を示すが，フリースクールの自由な雰囲気の中で喜びに満ちた活動を行うことにより，集団状況に対する感情修正体験が起こる。

③喜びのある学びと体験：子どもは自発的な要求として「学びたい」「成長したい」という探求心・向上心を本来的に備えている。それが大人の強制や抑圧によって阻害されないようなかたちで，個々の子どもの要望に応じた多様な学習の機会が保障されねばならない。学習の内容および方法は子ども個人の要求と選択が尊重される。子どもは自由な時間の中で自分の才能を好きなだけ磨けばよい。たとえそこに極端な偏りや歪みがあったとしても，他者からのフィードバックを受けることによりそれは次第に修正されていく。学校だけが学習の場ではなく学習のリソースは地域に遍在しており，本人が望みさえすれば知識と体験はいつでもどこでも得られる。フリースクールは子どもの要求とリソースとを結びつける機能をもっている。こうした強制されない自発的な学びと体験の中で子どもは，「楽しくわかる」を実感する。

④生き方の創造：子どもの判断力は決して未熟なものではない。たとえ理解しにくい思考や行為があったとしても，そこにはその子ども特有の意識的あるいは

第2章 不登校とフリースクール　　105

無意識的な意味が込められている。大人は子どもに対して安易に禁止，説得，指示するのではなく，潜在的な意味を読み解いていかねばならない。そして，子どもの存在を受容しつつ情報提供と支持をして子どもを支援する。こうした大人のかかわりの中で，子どもは自分の将来展望を描き，進路を考え，試験勉強の必要性を認識する。進路意識においては，子どもが「自分のことが好きだ」と感じられることが何よりも大切である。自己肯定感なくしては，自分の人生の固有価値を認識することはできない。かけがえのない個人として，一つの人生を創造することができるように大人は子どもの自己決定を支援していかねばならない。

⑤個の尊重と共生：違うことは良いことである。画一化が個の存在価値を奪い，また表面的な同調から異質排除の心理はうまれてくる。人々が相互に違いを認め合うことにより個の尊重が可能になる。しかしその前提として，人々は共通の基盤をもつ必要がある。この基盤がないところで違いばかりが強調されると離反と孤独をもたらすことになる。したがって，本質的に同じ人間として分かり合えるという同質性を基盤にした上で，そこに他者とは違う自分を出していき，自分や他者のかけがえなさを認識するのである。学力偏差値だけのスケールではなく，多様なスケールで位置づけられる多様な才能を全ての子どもがもっている。こうした違いがあるからこそ相補的関係が形成されて，子ども同士の教え合い・学び合い，そして共に生きるということが実現される。

④ 現在の課題

地球子屋は，まだ伝統がなく，よき先輩となる子どもがおらず，運営も暗中模索であって，さまざまな課題をかかえている。現在の課題として，主要な2点について述べよう。

一つは，子どもの本物の主体的活動を引き出すことである。地球子屋での過ごし方は子ども自身に任されている。たとえ一日中ファミコンやマンガで過ごしてもよい。実際，来所初期の子どもの多くは一日中一人でファミコンで遊んでいることが多い。その後も，かるい遊びで気ままに過ごしている子どもが多い。このような点からフリースクールは，子どもの"安易な逃げ場"をつくり，現実適応や社会性獲得を軽視しているという批判を受けることがある。しかし，それは不当な批判である。なぜなら，理念の①で述べたように自由に過ごすことは心理的空白としての意義があるからである。またそれ以上に重要なことは，子どもが自分自身と向き合う時空間を提供する場だからである。地球子屋の方針は，大人側の権力によって子どもに偽物の意欲と礼儀の仮面を被らせるのではなく，子ども自身が自分の学びを創造し，セルフ・コントロー

ルを獲得する，そのプロセスを支援していくことにある。実際，一日中ひとりでファミコンにふけっていた子どもが，そのうちに友達と交流するようになり，次第にプログラムに積極的に参加するようになるのである。しかし，現在の地球子屋はまだ子どもたちの主体的活動が十分に発揮されていない。外側からの強制力なしに，子どもたちからの本物の主体的な行動が発現するには時間がかかる。前述した“安易な逃げ場”という側面は子どもの変化のプロセスの一時期に確かにみられるが，子ども自身が「現実からは逃げられても，自分自身からはどうしても逃げることはできない」という感覚を得たときはじめて子どもは自らの道を模索し始めるのである。

　もうひとつは，仲間のもたれあいではなく，「個」の課題に向かうことである。同じ不登校という悩みをもつ者同士のささえあいによって孤独感からは免れるが，現実の「個」の課題に直面すると不安になって，そこから回避しようとすることが問題である。だからといって，子どもたちを引き離せばよいという単純な問題ではない。要は，自己に向き合う体験を積み重ねることである。

　以上の他に，保護者とスタッフの協力体制，学校および他機関との連携，会員獲得，社会的認知の向上，経営の安定化等の課題がある。

4．日本版フリースクールの役割と意義

　日本版フリースクールは，不登校問題においてどのような役割を果たしているのだろうか。また今後の学校教育のあり方にどのような影響を及ぼすのだろうか。ここでは，不登校問題および学校教育における日本版フリースクールの役割と意義について考察する。なお以下で述べることは，個人のパーソナリティや家族の問題が主要因で心理療法が必要なケースについては峻別して考慮しなければならない。

① 自己の修復

　まず不登校生に対する学校教師の対応の問題点を指摘することから始めよう。ただし，教師集団の全体的傾向としてである。

　教師は不登校生の将来を憂慮して学習の遅れ，進級，卒業，進学を話題にするが，子どもにはこれが“脅迫”のように受け取られることが多い。こうした現実不安の喚起による再登校への促しは，子どもの過緊張をもたらし，かえって引きこもりを助長させ，両者の関係はますます離反していく。不登校生とのかかわりにおいてまず必要なことは人間的な絆の形成であり，具体的には一緒に楽しめる関係，興味・関心を共有できる関係，語り合える関係等を築くことであり，つまり「ヨコの関係」の形成である。こうした人間的な絆を基盤として，子どもは自己の修復へと向かい始めるのである。しかし，教師と生徒の関係は「タテの関係」に硬直しがちである。

第2章　不登校とフリースクール　　**107**

また，教師には不登校生の「影」の部分への介入が求められるが，それはなかなか難しい面がある。子どもが「友達なんか信用できない」と言えば，教師は「友達を大事にしようよ」と返す。子どもが「自分が嫌い」と言えば，教師は「あなたには良いところもたくさんあるよ」と返す。子どもが「親（教師）に対してむかつく」と言えば，教師は「親（教師）はあなたのことを思って言っているんだよ」と返す。このように教師は常に前向きで光の当たるところを好んでいる。しかし不登校生が求めているのはこのような対応ではない。子どもは自分の中にある怒り，憎しみ，不信感，失望，自己嫌悪等の否定的感情をどう処理すればよいのかと問いかけているのである。子どもの自己の修復をサポートしようとするならば，人間存在の影の部分に焦点を当てていくことが必要である。不登校生だけでなく一般生徒も，教師の前で仮面を被って明るく元気にふるまっているところがある。

　以上ここでは，不登校生の自己の修復における重要な要因として，「ヨコの関係」の形成，「影」への焦点化の2点を指摘した。しかし，これらの問題の克服は不登校生に直接対応する一教師が意識と行為を変えれば済むというものではない。なぜならその問題の生起の背景に学校教育の構造的問題が潜むからである（吉井，1998，本書第Ⅱ部第1章）。

　他方，フリースクールは，その存立構造からアプリオリにこれら二つの問題を解消しているといえる。フリースクールでは，立場や年齢を越えて共にある仲間として，楽しみ，学び，語り合い，そしてささえあうことに価値がおかれている。そこには必然的に「ヨコの関係」が築かれている。またフリースクールでは，自分をごまかして大人の強制や期待に従うのではなく，「自分は何を感じているのか」，「自分は何をしたいのか」ということに価値がおかれている。つまり余計な仮面を被らないで自分自身と向き合うことが尊重されている。だから，ありのままの感情が吐露され，「影」が率直に表出されるのである。

　したがって，フリースクールでは，こうしたなかまとの自由かつ率直な交流が行える時間，空間，関係が保障されるからこそ，なかま関係を通じての自己の修復が可能になるのである。そして子どもは，次第に元気を回復して関心の焦点を内界から外界へと転換し，さらに友人関係の広がりや達成動機を満たす活動を求めて，自己決定を経た上で進級，進学，社会参加へとすすむのである。

　実は，不登校による二次的影響，つまり教師や親が不登校生を脱落者や逸脱者のように感じて否定的に評価して叱咤激励することが，子どもの自己の修復の阻害要因になっている。たとえば，ある30代の不登校経験者は，「中学の時に不登校になった後，先生や母親が軽蔑と怒りのまなざしを向けてきたことが今でも僕の心の傷として残っ

ている」と話してくれたことがあった。

　フリースクールでは，追い立てられている思春期・青年期の子どもたちに，自己の修復のための「停滞」や「現実からの退却」に価値があることを強調するのである。

② 学校信仰からの解放

　学校信仰とは，「学校に行くのがあたりまえ」，「学校に行かないと世間体が悪い」，「学校に行かないと将来生きていけない」等と学校を絶対視することである。とくに義務教育においては，この学校信仰は最も強い。そのため不登校生は，学校に行けない自分に対して羞恥心，自責感，罪悪感，劣等感，疎外感を抱いて否定的自己像に囚われ，そして己の人生への希望を喪失してしまう。また，身体症状，精神症状，行動化，生活リズムの変調を呈することがある。こうした不登校から派生した一連の反応は，実は学校信仰からもたらされた副次的産物である。

　親子関係の点では，学校信仰の影響を受けて副次的に家族関係の軋轢は高まる。たとえば親子間で，「学校に行かないから将来は真っ暗だ」，「学校に行かないのは我慢が足りないからだ」等の言葉が交わされ対立的関係がうまれる。通常は緩やかに進行する親子の対決が不登校を契機に勃発するのである。

　また教育相談や心理相談も学校信仰の間接的な影響を受けている。教師やカウンセラーからの明白なあるいは暗黙の眼差しと言葉を通じて，不登校を本人の心理発達上の問題や家族関係の問題としてラベリングされることにより，本人も家族も自己否定に囚われてしまう。どんな家族にも多かれ少なかれ何かしらの問題があるのは当然であって，不登校というだけでその家族を問題視することはあら探しの行為であってフェアではない。

　さらに教育行政において不登校問題の解決の重要性が叫ばれるほど，学校では再登校のためのさまざまな対策が強化されてしまい，その結果学校信仰はますます助長されていくという悪循環がみられる。

　実は，不登校生が，引きこもりから脱出して現実に向かうためには，本人と家族が自らの内にある学校信仰から解放されることと同時に自己肯定感をもつことが早道である。そこでフリースクールでは，親や子どもが学校信仰から脱することを促し，本来の自己の修復に取り組むことを支援する。「学校だけがすべてではない」，「学校よりもまず自分を大事に」等と学校の相対化を図るのである。

　こうした表現が誤解されて，「フリースクールは学校を全面否定している」，「学校に行かないでいいというのは無責任だ」等と批判されることがある。フリースクールは学校信仰の価値観に束縛された本人と家族をそこから解放することが目的であって，学校の価値を全面否定しているのではない。一人ひとりの子どもの人生設計を考慮す

るならば，学校という制度を活用すること自体が悪いわけではない。学校に行けるものなら行った方が可能性が広がることもある。だから再登校，進学については本人の希望があれば，フリースクールにおいてそのための支援プログラムを設定準備することも重要である。

学校信仰の価値観が人間の心身に大きな影響を与えていることは，フリースクールに通い始めた子どもが心理療法や薬物療法を受けなくても，前述したさまざまな症状が徐々に消失する現象から傍証される。フリースクールは，学校信仰に束縛されて自己否定に囚われた不登校生およびその家族が，学校信仰の幻想から解放され，人生への希望を見出す場なのである。

③ 学校秩序からの逃走線の構築

文部省は不登校生の民間フリースクールへの参加を学校への出席日数としてカウントできる可能性を示唆したが（学校不適応対策調査研究協力者会議，1992），その後こうした措置が全国各地でみられるようになってきた。これは，学校システムにおける外部からの逃走線の構築と解釈されよう。他方，以下に提示したように，内部からの逃走線の構築も進行しつつある。

最近，スクールカウンセラーや心の教室相談員による学校内での居場所づくりの例が散見される。筆者はこうした場を，本来の教室の周辺にある教室という意味で「サテライト教室」と呼びたい。サテライト教室の設置によって，家に引きこもっていた不登校生がこの場にだけでも行けるようになったことは大きな成果と評価できる。引きこもっていた不登校生の他に，クラスに入れなくて保健室や図書室等で過ごしていた「別室登校」の生徒，頻繁に学校を休んでいた「さみだれ登校」の生徒もサテライト教室で過ごせるようになる。学校に行きづらい，教室に入りづらいという同じ境遇にある生徒たちが共に過ごせる場が保障される。生徒たちは，安心感をもって自由に楽しく過ごせるようになり，学校に来るのが楽しくなって生き生きとしはじめる。ここまでは周囲から高い評価が得られる。

ところが，先の生徒の多くはクラスに戻ろうとはしないのである。そこで，教師や一般生徒は，いつまでもサテライト教室にとどまって気ままに過ごしている生徒の存在に矛盾や不公平を感じる。とくに生徒指導的側面から許されない行為（たとえば，授業中に騒いだり，掃除をしないでおしゃべりしたり，マンガの本を隠して持ってきたり等）がみられる場合はなおさらである。

サテライト教室は本来，特定の生徒が恒常的に過ごす場ではなく，いずれはクラスに戻ることを前提とした一時的な停留の場でしかない。しかし，不登校生，別室登校の生徒，さみだれ登校の生徒にとってサテライト教室はかけがえのない「心の居場所」

となってしまった。それゆえサテライト教室で毎日生き生きと過ごせるようになったとしても、クラスに入ることと直結しないのである。

　以上のことから、サテライト教室を制度上に位置づけた結果、学校システムは自己矛盾を孕んでしまった。部分的な補完がかえって全体の亀裂と摩擦を引き起こし、学校秩序の危機を招いたと言っても過言ではない。そこで、サテライト教室の有効性と学校秩序の解体を招く危険性の両要因を考慮しなければならない。もし秩序の維持を最優先するならばサテライト教室を閉鎖することになるが、これは単なる後退以外の何ものでもない。それでは、サテライト教室のもつ機能を引き出しつつ同時に学校秩序との調和を図るにはどうすればよいのだろうか。以下の三つの対策が考えられる。

　第一案は、サテライト教室の設置に加えて、クラスへの継時的接近を図ることである。クラスの生徒との交流を段階的に増やしていく等のさまざまな方策が考えられる。ただし、クラス場面への回避感情をもつ生徒に変化を起こすには大変に時間のかかる地道なかかわりが必要となる。第二案は、サテライト教室を教育課程上の一つのコースとして認めることである。しかし、そのコースの教育目標は何なのか等、難しい問題がある。第三案は、サテライト教室を校外において教師や他の生徒の目につかないようにすることで、校内の秩序を保つことである。そして同時に、第一案のような継時的接近を試みたり、第二案のような1コースを設けたりするのである。以上の対策には、学校から離脱する生徒を何としてでも食い止めなければならないという必死の努力が見られる。

　そもそもサテライト教室の有効性は何を意味しているのだろうか。それは、不登校生や学校回避感情をもつ生徒がクラスには入れなくても、ある特別の状況では生き生きと過ごすことができるという事実である。その特別の状況はフリースクールの状況と似ている。

　サテライト教室の設置に際して、フリースクールの書籍が参考にされたり、フリースクールの視察が行われることがあり、サテライト教室とフリースクールは似ている面も多いのである。

　したがって、学校が不登校対策を図るプロセスの中で、フリースクールの存在は、学校システムの変革に結果的に貢献しているといえよう。いいかえれば、日本版フリースクールは、学校システムの閉塞状況に突破口を開き、学校組織が新しい学校秩序の構成へと向かうための一つの逃走線を構築したといえる。

第2章　不登校とフリースクール　　111

5．わが国におけるフリースクールの今後の方向性

　不登校問題を契機として開設された日本版フリースクールの役割と意義について，自己の修復，学校信仰からの解放，学校秩序からの逃走線の構築の3点を指摘した。最後の点は，日本版フリースクールの創造的実践の一部が公教育に取り入れられることにより，結果的に学校教育システムの変革を促しつつあるという指摘であった。つまり，フリースクールは，既存の学校教育システムに対してその外部および内部からの逃走線を構築し，学校教育システムの変革を起こす可能性があるという点で存在意義がある。

　これまで日本版フリースクールは，不登校生のためのシェルター的役割があった。つまり，不登校生とその保護者が学校信仰に呑み込まれて自己否定に陥らないようにするための防波堤という意味があったり，自由かつ受容的な雰囲気の中で傷ついた自己の修復を行うことができる場という意味があった。こうした役割と意義は十分に認められつつも，今後の方向性に関していうならば，わが国のフリースクールは不登校問題からの脱却を図って，新しい教育の可能性の探究へと転換することが期待されている。

　それでは，わが国のフリースクールは今後いかなる教育理念と教育方法をもって展開していけばよいのだろうか。重要なことは，子どもの教育における「コミュニティ・サポート・システム」という視点である。なお，ここでいうコミュニティは，地理的なものよりも関心テーマを共有する人々からなる知縁型のネットワークを意味している。具体的な参考例としては，アメリカのパークウェイ・プログラム（1970年設立，フィラデルフィア）やシティ・アズ・スクール（1973年設立，ニューヨーク）のようなタイプ，デンマークのフォルケホイスコーレ（清水，1996），チャータースクール（Nathan, J., 1996），ホームエデュケーション（東京シューレ，1996）等，さまざまな形態が想定される。いずれにせよ，子どもの教育において積極的にコミュニティが関与していくというスタイルである。

　本来，子どもの教育は未来社会を築く重要な役割をもつのだから，学校教師の占有であってはならないし，また特定の立場の人だけに押しつけてはならない。つまり，従来の学校だけが子どもの教育を担うのではない。森岡（1993）は，生涯学習の普及，不登校問題，大検の活用等の動きについて，「学習活動を学校的時空間の占有物とし，この時空間で一定年齢の青少年たちが過ごすことを自明視してきた従来の規範意識に変更を迫るものである。学校的時空間が作り上げてきた強固な境界を打破する動きでもある」と述べている。学校的時空間に制限された子どもの教育を，再び新たなかた

ちでコミュニティに取り戻す運動が今必要とされている。

　このような意味で，フリースクール地球子屋の活動は，不登校をはじめとする子ども
もの教育に関心と責任を感じる保護者と地域の人々による教育運動であり，換言すれ
ば「生活者」からのボトム・アップの教育改革である。単なる学校批判と理想論に終
始するのではなく，具体的なかたちでのコミュニティ・パワーの発露なのである

要　約

　フリースクールという用語は多義的に用いられているが，狭義には，「1960年代後
半から70年代にかけて，イギリス，アメリカ，ドイツ等で，主として大都市に現れた
小さくてラジカルな，そして無認可で通学制の学校」に類するタイプのものをさして
いる。フリースクールの特徴には，子どもの自発的な行動や判断を徹底して認める，
保護者が運営に積極的に参加する，地域社会との結びつきが強い，等がある。わが国
のフリースクールもこうした特徴をある程度は備えているが，むしろ不登校生を受け
入れる民間施設という側面が強調されていることから，筆者はこの特異性に着目して
わが国のそれを「日本版フリースクール」と称することにした。

　筆者らは1997年に熊本市に「フリースクール地球子屋」を開設した。その実践例に
関して，概要，子どもの活動プログラム（6領域），基本理念（①心の癒し，②仲間づくり，
③喜びのある学びと体験，④生き方の創造，⑤個の尊重と共生），現在の課題（主体的活動を引
き出すこと，「個」の課題に向かうこと）について提示した。

　不登校を対象とする日本版フリースクールの役割と意義について，筆者は以下の3
点を指摘した。①「自己の修復」：フリースクールは，なかまとの自由な交流が行える
時空間と関係性を保障することにより不登校生の自己の修復を支援する。②「学校信
仰からの解放」：フリースクールは，学校信仰に束縛されて自己否定に囚われた不登校
生とその家族が，その幻想から解放されるとともに人生の希望をもてるように支援す
る。③「学校秩序からの逃走線の構築」：フリースクールの創造的実践の一部が公教育
に取り入れられることにより，結果的に学校教育システムの変革に影響を与えている。

　最後に，わが国のフリースクールの今後の方向性に関して，フリースクールが不登
校問題からの脱却を図って「新しい教育」の可能性の探究へと転換すべきであると述
べた。そして，その際の重要な視点は，「子どもの教育におけるコミュニティ・サポー
ト・システムの構築」であることを示唆した。

第２節 ● フリースクールと学校教育の連携可能性

1. 問題と目的

　筆者は臨床心理学の立場から，専門相談機関やスクールカウンセリング等で不登校の個人心理療法やグループアプローチを行ってきた。一方，不登校の子どもの居場所を地域の中に保障する必要性を感じてフリースクールを設立したり，また全国各地のフリースクールのスタッフと交流したり等，実践的フィールドワークを行ってきた。そこで本論文ではこうした経験を基に，フリースクールと学校教育の連携の可能性を検討する。

　フリースクールという用語は多義的に用いられているが　広義には「子どもの要求をすべて尊重するという自由を原理としたサマーヒル学園のような古典的なフリースクール，既存の学校の枠の中で子どもの自由と人間性を尊重するフリースクール，主としてアメリカで公立学校の枠外に自由を求める新学校，既存の学校の解体を主張する脱学校，さらにはアメリカで貧民のために無償で教育を行った学校，など」（細谷・奥田・河野他編，1990）とされている。一方，狭義のフリースクールは，先の定義の中の「主としてアメリカで公立学校の枠外に自由を求める新学校」を指している。堀（1997）は狭義のフリースクールについて，「1960年代後半から70年代にかけて，イギリス，アメリカ，ドイツなどで，主として大都市に現れた小さくてラジカルな，そして無認可で通学制の学校をさすことが多い」という。

　一方，日本のフリースクールは，1985年から1990年の間に大都市圏で数か所が設立され，1990年以降は地方都市でも見られるようになり，漸進的に全国的な展開を遂げるようになった。ところが，わが国のフリースクールは諸外国のそれとは異なって，不登校生徒のための居場所あるいは受け皿，また学校不適応から逃れるためのシェルターという点が特徴的だった。実際，フリースクールに参加する子どもの多くは不登校経験者で占められ，スタッフは不登校問題に強い関心をもっていた。こうした特異的な特徴は，わが国の学校信仰あるいは学校絶対視という社会的背景が密接に関係していたと思われる。このように日本のフリースクールは不登校問題を契機に設立されたのだが，しだいにその様相は変化していった。いわゆる老舗のフリースクールは最初は不登校問題に焦点を当てていたが，その後はこれに加えて学校教育とは異なる新しい教育も目指すようになってきた。そして1995年頃からは，不登校問題に直接的な関心をもたないで学校教育とは異なる新しい教育の開発を試みるタイプのフリースクールが設立され始めた。なお，日本のフリースクールに関する文献には，フリースクー

ルの主宰者による紹介（NPO法人東京シューレ，2000，等），研究者によるフリースクールの実態調査（古賀・斉藤，1998；菅野，2000，等）があるが，この領域の研究はまだ未開拓な段階である。

ところで，教育行政はフリースクールとの連携に関してどのような見解をもっているのだろうか。学校不適応対策調査研究協力者会議（1992）では「民間施設のガイドライン（試案）」を示したに過ぎなかった。それから約10年後の不登校問題に関する調査研究協力者会議（2003）では，「学校や教育行政機関が公的機関のみならず，多様な学習の機会や体験の場を提供する民間施設やNPO等と積極的に連携し，相互に協力・補完し合うことの意義は大きい」とし，フリースクールを含めた民間施設やNPO等との積極的連携を勧めている。こうした経緯をみると，フリースクールと学校教育の連携を検討することは意義がある。

それでは，学校教育はどのような特質をもつフリースクールと連携が可能なのだろうか。その一つの指針として，フリースクールの機能およびタイプ分けを基準に用いることが有効である。これに関して筆者は（吉井，1999）フリースクールの三つの志向を提言したのだが，その根拠は十分に説明できていなかった。

そこで本節の目的は，沖縄県の二つのフリースクールへの参加観察を通じて，第一にフリースクールのもつ機能の特質を明らかにしこれに基づくタイプ分けを行うこと，第二にフリースクールの機能やタイプの違いに応じて学校教育との連携の可能性を検討することである。

2. 方 法

対象としたフリースクール事例は，沖縄県にある「珊瑚舎スコーレ」と「ドリーム・プラネット・インターナショナル・スクール」（以下，ドリプラと略記）の二つである。筆者は，2001年12月と2002年12月の2回，各フリースクールに参加観察者として関わるとともに，主宰者・スタッフ・子どもへの聴き取りや資料収集を行った。

この方法は実践的フィールドワークであるが，本研究法は「現象が起きている現場（フィールド）に身をおいて，そこで直接体験された生のデータや一次資料を集めて生態学的妥当性の高い現象把握をめざすアプローチ」（箕口，2000）である。この方法論を採用したのは，フリースクールの子ども・保護者・スタッフ等の当事者に直接的かつ一方的な質問紙調査はできる限り回避すべきであること，またフリースクールに関する研究は少ないので仮説検証よりも仮説生成が必要な段階にあること，というのが主な理由である。

なお，事例の記述では，各フリースクールの概要等の説明は最小限に止め，前述の

目的に関連する事項を中心に提示した。またフリースクールは一般的に，スタッフの交替，カリキュラムの変更，転居等，多くの点で流動的であるため，実態については執筆時のものであることに注意されたい。

3．フリースクールの事例

① 珊瑚舎スコーレ

　珊瑚舎スコーレは，市街地の3階建てビルの3階の全フロアーを使っていた。代表者は，私立の中学・高等学校の校長を退職した後，本県に転居して開設の数年前から活動を始め，2000年4月に珊瑚舎スコーレを開設した。中等部は15名定員で10歳以上から中学生までを対象とし，高等部は15名定員で通信制高等学校の在籍者や大検受験者を対象とした。子どもの数は両部を合わせて約30名だが，実際に登校するのは約25名だった。県外出身の子どもが多かったが，本スクールを積極的に選択してきた者が大半だった。他方，県内出身の子どもには不登校経験者が多かった。子ども達の雰囲気は，穏やかで静かな様子だった。施設は，職員室のほかに四つの教室があり，黒板と学習机のある一般的なスタイルの教室が2室，音楽や演劇等に使う何も置かれていない部屋が1室，大きなテーブルが数台置かれた作業部屋が1室あった。スタッフは，代表者が個人的に探してきた講師で，約15名がいた。カリキュラムは，中等部と高等部の各時間割が月曜から金曜まで組まれていた。両部ともそれぞれ午前中は教科学習を行い，午後は両部が合同となった。午後は毎日，1コマ80分の2講座があって，音楽，美術等の一般的な講座をはじめ，ユニークなものとしては演劇，自然，工芸の講座があった。

　以下は，筆者が参加観察したある1日の様子である。この日登校した子どもは，中等部4名（男子3名，女子1名），高等部10名（女子のみ）の計14名だった。始業時刻は午前9時だが，各自のペースで登校していた。午前中，各部の講師の指導のもと，中等部では国語の個別学習が，高等部では絵本を使った国語の授業が行われ，子ども達は静かに真剣に取り組んでいた。昼食は自由に弁当等を食べ，昼休みには子ども全員で学校祭のための合奏の練習をしていた。子ども達は穏やかで，協調性がみられた。

　午後の最初の演劇講座では，年齢に関係なく3グループに分かれ，講師が各グループを適宜巡回して指導した。講師は，演劇企画を行う団体の代表者である女性だった。進め方は，各グループごとに，子ども達が感動した物語を選び，台詞や演出等を話し合っていた。後日，発表会を開く予定で真剣に取り組んでいた。あるグループでは，子ども達の意見が違って方針がなかなかまとまらなかったが，その時講師は「どこに感動したのか。何を伝えようとしているのか」と問いかけた。するとグループの空気

は張りつめ，議論は白熱していった。終了後，この場面について講師に尋ねると，「演劇そのものよりも，子ども同士の交流を促進させることが重要だと思う」と語った。また，子ども達に本講座の感想を尋ねると，ほとんどの者が楽しいと言っていた。

　次の工芸講座では，前の講座とは異なるメンバー構成で3グループに分かれ，伝統的な染め物を使って浴衣や甚平を製作するというものだった。講師は，20代前半の寡黙で穏和な青年だったが，実は有名な伝統技能を引き継ぐ家系の16代だった。布地の裁断，型写し等の作業があって，各工程は大変に細かい作業で集中力が必要とされ，子どもたちは黙々と真剣なまなざしで取り組んでいた。子ども達はまさにほんものの伝統文化を直接学んでいた。

　以下の項目①～④は，代表者との対話および会報等をもとに教育理念をまとめたものである。

①「授業」の問い直しと復興：代表者は，「教室で学ぶということが目的を失って形骸化している。学びの問い直しと実践が必要だ」と現状の学校教育の在り方を批判する。そして，「実は『授業』という言い古された言葉の中にこれからの学校教育の大きな可能性がある」と指摘し，「珊瑚舎スコーレは，子ども達が思索し，創造し，表現するという本来の学校教育の姿をつくりだそうとしている」という。すなわち，子どもが「授業」を通して「自分を創る」ための支援を行うのである。授業は，子ども達の思索・表現・交流の場であり，子ども達が自分の言葉を獲得しコミュニケーション能力が育っていくための大切な役割を果たすのである。

②他者との交流を通じての学び：感受性，思考力，想像力，表現力を養う大切な時期にある子ども達には，他者と交流しながら学ぶことが不可欠であり，紋切り型ではなく自由で友好的な人間関係を育むことが大切である。そして，他者と交流しながら取り組むことから生まれる喜びは子ども達に大きな影響を与える。そのために講師は，一方的な指導ではなく子どもが主体的にかつ意欲的に授業に参加できるよう配慮するとともに，子どもが授業のテーマに集中できるように支援する。

③子ども観：いわゆる良い子とは，大人からみた安全な子ども，安心できる子どもである。学校は，このような子どもを育てる場所ではなく，自らの意志で自らを創るという自己創造の喜びを発見できるような子どもを育てる場所でなければならない。そのための授業や環境が整えられる必要がある。

④場のもつ力：珊瑚舎スコーレのある地域は，「自分を創る」ために若者に力を与えてくれる。これは「場のもつ力」であり，次のような特徴がみられる。第一

第2章　不登校とフリースクール　　117

に，自然環境においては，若者には高さと遠さが必要であるが，この地域の空と海の広がりは，子どもが自分と向き合い，自分を醸成していく時間を提供する。第二に，社会環境においては，この地域に暮らす人々がつくる社会は，内に向かって閉ざされたものではなく，人に向かって開いて異質な立場や価値を受け入れる面がある。第三に，文化的環境としては，狭い地域にもかかわらず工芸，舞踊，演劇等の上質で多様な伝統文化が凝集されて残っている。こうした文化を取り入れた授業を通じて，その大切さやそれを守る人々の感情が伝えられる。

② ドリーム・プラネット・インターナショナル・スクール

ドリブラは，海岸沿いの大きなリゾートホテルの一画にあって，ある教育産業の経営者が1998年に開校した。こうした場所にフリースクールが設置されるのは珍しいのだが，これは最初に計画していた場所が住民の反対にあったからだった。スクールは，ホテルの1階の端にあって，入口には進入禁止の標識を置いて観光客の進入を防いでいた。海岸に立つ大きなホテルだけあって，天井は高く，通路は広く，大きなガラス張りの教室からは海が見え，開放的な雰囲気だった。部屋は大小合わせて約10室があり，鏡張りのダンスルーム兼スタジオがあるのはユニークだった。子どもの数は約130名（2002年12月時），男女の比率は7対3で，中学・高校年代の子どもが大多数であり，クラス分けはなかった。ただし，小学生年代の約10名（最年少は6歳）には特別のクラスが用意されていた。カリキュラムは出席自由の英語や体育等がわずかにあるだけで，子どもたちは基本的には自由に過ごしていた。なお，開校から約2年間は全く授業はなく完全に自由だったのだが，子ども達の放縦さが目立ってきたこともあって授業を開くようになった。

以下は，筆者が参加観察したある日の様子である。子ども達は登校すると，ダンス，読書，会話等，自由に過ごしていた。教室を出るとすぐに海岸で，岩の上で数人の女子が座って話をしており，筆者が声をかけると和やかに応答してくれた。彼女達は毎朝，こうして海を見ながら話をしているという。出身県はさまざまで全国各地から来ていた。筆者が〈どうしてここへ来てみようと思ったの？〉と尋ねると，「親から勧められたり自分から希望して来た。ここは自由で楽しい」と，彼女達は不登校ではなく積極的に希望して入学したという。

朝の集団活動として，10時30分から30分間，ダンスルームで，中学生以上の約50名の子ども達が輪になって椅子取りゲームをした。軽快な音楽の中で，大きな笑い声と躍動的な動きがあって，何か爆発的な解放感が感じられた。表情は明るい笑顔で，生き生きとしていた。個性的な服装や髪型で自分を主張しつつも他者への配慮を忘れ

ない態度がみられた。

　一方，小学生のクラスでは劇の練習をしていた。見学者が来たので，ある男子は恥ずかしがって机の下に隠れた。すると別の男子が「僕も見られるのは恥ずかしい。気持ちは分かるけれど一緒にやろうよ」と励ましていた。この時，本クラスの講師は筆者に，「ここでの活動は上手にできるかどうかではなく，子どもが自分の不安にどう対処するかが大事と考えている」と説明した。こうした自分の不安に向き合うことが本当の課題だという。

　その後，11時30分から60分間，中学生以上の子ども達を対象に英語を中心にした授業が開かれた。英語の講師は，アメリカで生まれ育った日本人女性だった。子ども達は出席は自由にもかかわらず，この日登校した者のほとんど，約85名（うち約70名が女子）が参加した。授業は，ミュージカルの作品を教材として英語の台詞の意味，登場人物の気持ち，さらに社会問題を考えるというもので英語，国語，社会等のさまざまな教科を総合した内容であり，筆者も大変に興味のもてる分かりやすいものだった。講師は，表情豊かに身振り手振りを交えて，とにかく一生懸命さが伝わってきた。子ども達は，講師の言葉に対してうなずいたり考え込んだり英語を口ずさんだり等の反応を示して，授業に集中していた。これほどの多人数の授業にもかかわらず，子ども達が真剣なまなざしを見せている様子に筆者は感動を覚えた。授業後，女子一人およびこの講師と話す機会をもった。筆者が〈みんな真剣に授業に参加していたけれど，どうしてだろう？〉と尋ねると，この女子は「これまで自分には信頼できる大人はいなかった。でも，彼女（講師）は信頼できる。彼女にほれ込んだ。だからこそ一言一言を聞きたいと思う」と語った。また講師に対して，〈この授業のねらいはどういう点にあるのだろうか？〉と問いかけると，議師は自分の授業を「人生について教える授業」と話した。

　そして，給食の配膳，掃除等があったが，子ども達には整然とした秩序ある行動がみられた。見学者に対しても，礼儀正しく挨拶し，丁寧な言葉遣いではきはきと受け答えし，自主的に椅子や資料を渡してくれる等大変親切だった。

　以下に，経営者からの聴き取りをまとめる。経営者は学校教育を痛烈に批判したが，本スクールにかける信念が伝わってきた。

　　①「やり遂げる」という教育観：ドリブラで子ども達は，自分なりの「やり遂げる」目標を模索し，そしてこの目標に向かって努力している。「やり遂げる」とは，たとえば誰にも負けないお菓子づくりをすること等である。「やり遂げる」とは，自分がどのような人間になってどのような人生を過ごすかということである。また，「やり遂げる」ことの過程で，自分の考えや思いを人に伝えること

ができるようになり，同時に他者のことも考えられるようになっていく。ある子どもが「ここに来て初めて自分のことを考えるようになり自分が変わっていった。仲間がいるから変われた」と言ったように，自分を大切にすることで他者への思いやりが生まれ，そして互いを理解するようになっていくのである。こうしたコミュニケーションの感性を育てる教育を行っている。

②スタッフの在り方：一般の学校教育では，やり遂げることを子ども達に教えるのは難しい。そこでは，子ども一人ひとりの才能に注目し，伸ばしていこうとする教育をしていない。そもそも学校の経営者や教師となる者には，命がけで子どもに関わる覚悟がないとやれない。自分の人間性をかけて子どもと向き合い，信頼関係を基に子どもの感性を伸ばすことが重要なのだ。スタッフの役割は，教科の指導ではなく，生徒とコミュニケーションをとることにある。基礎学力は重視しない。子どもは，やりたいことはどんどん自分に入っていくが，やりたくないことは入っていかないものである。

4. 考　察

① フリースクールの機能とタイプ分け

　二つのフリースクールの実践的フィールドワークを通じて，フリースクールのもつ機能として，「学校不適応への対応の機能」，「学習・進路の支援の機能」，「新しい教育の開発の機能」の3要因が抽出される（表1）。以下，その根拠を述べたい。

①学校不適応への対応の機能

　不登校や中途退学への関心を基にして，居場所の必要性を認識するとともに子ども達の心の癒しを重視する機能のことである。そこで，こうしたフリースクールの関与を〈学校不適応への対応の機能〉と命名し次のように定義する。〈学校不適応への対応の機能〉とは，不登校等の特別な事情から通常の学校教育に適応困難になった子ども

表1　フリースクールの3つの機能の定義

フリースクールの機能	定　　義
学校不適応への対応の機能	不登校等の特別な事情から通常の学校教育に適応困難になった子どもの心的回復を図る働きである。
学習・進路の支援の機能	進学や受験のために，学校教育の教科学習に相当する学習の指導を行い，進路選択を支援する働きである。
新しい教育の開発の機能	通常の学校教育とは異なる独自の教育理念と教育方法を開発する働きである。

の心的回復を図る働きである。なお，特別な事情という表現には，発達障害（ADHD等），いじめ被害，アメラジアン等を対象とするフリースクールが実在することも考慮に入れている。なお，珊瑚舎スコーレとドリプラにも不登校の子どもがいたが，学校不適応への特別な支援は見られなかった。両スクールの子どもの多くは，通常の学校教育とは異なるフリースクールを積極的に選択した者であるため，心の癒しは特には必要なかった。

②学習・進路の支援の機能

　珊瑚舎スコーレは，午前中の時間を教科学習とし，講師が指導を行っていた。また進路については，情報提供に力点をおいて進学ガイドブック等を準備していた。そこで，こうした教科学習や進路選択へのフリースクールの関与を〈学習・進路の支援の機能〉と命名し次のように定義する。〈学習・進路の支援の機能〉とは，進学や受験のために，学校教育の教科学習に相当する学習の指導を行い，進路選択を支援する働きである。なお，ドリプラは，教科学習も進路選択も本人の自主性に完全に任され指導は行われておらず，むしろ学校教育に類した指導を全面否定していた。

③新しい教育の開発の機能

　珊瑚舎スコーレは，本来あるべき「授業」を追究するという方針のもとで地域の人的資源を活用して，とくに伝統文化を取り入れた活動を行ったことが注目される。ドリプラでは，子ども達は「やり遂げる」という目標を設定してこれに向かって自主的に取り組む等といった自由教育が行われていた。カリキュラムや時間割の点では，珊瑚舎スコーレは固定的で，ドリプラはそれらは存在しなかった。そこで，通常の学校教育とは異なる理念や方法をもつ側面を〈新しい教育の開発の機能〉と命名し以下のように定義する。〈新しい教育の開発の機能〉とは，通常の学校教育とは異なる独自の教育理念と教育方法を開発しようとする働きである。

　以上の三つの機能をそれぞれ円で示して，図示すると，フリースクールのタイプは七つが想定される（図1）。珊瑚舎スコーレは，〈学習・進路の支援の機能〉と〈新しい教育の開発の機能〉の両方があり図中のタイプ2に相当する。ドリプラは〈新しい教育の開発の機能〉のみであり図中のタイプ6に相当する。

② フリースクールと学校教育の連携の可能性についての検討

　フリースクールと学校教育の連携のための前提条件として，学校復帰に関する認識の問題がある。フリースクールの多くは，学校復帰を肯定しておらず，それは子ども個人の選択に任せるべきだと考えている。そして，不登校の子どもを学校に順応させるのではなく，多様な子どもの教育の場を提供することが重要だと考えている。こうした学校復帰の点において，フリースクールと学校教育には大きな認識のズレがあっ

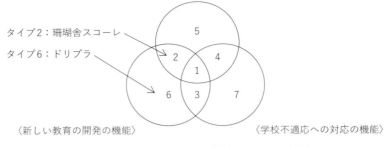

図1　フリースクールの3つの機能によるタイプ分け

た。ところが，文部科学省は2003年，「学校に登校するという結果のみを最終目標にするのではなく，児童生徒が自らの進路を主体的にとらえ，社会的に自立することを目指すことが必要である」，「不登校を『心の問題』としてのみならず『進路の問題としてとらえ，どのように対応するかが大切な課題である」とした。この見解は，学校復帰にこだわっていたことからの脱却を意味しており，フリースクールと学校教育の連携のための貴重な接点を産み出したと考えられる。今後は，こうした認識の転換を契機に両者の連携は展開していくと期待される。

　そこでまず，二つのフリースクールについて，学校教育との連携の可能性を検討する。珊瑚舎スコーレでは，とくに学校教育との連携は行っていないが，それは閉鎖的というのではなく，スクールに関心をもつ人々に開かれた柔軟な姿勢をもっている。学習の支援においては，地域の人々や大学生等と積極的な協力関係があり，今後もこうした連携は展開していく可能性が高い。ところが，ドリプラは，学校教育に非常に批判的であり，教科学習の指導も否定し，独自の教育理念ですすめている。また，学校教育との連携はほとんどみられないし，連携の必要性の認識もかなり低い。

　次に，フリースクールの機能別に連携の可能性を検討する。〈学校不適応への対応の機能〉の側面では，これまでは難しい面が多々あったが，今後は文部科学省が積極的な連携の方針を出したこともあって発展していくだろう。〈学習・進路の支援の機能〉の側面では，子ども達の進級・卒業・進学のために教科学習や進路選択の支援を行うのであるから，学校教育との連携の可能性は高いと考えられる。ところが，〈新しい教育の開発の機能〉の側面では，学校教育とフリースクールにおける教育理念の異質性が関係するので連携の可能性は低いといえよう。この機能をもつフリースクールと学校教育との大きな溝は，「子どもの社会性についての認識」と「学習観の捉え方」の2

点にあると考えられる。たとえば，社会性の認識については，極端な場合，普通の学校に行かないこと自体が社会性の欠如として見なされるならば，溝は全く埋めようがない。加えて，学校を否定したり学校に登校する意味を見出さない，いわゆる積極的登校拒否の子ども達が，この機能をもつフリースクールに入ってくることも連携を困難にしている。

　したがって，連携の可能性が高いフリースクールのタイプは（図1参照），〈学校不適応への対応の機能〉または〈学習・進路の支援の機能〉を多くもつタイプ4，5，7であり，次に続くのがタイプ1，2，3であり，他方可能性が最も低いフリースクールのタイプは〈新しい教育の開発の機能〉を多くもつタイプ6である。つまり，フリースクールと学校教育の連携のためには，〈学校不適応への対応の機能〉と〈学習・進路の支援の機能〉の少なくとも一つの機能をフリースクールが備えていることが必要条件となる。

③ フリースクールの「祝祭性」と学校教育

　学校教育の相対化や脱価値化といった社会背景を一因として積極的登校拒否が増加している今日，「新しい教育の開発の機能」をもつフリースクールが今後求められてくると推察される。しかし前述したように，この機能が顕著であるほどフリースクールと学校教育の連携は困難になる。それでは，「新しい教育の開発の機能」は学校教育とどのような関係をもつのだろうか。

　そこで考察の視点として，木村（1981）の「祝祭性」の概念を援用したい。木村は，人間存在の普遍的基本構造としての「アンテ・フェストゥム（ante festum）」と「ポスト・フェストゥム（post festum）」について述べ，そして江戸時代の社会に「世直し」路線と「立て直し」路線の対極構造のあることを指摘した中井（1975）の論考を取りあげ，これらはアンテ・フェストゥム的世界観とポスト・フェストゥム的世界観の対比を的確にとらえたものであると述べている。これらの内容について筆者が表2に整理した。

　以上の概念を，「新しい教育の開発の機能」をもつ2つのフリースクールに適用してみよう。珊瑚舎スコーレは，人間関係において周囲との同調と自己主張を控える態度が観察されたこと，また本来のあるべき「授業」を追究する教育理念や伝統文化の学習という意味での再建・復興の特徴をもつこと等から，ポスト・フェストゥム的あるいは「立て直し」路線といえよう。ドリプラは，子どもたちが自分なりの「やり遂げる」という理想自己を掲げて独創性や主体性を発揮していく姿が観察されたこと，また革新的な教育を目指すこと等から，アンテ・フェストゥム的あるいは「世直し」路線といえよう。ドリプラの子ども達の中核感情には希望と不安が見られた。たとえば，

表2　アンテ・フェストゥムとポスト・フェストゥムの対比

アンテ・フェストゥム（ante festum）	ポスト・フェストゥム（post festum）
ひたすらに未来へと先駆しつつ祝祭の到来を<u>不安</u>と戦慄のうちに先取している<u>祝祭前</u>の情態性。	祝祭が無事に大過なく完了したかどうかを丹念に反省し，あるいはそれが「取り返しのつかない」失態に終わったという<u>後悔</u>に胸を痛めている<u>祝祭後</u>の情態性。
この特徴は，①<u>オリジナリティ</u>を求める傾向，②主体性への欲求，③<u>革新的思想</u>，④超越的・非現実的なものへの親和性，⑤<u>遠さ</u>への志向，である。	この特徴は，①周囲との<u>同調</u>を求める傾向，②自己主張を控える態度，③<u>保守的思想</u>，④世俗的・現実的なものへの親和性，⑤<u>近さ</u>への志向，である。
<u>「世直し」</u>路線（中井，1975）という意味では，眼前の具体的な事物でなく，もっともかすかな兆候，もっとも実現性の遠い可能性を，もっとも身近に，強烈な現前感をもって感じ，恐怖しつつ憧憬する。	<u>「立て直し」</u>路線（中井，1975）という意味では，手近なもの，具体的なものから出発して，漸次的な適用範囲の拡大へと進みつつ，再建＝<u>復興</u>を指向する。

＊表2は，木村（1981）及び中井（1975）をもとに筆者が整理したものである。

子どもたちの盛り上がりは，希望に満ちた歓喜と同時に将来の不安に対する操的防衛が混在していると感じられた。

　この際，子どもの性格特徴によるスクールの選択という面では，生真面目，自己抑制的な性格の子どもは珊瑚舎スコーレのようなポスト・フェストゥム的な場への親和性が高く，他方自己愛傾向の高い，自己主張的な性格の子どもはドリブラのようなアンテ・フェストゥム的な場への親和性が高いと考えられる。

　したがって，「新しい教育の開発の機能」を顕著に示すフリースクールと学校教育の連携は現状では困難だが，この機能をもつフリースクールは多様な教育の場を開発し促進させることによって，学校教育の「立て直し」あるいは「世直し」として，将来的には学校教育の改革に貢献する可能性を秘めている。

◉ 文献

江川成・高橋勝・葉養正明・望月重信（編）（1995）．教育キーワード137．時事通信社．

不登校問題に関する調査研究協力者会議（2003）．今後の不登校への対応の在り方について．文部科学省．

学校不適応対策調査研究協力者会議（1992）．登校拒否（不登校）問題について──児童生徒の「心の居場所」づくりを目指して．文部省初等中等教育局．

Greenberg, D.（1996）．Free at Last Sudbury Valley School.（大沼安史（1996）．「超」学校──これが21世紀の教育だ．一光社.）

堀真一郎（1997）．自由学校の設計──きのくに子どもの村の生活と学習．黎明書房．

堀真一郎（編著）（1985）．世界の自由学校──子どもを生かす新しい教育．麦秋社．

細谷俊夫・奥田真丈・河野重男・今野喜清（編）（1990）．新教育学大事典第6巻．第一法規出版．

伊藤隆二・堀真一郎（編著）（1988）．フリースクール．こころの科学18．日本評論社．

菅野純（2000）．フリースクールの実態．教育と医学，48（4），34-42．

木村敏（1981）．自己・あいだ・時間．弘文堂．

古賀正義・斉藤亮（1998）．不登校支援組織の運営と実践活動に関する実証的研究――代表者に対する郵送調査の結果から．宮城教育大学紀要，33, 207-220．

箕口雅博（2000）．実践的フィールドワーク．下山晴彦（編著）．臨床心理学研究の技法．福村出版，93-102．

森岡清志（1993）．都市的ライフスタイルの展開とコミュニティ．蓮見音彦・奥田道大（編）21世紀日本のネオ・コミュニティ．東京大学出版会．

武藤義男・井田勝興・長沢悟（1998）．やればできる学校革命．日本評論社．

中井久夫（1975）．再建の倫理としての勤勉と工夫――執着性格問題の歴史的背景への試論．笠原嘉（編）．躁うつ病の精神病理1．弘文堂．117-146．

Nathan, J.（1996）．Charter Schools. Jossey-Bass Inc.（大沼安史訳（1997）．チャータースクール――あなたも公立学校が創れる．一光社．）

NPO法人東京シューレ（2000）．フリースクールとはなにか――子どもが創る・子どもと創る．教育史料出版会．

清水満（編著）（1996）．生のための学校（改訂新版）――デンマークで生まれたフリースクール「フォルケホイスコーレ」の世界．新評論．

田口正敏（編）（1998）．新選な学びの場．田口教育研究所．

東京シューレ（1996）．ホームエデュケーションのすすめ．教育資料出版会．

山本和郎（1986）．コミュニテイ心理学――地域臨床の理論と実践．東京大学出版会．

吉井健治（1995）．遊牧するグループ――不登校生を対象とする「ヨコ体験グループ」実践からの思索．名古屋大学教育学部心理教育相談室紀要，10, 59-66．

吉井健治（1998）．学校教育構造と不登校問題――「なかま」による癒しと成長．社会関係研究，4（2），1-22．

吉井健治（1999）．不登校を対象とするフリースクールの役割と意義．社会関係研究，5, 83-104．

第3章

不登校とホームスクール

はじめに

　ホームスクールとは，学校よりも家庭や地域をベースに子どもの教育を行うものであり，主としてアメリカで子どもに対する親の教育の権利と自由を求める中で展開されてきた教育形態である。わが国ではホームスクールという言葉さえまだ一般には知られていないが，ここ数年，小・中学校への登校を本人の自己選択とし，家庭や地域を拠点に子どもの教育を行う家族がみられるようになってきた。

　わが国の場合，不登校生徒および高校中途退学者は年々増加しており，学校教育からの子どもの離脱現象がすすんでいる。ところが，この問題への対応においては学校教育の内部における対策が強化されるばかりで，学校教育そのものの存在価値や学校外教育の可能性についての論議は少ない。この背景には，学校教育の万能性が期待され，同時に高い責任性が付与されるという，いわば学校信仰があると考えられる。このようなわが国の状況において，ホームスクールの概念と実践は，これまで当然視してきた学校教育の制度や場への再考を迫るものである。学校は子どもの成長のために有効な教育の場となっているかどうか，また教師の専門性は子どもにとって有益なのか等，根本的な問いかけがなされる。

　ホームスクールの影響は，学校教育への問題提起のみならず，家庭や地域における教育観，教育資源，教育力についての再検討を迫っている。つまり家庭や地域は，学校依存から脱却して，子どもの教育における主体となり得るのかどうかが問われている。

　以上のことから，ホームスクールは家族単位のささやかな教育実践であるにもかかわらず，従来の子どもの教育のあり方を覆すほどのパワーを秘めている。

　そこで本章では，まずホームスクールの概略を述べた上で，筆者が関わったホームスクールの一事例を提示する。本事例を通じて，ホームスクールの状況が具体的に示されるとともに，学校教師の見解からはホームスクールによって学校が突き動かされている様子を知ることができる。最後に，今後ホームスクールがわが国に取り入れられていく際の教育臨床的課題について検討する。

1．ホームスクールとは何か

　ホームスクール（Home School）は，これに類する「ホームスクーリング（Home Schooling）」，「ホームエデュケーション（Home Education）」とは社会文化的および概念的に意味の違いはあるが，いずれにせよ本質的に共通するのは，学校教育への参加を一つの選択肢とみなして，主として家庭や地域の中で子どもの生活と学習を支援していくというものである。

　ホームスクールの定義は，その長い歴史をもつアメリカでは，「親が子どもを学校へ通わせず家庭で自ら教育し，それが就学形態の一つとして認められているものである」（Mayberry, M., Knowles, J. G., Ray, B., & Marlow, S., 1995）とされている。また，わが国のホームスクールの代表的な実践者である久貝（1998）は，「学校に頼らないで，家庭や生活それを取り巻く社会から，子ども自身が自然に主体的に学び成長していくのを，寄り添う大人がサポートしていく，古くて新しい共育の方法」と述べている。

　上記の「学校へ通わせず」および「学校に頼らないで」という文言は，子どもの意志に反して親が登校を禁止するという意味でないことはもちろんのことである。つまり，子どもの要求に応じて学校行事等に参加する可能性を含むのである。また，「就学形態の一つとして認められている」というのは，アメリカの全ての州で法的に認められ，同時に社会的認知を得ているところからきている。

　したがってホームスクールとは，親や地域の大人が，家庭や地域を拠点に，学校教育を含むさまざまな教育資源を活用して，子どもの自己選択を尊重しながら，子どもの教育に積極的にかかわるというものである。それは当然ながら，登校禁止，家庭内隔離，無責任，放任でないことは明らかである。

　なお，不登校とホームスクールは状態像としては区別が曖昧な場合があるが，これらの主要な差異は学校信仰の有無にある。すなわち，不登校においては「学校に行かなければならない」という強迫的な意識が顕在的あるいは潜在的に認められるが，ホームスクールではその意識があまりみられない。そのためホームスクールでは，登校しないことからくる罪悪感，劣等感，自己否定感は比較的弱いようである。また，怠学型および無気力型の不登校と違って，ホームスクールの子どもは自由な興味・関心で主体的に行動している。

2. ホームスクールの現状

① アメリカのホームスクール

アメリカのホームスクールについて，江澤（1997），泰（1997, 1999），本図（1995），Mayberry, M. 他（1995），武内（1997）を主な基礎資料として，概略を簡単に整理する。

①現在の人数：ホームスクールの子どもの人数は正確な把握は困難であるが，全米ホームスクール研究所（National Home Education Research Institute；NHERI）の調査では150万人とされている（ニューズウィーク日本版，1998年10月14日号）。

②歴史的経緯：ホームスクールの歴史は，1960年代後半から1970年代の前半に，ジョン・ホルト（Holt, J.）やイヴァン・イリッチ（Ivan, I.）らによって，公教育に対する異議が唱えられたことから始まった。また別な背景として，親が子どもを教育するのは聖書の教えであり信教の自由であるとする宗教的論理も，ホームスクールの展開に影響を及ぼした。そして1970年代，ホームスクールが一般に知られるようになるにつれて，それはさまざまな批判を受けるようになり，たとえば親の怠慢，無責任，破壊的活動等と評されたりして，訴訟問題が続出した。しかし1980年代半ばからは，ホームスクールの親と教師・校長・教育委員会との協力関係が求められるようになり，ついには1993年までに全州でホームスクールは合法と認められるようになった。以上のように，ホームスクールは，公教育のあり方を批判し，対立拮抗した活動を展開してきたが，その後は法的に認められた上で公教育との相互協力を行うという経緯を辿ってきたのである。

③法的根拠：大久保（1998）は，アメリカにおけるホームスクールの法的問題を扱った「The Right to Home School」の要点を，「親が自分の子どもを自己の信念に基づいて教育することを，権利として認識する点は，合衆国最高裁も否定するものではない。したがって，家庭において公教育に参加することなく子どもを教育することは，親の権利であり，それに対するさまざまな規制は，極力排除されるべきである」とまとめている。公認されたホームスクールの形態は，私立学校と同じ地位が認められる場合（自宅に一つの私立学校を設立するという意味），学校教育（就学義務）の例外として特例的に認める場合，特別の法的措置が講じられる場合，の3タイプがある。

④実施条件：ホームスクールを行う際の条件は各州によって異なるのだが，列挙するならば，親の適格性，学校に準じたカリキュラム，教科書・教材の使用，学習・行動記録の提出，学力テストの受験等がある。

⑤選択理由：ホームスクールの親を対象にした調査研究（Mayberry, M.他，1995）からは，親がホームスクールを選んだ理由として「親子関係の緊密化」と「教育は親によってなされるべき」の項目が最も多いことが明らかにされ，またホームスクールの親は専門教師による集団教育に異議を唱えるとともに公立学校に対する信頼がきわめて低いということが示された。

⑥支援団体：ジョン・ホルト（Holt, J., 1981 ; 1982 ; 1983）の思想をもとに教育的論理からの推進を図る「ホルト協会（Holt Association）」があり，1977年から機関誌「Growing Without Schooling」を発行している。また，1983年設立の「ホームスクール法的擁護協会（Home School Legal Defense Association ; HSLDA）」は，市民運動，法的問題，調査研究，教材販売等に力点をおき，機関誌「Teaching Home」を発行している。なお，何らかのホームスクール支援団体に所属している者は約7割で，所属を拒否する者は約1割という調査結果（Mayberry, M.他，1995）がある。

② 日本のホームスクール

わが国のホームスクールの子どもの人数については，これまで調査がされていないので正確には把握できないが，東京シューレの代表者である奥地圭子氏は2～3千人（神戸新聞2000年1月10日付）と推定している。これは，全国の不登校者数の2.3％にしか過ぎない。

ホームスクールの実際を知るには，久貝（1996; 1998），西尾（1990）等の当事者による報告資料や，ホームスクール推進団体の出版物（東京シューレ編，1996）等が参考になる。しかし，研究者や教育関係者による調査研究および事例研究はみあたらず，今後の研究が期待される。

ホームスクール家族を組織としてまとめていく団体には，フリースクール等が主導する民間施設主導型ホームスクール団体と，当事者家族が緩やかに繋がって相互支援するセルフヘルプ型ホームスクール団体の二つのタイプに分類できる。もちろん，これらの団体に登録しないでホームスクールを実践する家族もいる。民間施設主導型ホームスクール団体の代表例である東京シューレ（1985年設立）は，1993年から「ホームシューレ」を開始し，530家族（1999年9月）が登録して，月刊の交流誌の発行，直接出会う交流会（全国各地での交流会，合宿等），電話・手紙・インターネットによる日常的交流，等の活動を行っている。他方，セルフヘルプ型ホームスクール団体の代表例である「ホームスクーリング・ネットワーク姫路（HSN姫路）」は，1993年から活動が始まった。その会報には，「学校に行かないで育つ子どもと，その家族を援助し合うための自助グループで，各家庭の独自性を尊重しながら，ゆるやかにつながるネットワー

クづくりをしています。専門家に頼るのではなく，親たち大人の智恵や力をリソースとして分かち合います」と記されている。

　わが国におけるホームスクールはまだ始まったばかりであり，今後どのような展開をみせるのかが注目される。現状では，子どもの不登校を契機にホームスクールを始める家族が多いが，本来ホームスクールは不登校のための救済として存在するのではない。ホームスクールの主眼は，家族や地域による子どもの教育の追究という点にある。

3. ホームスクールの事例

　ここで提示するホームスクールの事例は，筆者が教育問題に関する研究会に出席した際に出会い，その後約2年間不定期に関わってきた例である。筆者は，本事例においては心理療法（カウンセリング）として関わることはしないで，地域支援活動の一環として日常的なサポートを行った。

　本家族は，母親（40代前半），長男A（12歳，小学6年生），長女B（11歳，小学5年生）の三人家族だった。ホームスクールを始めたのは，長男が小学4年生から，長女が小学3年生からだった。筆者は，子どもたちと直接接する機会は少なかったが，母親とは子どもの理解の仕方，学校への対応の仕方，ホームスクールの実践上の問題，一般的な教育問題に関して話し合ってきた。子どもたち二人が所属する小学校はかなり小規模だった。教師らはホームスクールには否定的な印象をもっていた。筆者は，学校訪問をして校長，担任等と話し合ったり，日常の電子メールのやりとりをした。

　本事例は，母親や教師との交流から得られた情報をもとに記述したものである。なお本事例の執筆内容については母親からの了承と確認を得ている。

① ホームスクールの様子
①長男Aの様子（小学5，6年生の時期）
■生活，友人関係

　起床，食事は自分のペースですすめ，昼過ぎまでテレビゲーム等で過ごした。午後3時頃から遊びに出かけるための準備を始め，近所の数人の友達の帰宅を心待ちにしていた。そして，夕方暗くなるまで，サッカー，野球，カードゲーム等をして毎日遊んだ。Aは，裸足が好きで，服の汚れも気にせず，楽しく精一杯遊んでいた。近所の人々はAが登校していないことをある程度は理解していたが，元気に遊ぶ姿を見て，「どうしてこれで学校に行けないのだろう」と不思議がる人もいた。
■学習

　Aは友達との遊びに全エネルギーを集中させる毎日で，教科学習に直結することには興味を示さなかった。母親は，Aの中では友達との遊びを通じてさまざまな学びが

潜在的に起こっているので，将来それが教科学習への取り組みを導いていくと考えていた。母親は，自由な遊びこそが学習に命を吹き込む作業であると言った。たとえばAは，竹トンボに凝って飛ばし方を工夫したり，モンシロチョウを幼虫から成虫になるまで観察したり，砂場遊びで偶然に砂鉄を発見したり等，自発的かつ発見的な学びをしていた。また，母親は，価値観や思想を子どもに伝えていくことは親の大事な仕事だと考えていた。母親が環境問題等について子どもに語りかけていくと，子ども達は真剣なまなざしで聴き，積極的に疑問や意見を出してきた。

■学校への参加

Aがひとりだけで登校することはほとんどなかった。Aは妹のBが登校準備をするのを見て，自分も参加したいものがあれば登校した。学校でAは，運動等の自分が好きなことには積極的に参加したが，勉強させられるのは嫌がった。

②長女Bの様子（小学4，5年生の時期）

■生活，友人関係

午前8時半頃に自分で起床し，朝食は自分で作って食べた。その後は，料理，編み物，読書，手紙書き，絵描き等，自分が好きなことをひとりで楽しんだ。友達と遊ぶことは少なかったが，遊ぶ時は楽しく元気に過ごすことができた。母親の教育上の関心から県内外の会合に出かける時，Bは一緒に行くことがよくあり，そこに参加した子ども達と楽しく交流していた。

■学習

Bは，教科書や問題集を見たり，自作テストを解いて自己採点したり，漢字の練習をしたりした。母親はこうした学習よりも生活を通じての「真の学び」が大事だと考えていた。母親は「真の学び」についてエピソードを語ってくれた。Bは，母親と一緒に近所の図書館によく通ったが，ある時アメリカ旅行に行きたいと言って英語学習の本を借りたことがあった。母親はBの本気の気持ちが分かったので自学自習のために電子辞書を買ってあげた。Bはしばらくは英語の勉強に一人で取り組んでいたが，途中で投げ出してしまった。それでも母親はとがめることなく，Bの自発性を待ってあげた。また，Bは日頃からファッションに興味があって，「昔の人はどんな服を着ていたのだろう」，「その時代の服の重さはどれくらいだろう」等の疑問をもち，母親に歴史の本が見たいと言ってきた。Bは図書館で一般の歴史の本にそれが描かれていると思い込んで探したが，母親はBが自分でファッション史の本を発見するまで待った。また，Bは日頃から外出時に紙と鉛筆を持参して駅名や地名等をメモしているが，筆順は滅茶苦茶だった。しかし母親は，本人が尋ねてこない限りは教えようとはしなかった。

以上のエピソードから分かるように，母親の教育方針は，子どもに対して強制した

り過剰な期待をかけないこと，安易に教えないこと，子どもなりの試行錯誤と発見を徹底的に尊重すること，多様な経験から本人が選択していくプロセスを重視すること，というものだった。こうした母親の影響によるところが大きいと思われるが，Bは自発性，創造性の高い子どもであり，ユニークな創作活動を見せることがあった。

■学校への参加

　学校へは，数日間登校しては数週間欠席するというパターンだった。登校するのは，行事予定と時間割を見て興味をもった場合だった。そのときは前夜から服や道具を準備し，朝は自分で早起きして，服のおしゃれ（制服はない）をして登校した。ただし，登校しても全ての授業に参加するのではなかった。家庭科等，自分の興味あることには参加したが，それ以外は図書館で読書をしていた。つまり彼女は，登校も学校での過ごし方も自分で選択していた。学校の勉強については，「国語の本の挿絵は自分のイメージが壊されるから嫌い」，「〜の勉強は嫌い。なぜ必要なのか分からない」等と不満を言うことが多かった。また，宿題が出されれば一応やるが，やり終えたらもう興味を失い，学校まで持って行かなかった。

② 学校から離れていった経緯

　なぜ本家族はホームスクールを選択するに至ったのだろうか。そこには親の人生観や教育観が大きく関与していることは確かだが，二人の子どもが学校に行かなくなったことが直接の契機となった。そこで，ホームスクール以前のA，Bの不登校の様子を見てみよう。

　その前に注目すべきは，二人が通った幼稚園の特徴である。そこでは，自由保育および統合教育の理念と実践が徹底されていた。またユニークな実践としては，園児達が話し合いで決めること，イメージの豊かさを引き出すために文字指導はしないこと，身体障害を理解するために口や足を使って描くこと等が行われていた。このような幼稚園出身の子どもが，他の園の子どもと比べて，小学校入学直後に強い違和感をもつのは避けられない。当然，二人とも幼稚園と小学校のギャップの影響を受けたと推察される。

①長男Aの小学校生活（小学1〜3年生の時期）

　入学直後から，「どうして制服を着なきゃいけないの。みんな同じ格好をしておかしいよ」，「規則は僕たちが決めたものじゃないのに」，「学校ってつまんない。じっと椅子にすわってお話ばかり聞いていなきゃいけない」，「今僕は国語はしたくないのに，国語の時間がくる」等と学校に対する不満を母親に語った。また同時に，さまざまな身体症状（微熱，腹痛等）を呈するようになった。しかし，母親が登校を促すので，Aは渋々登校を続けた。

ところが母親は，最初の授業参観でAの絵を見て驚いた。幼稚園時代には大きく生き生きとした絵を描いていたのに，それは小さな青い滑り台を描いただけの寂しく悲しい雰囲気の絵だったからだ。また学校でのAは，緊張でひきつった顔を見せ，おどおどしていた。家に帰ってからは黙って机に向かって宿題をして，外に遊びに行こうとしなくなった。こうしたAの様子をみて母親は，このまま強制的に登校を続けさせてよいものかどうか迷い始めた。

　2年生の頃は，母親が登校への促しを弱めたので，時々休むようになった。3年生になって担任が替わってからは，一変して明るく元気に学校生活を送れるようになった。ただ，学校のあり方に対する不満や疑問は相変わらず続いていた。Aは，「僕は友だちも好き，担任の先生も好き。でも僕は学校が嫌い」と言っていた。

　3年生の2学期頃，Aは，「1，2年生の時からずっと我慢して学校へ行ってたけど，B（妹）が学校に行かないと決めてから，僕ももう行かないと決めた。今の担任の先生のせいでもないし，今のクラスの友だちのせいでもないんだ」と語った。

②長女Bの小学校生活（小学1，2年生の時期）

　Bは小学校に通うのを楽しみにしていたが，入学して数日後には1年生の担任に不満や疑問をもつようになった。家で，「〜しないとげんこつ百発だからしなくっちゃ」と口癖のように言うので，母親がわけを尋ねると，「先生がそう言うの。ぶたれるの嫌だからしなくちゃいけないの」とBは説明した。また，「先生は訳を聞こうともしないで，お友達をすぐ叩くの」と涙を流して訴えた。

　1年生の2学期以降，Bは担任の体罰を見て，ますます心の傷を深め，時々学校を休むようになった。母親は担任に事情を聞きに行き，申し入れをしたのだが，状況は変わらなかった。Bは，「先生が怒るから，みんなは恐くてきちんとしているけど，恐いからいうことをきいたって何にもならない。何も分かってないということだもん」と言っていた。そして，身体症状（頭痛，腹痛等）を呈して欠席あるいは保健室登校の状態となった。Bは，養護教諭には信頼を寄せており，「保健室に行くと，すぐ痛いのがなくなるんだよ。保健室の先生は優しい。ちゃんとお話を聞いてくれるもん」と言っていた。

　2年生になって担任が替わったが，体調が悪くて登校はきつい様子だった。教師に対しては，「先生が気に入るようにしていなきゃいけないの。先生のために付き合わされてるの」，「先生達はいつも見張ってる。みんなが悪いことをしないかどうか」と不満を語っていた。友達との関係は，以前は帰宅後すぐに外出してよく遊んでいたが，2年生頃から誰とも遊ばなくなった。Bは，「前はみんなやさしかった。でも，花びらが一枚一枚落ちるように，みんなの心からやさしさがなくなっていっちゃった。だから

遊びたくなくなったの」と寂しそうに語った。

そして2年生の2学期、Bはランドセルを背負ったまま玄関でうつむき、しくしくと泣いていた。母親は、もうこれ以上無理して学校に行かせる必要はないと思った。Bは、母親の許しもあって、学校に行かないことを決意した。Bは、「1年生になるのとっても楽しみにしていたんだ。ランドセルが届いた時、すごくうれしかった。でもね、みーんな消えちゃった。みーんな消えちゃったの」とつぶやいた。

③ ホームスクールへの転換

以上が学校に行かなくなった経緯であるが、その直後は通常の不登校と同じように、引きこもり状態になった。周囲の人に見られるのが気になって自由に外出できなくなった。外出時は町内を出るまで車の中で隠れたり、電話に出なかったり、ドアのノックの音を聞くとトイレに隠れたり等の行動をとった。母親は、子ども達が何か考え込んだ様子をしていると、「大丈夫だよ」と優しく支持する一方で、二人がバカ騒ぎしていると、「遊んでばかりいてどうするつもりなの」と怒ってしまい、心は揺れ動いた。また母親は、二人が学校へ行かないことを容認したものの、小学校低学年で九九算や漢字の基礎学力も身に付かなくて、今後どうなるのかと不安をもった。

こうしたなかで母親は、以前にも増してさまざまな教育書を読んだり、数人の著名な教育者、とくに武藤義男氏（当時、福島県三春町教育長）と手紙の交換をするようになった。そうして母親は、教育観、学校観、子ども観、家庭観等について再検討していった。同時に、親子とも登校へのこだわりは消えていった。登校へのこだわりの消失が結果的に再登校を導くという逆説的な現象があるが、この子ども達も再登校ができるようになった。ただし、それは自己選択としての登校だった。

こうして、本家族のホームスクールは出発したのである。なお二人は、クロンララ校（ミシガン州認可の私立学校）の日本事務局を通じて、当校の通信教育課程「Home Based Education Program」に登録した。

④ 教師の見解

教師は、長男Aと長女Bの現状についてどのように見ているのだろうか。筆者が二人の通う学校の教師4人（各担任、管理職、他の教師）に対して行った面接および文書でのやりとりをもとに、教師の見解を箇条書きに示した。

■学校生活、選択登校

- 二人は、登校したい時に登校し、帰りたい時に帰る。また、授業に関係なく、行きたいところに行き、やりたいことをやっている。
- 予定は時間割で知らせるので、Aが登校しないと全員が困るようなときだけ登校の催促の電話をしている。

第3章 不登校とホームスクール　135

- Aは，学校でやりたいことが終わると帰ろうとするので，いろいろと理由を付けて引き留め，放課後定時に下校させている。
- 全体で作業する時に参加しないAの姿を見たとき，私は何とも言えない嫌な気分になったことがある。
- Bは，登校すると図書室に行って読書をして過ごし，気が向いたり関心のある活動の時だけ参加している。給食や掃除等の当番活動は普通に取り組んでいる。
- 二人には二人の事情があるから，まるごと受けとめてやるべきなのかどうか迷う。他への迷惑はわかっていても受け止めるべきかなのか。受けとめてあげたい気持もある。
- 母親は二人が自立するための選択肢の一つとして学校があると言われるが，私たち教師から見ると二人の行動は，自由気まま，好き勝手，集団のかき混ぜに映る。
- 二人のことを「きついことはしたがらない」，「自分の好きなことだけするために学校に来ている」といった見方をしている。けれども，二人には学校に来なくても自立した生き方ができるようになってくれるといいなと願っている。

■学習のあり方
- 学校の教師としては，その時期その時期に学んでほしいことがあるし，積み重ねも必要だと思う。
- 学校の勉強を無理にでもさせた方がよいのか，させない方がよいのか迷うことが多々ある。お母さんに尋ねると「本人が決める」というが，結局は子どもは楽な方向に流れてしまうと思う。子ども達はきついこと嫌なことにまだ対応しきれず，逃げている状態だと思う。
- 小学校の基礎学力を十分習得して，その後自分の進みたい道を選んでも決して遅くはない。その方が，より幅広い中から選択できて，より自分にあった方向へ進めると思う。
- まだ物事がよく分からない段階の子どもであっても，子ども自身の考えを主にして行動させ，体験させ，気づかせる中で育っていくものもあるとは思うが，学ぶべきことはきちんと教え，その上で考えさせ，好きなことをさせてもいいのではないかと思う。

■教師の葛藤
- それなりに理解しているつもりだが，「このままでいいのだろうか」という思いは変わらない。
- 親の思いや対応が，子ども達の可能性をつぶしているように思えて仕方ない。
- この責任は誰がとるのか。

- 結局，お母さんの方針通りに子ども達は動いている。
- 子ども達にとって大切な時期に，教師として何もできなかったことへの罪悪感はいっそう大きくなっていく。
- Bはあまり話してくれないので本心は分からない。Bの期待に添えるような支援をしてあげられないのが残念だ。
- 「迷い，怒り，諦め」のパターンの繰り返し。
- どこまで声をかければよいか，その時その時で困っている。突き放した見方をしたり，見て見ぬふりをしたり，あきらめたりという気持の一方で，やはり子ども達のためには厳しく言った方がいいと思ったり，心の中は悶々としている。
- 一般の不登校児と違うので，どう対応すればいいのか苦慮する。ひとつの育て方の違いと考え，見守っていればいいのかなとも思うが，子ども達が後で苦労するのではと思うと，どうにかしてやりたい気持ちで一杯だ。
- *母親と話してみて，「学校って何だろう」，「学校は何のためにあるのだろう」という疑問がわいてくる。*

■その他
- 他の子たちにも，二人のように好きなことをしてみたいという気持は相当あると思う。他の子どもにそういうことを尋ねてみたい。他の子どもたちに二人のことをどんなふうに話したらいいのかも迷ったが，今は，「心の病気」とだけ伝えている。

⑤ 事例のまとめ

　長男A，長女Bは，小学校入学当初から学校のあり方や教師の対応に違和感をもったが，そこには親の教育観や自由保育から受けた経験が大きく影響していると考えられる。また長女の場合，担任教師の体罰を継続的に目撃したことが心的外傷となった。そして二人とも，学校ストレスや登校刺激によって，身体症状，自己否定感，ひきこもり等の二次的問題が起き，通常の不登校の様相を呈した。しかし，ホームスクールに転換することにより，親子は学校へのとらわれから解放されるとともに二次的問題は消え，その後は家庭や地域を拠点に学びと生活を行い，学校へは選択登校となった。

　一方，ホームスクールそれ自体については親と教師では大きな見解の相違があり，新たな難しい問題を孕むことになった。本校の教師は，責務と情熱をもって，子ども達のことを本当に親身に考えて対応していた。母親はそのことは十分に分かりつつも，やはり教育観や子ども観の隔たりを簡単には埋められなかった。

　そこで，親の見解と教師側の見解の主な相違点を整理した（表1）。少なくともこれらの相違点は，どのホームスクール事例にも起き得る問題といえよう。

表1　親と教師側の見解の主な相違点

	親の見解	教師側の見解
登校	• 子どもの選択による。 • 学校だけが子どもの教育の場ではない。	• 規則正しく登校すべきだ。 • 来たり来なかったりでは皆に迷惑をかけることがある。 • 親の勝手による教育放棄ではないか。
性格・社会性	• 子どもが今したいことを自分で選んで，自由に活動することを重視する。 • 放任や強制はなく，子どもの要求に応じて丁寧に親がかかわっている。 • 学校よりも多様な人間関係があって，むしろ現実に近い社会性が育つ。	• わがままになる，我慢することを覚えない。 • 子どもに適切な選択ができるのか。子どもは楽な方へ流れたり誤った選択をする。 • 社会性が身に付かない。
学習	• 子どもの興味・関心を大事にする。 • 自己発見的に学んでいる。 • 押しつけない，教えすぎないようにする。	• 基礎的な学習が必要だ。 • 子どもの好き嫌いではなく，その時期にやらなければならない学習内容がある。

4．日本のホームスクールにおける教育臨床的課題

　最後に，わが国でホームスクールを実践する際に，今後の検討が必要とされる教育臨床的課題について述べることにする。今後，いずれの課題も実証的研究に裏付けられなければならない。ところが，これまでの教育心理学関連の研究デザインは学校教育を前提とするものが多く，研究そのものが暗黙のうちに学校化されていたと言っても過言ではない。このような意味で，ホームスクールに関する研究は新たな研究パラダイムをもたらす可能性がある。

①　自己を基点とした生き方の追求

　本論文の事例は，長期欠席を契機としてホームスクールに移行する中で，親子の学校絶対視は弱まり，そして学校は選択肢の一つに過ぎないものとみなし，家庭や地域を拠点に子どもの学びと生活を行うようになっていった。

　ところで，これまで筆者が関わってきた不登校の多くの事例で，親は「何とか学校に行ってくれないか」と思い悩み，子どもを責めたり否定することがよく見られた。また，「学校に行かないのに外出させるのは良くない」といって結果的に子どもの引きこもりを助長する対応がされていた。また，子どもの学習については，「家で勉強（教科学習）でもやってくれたらいいのに」，「塾や家庭教師に頼もうか」と言って，子どもの学びに親として主体的に関わろうとする姿勢は見られなかった。また，学校や教師の対応に不満をもつことが多く，これが学校への依頼心からくる過剰期待と過剰批判

であるとの認識は少なかった。

実は，当事者の親子が学校への囚われから抜け出すことができない間は，不登校に随伴する二次的問題（身体症状，自己否定感など）も解消できないし，再登校の可能性も低いのである。言い換えれば，「学校に行かなければならない」という強迫性を軽減することが，再登校を含めた次なる展開をもたらすのである。具体例として，学校への囚われから免れた人々が希望をもって歩む姿が，「笑う不登校」編集委員会編（1999）には多数示されている。

今日，不登校および高校中途退学の生徒数が増大しつつあるが，それでもなお従来の学校教育の枠組だけで全ての事例に対応するのは困難なのではなかろうか。それは何も学校教育を全面否定しているわけではなく，従来の学校は選択肢の一つに過ぎないというオルタナティブ教育の必要性を提言しているのである。学校教育，家庭，地域，民間教育の各々が為すべきことを峻別し，それぞれが排他的ではない独自性をもちつつ，また相互依存あるいは協調・協力しながら，オルタナティブ教育が産み出されることが期待される。

そして，従来型の学校教育，さまざまなタイプの新しい認可学校，フリースクール，ホームスクール等，子どもの教育の場は多様化してくる。その際に，学校に行けないから他のところに通うというあり方は「第二の学校化現象」を引き起こすかもしれない。大事なことは，どこに通うかではなくて，ホームスクールの思想が示唆するように，「自己を基点とした生き方の追求」である。

2 学習の問題

ホームスクールの子どもは低学力ではないかと危惧されることがあるが，必ずしもそうとは言えない。アメリカではホームスクールの子どもが，有名難関大学に進学した例や，学力を競うコンテストで優勝した例がある。ただし，これらは特異例であり，またホームスクールはある種の英才教育の側面もあることを念頭におかねばならない。ところが，ある州の基礎学力テストでホームスクールの子どもの方が平均得点が有意に高かったという結果は説得力をもっている。

では，なぜこうした結果が得られたのだろうか。親の要因について検討した調査では，親の学歴と子どもの成績には相関がみられない，親の教師資格の有無による子どもの成績に差はみられない，という結果が得られた。それでは，いったい何が重要な要因なのだろうか。

実証的研究は今後にまたなければならないが，筆者は以下のように分析する。ホームスクールには家族によってさまざまなスタイルがあるが，そこに共通するのは，決められた時間に，決められた場所で，決められた内容を，決められた方法で学習する

のではなく，こうした時間，場所，内容，方法において「自己選択」が重視されている点である。もう一つは，「学びの動機づけ」を重視する点である。子どもは，親や他の大人によって自己のニーズが的確に捉えられ適切に応じられる中で，動機づけを高めていくのである。これは，子どもの身近にいて真剣に子どもの教育を考えている親だからこそできることかもしれない。以上の「自己選択」と「学びの動機づけ」がホームスクールの特長である。

　ところで，わが国の場合学校に行かない子ども達の低学力が問題となっているが，これはホームスクールの問題というよりも，不登校による二次的問題の一つとみなすことができる。不登校の子どもの多くは，教科書，問題集，机など学校的色彩のあるものを回避したり，大人側の教えようという態度を拒否する傾向がある。例をあげると，中学生の間は学校の勉強を一切しなかったのに，卒業と同時に教科書を開いて勉強を始めたという例が散見される。学校への囚われから解放されたときから，学習が再開されるのである。もし，もっと早くそこから解放されていれば，子ども達は教科学習を含めた自由な学びを積極的にすすめていたに違いない。

　学校という場は，教科の専門家がいて，カリキュラムが整い，施設・設備が充実している等，ある意味では学びの場としては大変に機能的，効率的である。しかし今日では，学習リソースは地域に遍在しており，学校だけが学びの場ではないことは確かである。つまり，社会のあらゆる施設や人々が子どもの学びに利用可能であり，学びの場が学校でなければならない理由は薄れつつあるといえよう。

③ 社会性の獲得に関する問題

　ホームスクールの子どもは，常識が欠落したり，わがまま勝手になったり，怠惰な生活を送ったりする等の問題を起こすので，社会性が身に付かないという批判がある。これへの反論として，それは学校側の視点からの社会性に過ぎないのであって，ホームスクールの子どもの方が年齢・立場の違う多様な人々との交流が多いことから現実社会を反映した社会性が育つという意見が出されることがある。端的にいえば，学校側の意味する社会性への疑問視である。そして，むしろ学校の方が人々の交流において形式的，画一的，閉鎖的であるため社会性の獲得に問題があるというのである。したがって，「ホームスクール就学者同士の交流，協会を中心とする社会的活動，兄弟姉妹のなかでの生活力の方が，現在の公立学校より，はるかによき市民としての社会性を培うことができる」（本図，1995）と言われている。

　ただし，わが国の場合ホームスクールの家族は希少であるため，相互交流の機会はなかなか得られない。また，学校に行かないで他のところに出かけることが奇異の眼でみられることから自由に外出できないという問題もある。

その他，社会性の獲得と関係して，所属アイデンティティ，家族の密着関係等についても検討が必要である。

おわりに

ホームスクールは，家族の「きずな」と地域の人々の「つながり」を深めるものであり，単に学校教育へのアンチテーゼとしてだけ見てはならない。将来のホームスクールの展開は，学校教育領域のみならず，社会の新たな価値観形成に貢献する可能性を含んでいる。

今日，核家族化，少子化，地域の仲間遊びの喪失によって，子ども達の対人関係の練習の場は極端に少なくなってきた。そのため，こうした欠落の補完が学校教育に求められている。換言すれば，家庭教育，社会教育が弱体化して，学校教育への過剰な依存が進行しつつある。こうした中にあって，家族が主体性をもって子どもの教育に取り組むホームスクールの存在は私たちに重要な示唆を与えてくれていると言えるだろう。

最後に，事例の提示にご理解とご協力をいただいた家族と学校の先生方に感謝を申し上げたい。

要　約

ホームスクールとは，親や地域の大人が，家庭や地域を拠点に，学校教育を含むさまざまな教育資源を活用して，子どもの自己選択を尊重しながら，子どもの教育に積極的にかかわるというものである。

本章では，小学生のきょうだいのホームスクール事例を提示して，ホームスクールの実際の様子とこれに至った経緯，また学校教師の見解について記述した。そして，日本のホームスクールにおける教育臨床的課題として，自己を基点とした生き方の追求，学習の問題，社会性の獲得に関する問題の3点について検討した。

⦿文献

江澤和雄 (1997)．アメリカのホームスクールをめぐる動き．青少年問題, 44 (2) , 30-33.

泰明夫 (1997)．アメリカにおけるホームスクール運動の現状．学校経営, 42 (1) , 90-96.

泰明夫 (1999)．アメリカのホームスクールの現状と課題　教育と情報, 490, 48-51.

Holt, J (1981)．Teach Your Own: A Hopefull Path for Education. (ジョン・ホルト著／大沼安史訳 (1984)．なんで学校へやるの──アメリカのホームスクーリング運動．一光社)

Holt, J (1982)．How Chidren Fail Revised Edition. (ジョン・ホルト著／大沼安史 (訳) (1987)．教室の戦略──子どもたちはどうして落ちこぼれるか．一光社)

Holt, J (1983)．How Chidren Learn Revised Edition. (ジョン・ホルト著／吉柳克彦 (訳) (1987)．学

習の戦略——子どもたちはいかに学ぶか．一光社）

久貝登美子 (1996)．ホームスクール・ネットワーク．月刊むすぶ．特集：学校に行かない子どもの社会的認知を．11号，No.311, 11-15.

久貝登美子 (1998)．ホームスクール．谷村覚（研究代表者）生涯学習社会における学校教育と学校外教育の役割と連携．平成7・8年度科学研究費補助金，基盤研究 (B) (1) 研究成果報告書，pp. 68-84.

Mayberry, M., Knowles, J.G., Ray, B., & Marlow, S. (1995)．Home Schooling: Parents as Educators. Corwin Press.（泰明夫・山田達雄（監訳）(1997)．ホームスクールの時代——学校に行かない選択：アメリカの実践．東信堂）

本図愛実 (1995)．ホームスクールによる学校教育への問題提起．現代アメリカ教育研究会編．学校と社会との連携を求めるアメリカの挑戦．教育開発研究所.

西尾陽子 (1990) ホームスクールに私流のやり方をプラスして．新版・学校に行かない進学ガイド．別冊宝島111号.

大久保卓治 (1998)．ホームスクールの権利について——C. J. Klicka "The Right to HOME SCHOOL" を手がかりとして．関西大学法学論集，47, 978-1023.

武内清 (1997)．学校のあり方を考える——ホームスクールから．教育展望，43 (2), 28-37.

東京シューレ編 (1996)．ホームエデュケーションのすすめ．教育史料出版会.

「笑う不登校」編集委員会編 (1999)．笑う不登校．教育史料出版会.

第4章

不登校と別室登校

1. 目 的

　中学校のスクールカウンセリングの中で，クラスの生徒から冷たい視線を浴びたり，避けられたりすると感じて，教室に居づらいと訴える不登校傾向の生徒と出会うことがある。こうした生徒のうち，現状をよく調べても，実際にはいじめや仲間はずれは起こっていない場合がある。そこで，小学校時代の様子を尋ねてみると，いじめや仲間はずれを受けたことがあるという。おそらく，この経験によって傷ついたため，本人が周囲に過敏に反応するようになり，現在の被害感につながったのではなかろうか。それでは，この友人関係にまつわる被害感はどのようにして解消されるのだろうか。

　不登校の契機において，友人関係をめぐる問題をもつ生徒は多い。友人関係問題と不登校傾向の密接な関係が，調査研究から明らかにされてきた（古市，1991；永井・金生・太田・式場，1994；友久・足立・松下・忠井・林・内田・中島・児玉，1997；文部科学省，2001）。また，不登校からの心理的回復においても，友人関係は重要である。

　筆者は，不登校のグループ・アプローチの臨床実践から，不登校傾向の生徒の心理的回復と心理的適応において，同性同年輩の親密な友人であるチャム（Sullivan, 1953）の存在が重要であると考えている。たとえば，不登校生徒の合宿の感想で，「同じ気持ちの持ち主に話すことで，心の悩みの一つひとつが抜けていくような気がした」という記述があった（池田・吉井・桐山・長野・石田・長峰，1992）。

　チャムに関する調査研究では，前青春期にチャム関係が形成されたか否かによって，愛他性（Mannarino, 1976），青年期の心理的問題（Bachar, Canetti, Bonne, Kaplan, & Shalev, 1997），自我発達上の危機（長尾，1997）などに有意に影響することが実証されている。つまり，チャム関係が形成されなかった場合，否定的な心理的影響を受ける可能性が高いということである。なお，チャムが相当する年齢段階は，Chapman & Chapman（1980）の見解や，チャムに関する先行研究のまとめ（吉井，2003）から総合すると，現代においては小学校高学年から中学生までとするのが妥当であるといえよう。

　ところで，友人関係問題が生じた背景には，本人の素因，パーソナリティ，家族関

係，クラス状況などの要因が絡んでいる。本章では，本人のパーソナリティ要因，とりわけ自己愛パーソナリティ傾向に焦点を当てて検討することにしたい。自己愛パーソナリティについては，Gabbard（1989）が，無関心型（oblivious type）と過敏型（hypervigilant type）の2タイプに分けている。無関心型自己愛パーソナリティ傾向は，自己顕示的，自己中心的，恥に鈍感という特徴がある。他方，過敏型自己愛パーソナリティ傾向は，他者からの評価を気にする，内気，恥に敏感という特徴がある。こうした自己愛パーソナリティ傾向が，友人関係の問題やチャム関係の形成上の問題を引き起こした主要な要因の一つであると考えられる。

そこで，筆者がスクールカウンセラー（以下，SCと略す）として関わった不登校傾向の生徒のグループ面接の事例をもとに，本章では次の2点を目的として考察したい。①友人関係の問題から自己の傷つきをもつ不登校傾向の生徒において，チャム関係は生徒の心理的回復や心理的適応にどのように影響しているのか。②チャム関係の効果は，無関心型自己愛パーソナリティ傾向の生徒と過敏型自己愛パーソナリティ傾向の生徒において，どのような違いがみられるのか。

2．事例の概要

① 学校の状況

1学年7学級規模の中学校。筆者がSCとして勤務したのは，X年5月からX＋2年3月までの約2年間で，1回4時間の週2回勤務だった。この中学校は，反社会的な問題行動が起こる時期もあったが，筆者が勤務し始めた頃には整然とした落ち着いた雰囲気になっていた。不登校生徒数は平均的だったが，教室に入らないで保健室等で過ごす生徒が増えてきたことから，こうした生徒への対応がSCに期待されていた。

本校は生徒指導の研究指定を受けており，校長，教職員は意欲的にさまざまな新しい試みを進めていた。その一環で不登校対策として別室が設置され，教育相談係の50歳代の男性教師が別室担当教師として配属された。そしてSCにも，別室登校の生徒に関わるように依頼された。別室の場所は，最初は（「事例の経過」の第1期），校舎1階の保健室とSCの相談室の間にあったが，その後は（第3，4期）2階の職員室近くに移動した。

② クライエント（生徒）

クライエント（生徒）は，不登校傾向の中学2年生女子のA，B，C，Dの四人。クラスは四人とも異なっていた。四人は同じ小学校の出身で，BとDは親しかったが，他は顔見知り程度だった。彼女たちは，教室に入りづらいと訴え，CはX年5月から，他の三人はX年10月から別室登校を始めた。

Aは，細身で，言語表現は豊かである。皮肉や自慢話を言うので，友達から浮いてしまう。小学校時代には，それほど人望があったわけでもないのに，何度も学級委員に立候補し落選した。Bは，身体はふくよかで，言語表現は豊かで，喜怒哀楽がはっきりしている。辛辣な言葉で不満を言うが，かわいらしい面もある。この四人のリーダー的存在である。Cは，身体はふくよか，無口で，表情はあまり動かず，感情抑制的である。仲間との交流を静かに楽しむ。Dは，細身，びくびくした表情，幼い感じ，服装や汚れに無頓着である。知的には少し低いが，情感の豊かさや，人の気持に敏感に反応する面がある。以上の四人を自己愛パーソナリティの2タイプで分けると，A，Bは無関心型自己愛パーソナリティ傾向に相当し，C，Dは過敏型自己愛パーソナリティ傾向に相当する。

③ グループ面接の設定

　SCは，通常は個別面接を行っていたが，本事例についてのみグループ面接を実施することにした。その理由は，彼女たちが常に一緒に行動するため，個別面接ができないという現実的問題がまずあった。もう一つの理由は，SCの臨床経験から，スクールカウンセリングの場においてもチャム関係の体験が有効ではないかと考えたからである。

　SCという立場上，学校側の方針と齟齬が生じないよう配慮しつつ，同時に筆者の考えるグループ面接の意義を教師側に説明して協力を求めた。

　グループの構造は，週1回50分間，SCの相談室で，彼女たち四人のメンバーが自由に会話して過ごすこととした。SCは，ファシリテーターとなって，彼女たちが教師の批判をしたとしても受容的，共感的に聴いていくという態度だった。なお，事例の経過の第1期はグループの試行段階で構造が緩かったのでいろいろ問題が生じたが，第2期からはグループの構造が明確化された。

3. 事例の経過

　事例の経過では，中学2年生女子四人に対してグループ面接を行ったX年9月からX＋1年3月までの期間を第1期～第4期に分けて記述した。最後の第5期は，これら四人の生徒の中学3年生時の様子をまとめた。以下の記述では，「　」は生徒の発言，〈　〉はSCの発言，（　）は補足説明等とする。

第1期＝自己の傷つきをもつ者同士の出会い：X年9月～10月（#1～#4）

　Aは，個別面接（#1）で，「教室に入りたくない。みんなにジロジロ見られているように感じる」と訴えた。小学5，6年生でいじめられたことがあったが，中学1年生では他の小学校出身の友人と過ごしたので特に問題は起こらなかった。しかし，中学2年生になってクラスの友人との関係が悪くなり，教室に居づらくなった。Aは，親

に相談しても我慢しなさいと言われるだけで分かってもらえないと言って涙ぐんだ。なお，後日の母親面接では，幼少期から孤立や仲間はずれがあったこと，家では良い子で特に問題がなかったという情報が得られた。

Bは，個別面接（＃2）で，「教室に入ると，息苦しい，胃が痛くなる，圧迫感がある」と訴えた。Bは，中学2年生の始めから，孤立するようになり，何か悪く言われているように感じて，教室に入りづらくなった。そして9月頃からは，学校のことを思い浮かべるだけで胃痛を起こすようになった。Bは，「小学生の頃，デブと言われて，自分だけみんなと違うのかなと思った」と友人関係で傷ついた体験を語った。なお，後日の両親面接によると，Bは親には学校のことをあまり話さないが，同じ保健室登校の経験をもつ姉には話をするということだった。

Cについては，この時期の個別面接は行わなかった。Cは，すでに中学2年生の5月頃から別室登校をしていた。母親面接の情報では，中学2年生になってからクラスに入れなくなったが，家では何も問題はなかった。親は自営業で忙しくて子どもに関わる余裕がないこと，他の同胞に比べてCは自発的に話すことが少ないこと，性格は頑固で辛抱強いということだった。

Dは，中学2年生の9月頃からクラスに入らなくなった。Dは，個別面接を拒否し，何も話さないので，詳しい事情は不明だった。母親もSCとの面接に応じなかった。

職員会議では，こうしたクラスに入れない生徒への対応が話し合われ，10月から別室を居場所にすること，授業にはできる限り出席させること，SCも彼女たちに関わること，が決められた。

＃3，A，B，C，Dの四人は誘い合って自発的に相談室にやってきた。別室については，「過ごしやすく，安心できて何でも話せる」と肯定的だった。しかし，クラスについては否定的で，「冷たい目で見られる」等と言って，四人は共鳴し合っていた。Bは，担任から授業に出席するよう注意されたことで，気持が分かってもらえなくて悔しい，と言った。

＃4，彼女たち四人の来室後，同じくクラスに入れない3年生女子が加わって，相談室は計9人の女子生徒で一杯になった。SCとしては予定外だったが，このまま対応することにした。3年生を中心に，教師に対する痛烈な批判が起こり，全体で共鳴し合った。すると，Dが小学校時代に受けたいじめを思い出して泣き崩れ，彼女を慰めていた3年生の一人が過呼吸を呈した。これが伝播して，結局C，D，そして3年生の二人が過呼吸となり，他の生徒も気分が悪くなり横になった。SCは予想外の出来事に驚いて，別室担当教師に助けに来てもらい，協力して介抱したところ事態は治まった。

この時期，担任・学年主任等とSCの協議では，彼女たち四人は授業に出席せず，別室で勝手気ままに過ごし校内を徘徊するので，学校全体の雰囲気が壊されるという意見が出た。また，周囲の生徒も，彼女たちのこうした態度に対して否定的になってきたと報告された。そこでSCは，彼女たちが過去のいじめによる傷つきから被害感をもつこと，また感情を共有し癒し合うチャム関係の意味について説明した。担任等はある程度理解を示したが，他の多くの教師は彼女たちに対して批判的だった。

第2期＝怒りの共有：Ｘ年11月（＃5〜＃8）

　学校の秩序が乱されるという理由から職員会議で別室の閉鎖が決まり，とりあえず彼女たちは図書室で過ごすことになった。彼女たちに理解を示していた担任等やSCも，仕方ない対応だと思った。各担任がこれまで以上に積極的に働きかけてクラス参加を促すことになったが，彼女たちは担任やクラス生徒からの誘いを拒否した。こうした中で彼女たちの様子は，これまで以上に苛ついたり不安を掻き消すかのようにはしゃぐことがあった。

＃5，彼女たちとグループ面接の構造（時間，場所，約束事など）について取り決めを行った。A，BはSCに向かって，「掃除中なので邪魔だ」と教師から怒られたと言って激しい怒りを示した。するとDが，「ほうら見て」とおどけた感じでリストカットの傷を見せた。Cは，自分も切りたいが恐くてできないと言って涙を流した。SCは，彼女たちが教師の言葉でひどく傷ついてしまったことに共感するとともに，自傷をやめるように説得した。

＃6，グループ面接を行った（Cは欠席）。SCは，彼女たちの行動化を抑制するために，今は無理に登校する必要はないのではないかと伝えた。しかし彼女たちは，親が休ませてくれないこと，また仲間と会いたいから登校したいと言った。

＃7，Cの個別面接を行った。SCは，無口で抑うつ的なCのことが気になったので，個別に話すことにした。しかしCは相変わらず沈黙なので，今の気持ちを書いてもらったところ，親や教師からのプレッシャーを感じているということだった。

　　別室の閉鎖以降，彼女たちは身体の不調を訴えて欠席・早退が増え，自傷行為も起こり，ますます不安定になってきた。そこでSCは，各担任および別室担当教師と協議し，彼女たちは追いつめられ行動化が激しくなると予想されるので，クラスへ強く誘うことを控えた方がよいと説明したところ，理解が得られた。

＃8，グループ面接を行った（Dは欠席）。先のSCの提言が通って，教師からのプレッシャーは減った様子だった。家族に対する不満の話になって，まずBが，「親は勉強しろとしか言わない」と言うと，Aは「私は家族の中で一人浮いている」，Cは「家族の誰とも話をしない。家の居心地はよくない」と言って，家族からの心理的支え

を得られない状況を語った。

以上の第2期では，別室が閉鎖され，担任が積極的にクラス参加を促したことで，彼女たちは強いストレスを受けて，行動化を起こした。また担任に対して，「近寄らないで」，「先生たちの自己満足のために教室に行くのは嫌」等と暴言を吐くこともあった。

第3期＝怒りの言語化：X年12月（＃9〜＃14）

こうした危機的状況のため，12月から職員室近くの1室が彼女たちの別室となった。そこでは，特別時間割が設けられ，担任のみならず他の教師も学習指導等で積極的に関わるという方針になった。彼女たちは，落ち着いて勉強ができるようになったのは良いが，毎時間教師が来て監視されているようで嫌だと言っていた。

グループ面接では，Bが中心となって教師批判をし，A，Dが共鳴していた。Bは，自分たちが教師に操られていると言って憤り，担任を酷評し，「教室に入ることは私達にとって死を意味する」と過激だった。Aは，小学5年生頃から我慢して登校してきたと話し，「これ以上我慢できない」と叫んだ。Dは，「むかつく！　先生は全員敵」と苛ついて，そして小学校時代のいじめにふれ，当時の担任への不満を語った。ところがBは，教師批判をする一方で，「好きな先生もいる」，「あの先生は意外と優しい」などと教師に対する肯定的な考えを示すこともあった。

親への不満に関してBは，親が勉強にうるさく，過干渉だと批判した。Aは，「親は精神的に休ませてくれない。子どもの顔色を見ただけでも分かってくれるのが親。分からないのは親失格」と極端に理想主義的な見方から批判した。Dは，親への不満の話から，「もともと人間は自分勝手」などと人間不信のような言い方をして，「クソババ，殺したい」と叫んでティッシュ箱を踏み潰した。ところがBは，親の批判をする一方で，「私達は自分勝手」と自己反省を示すこともあった。

以上のように，まずBが怒りを言語化し，続いてA，Dが言葉を足すというパターンだった。Bは，痛烈に非難はするけれども，肯定的な面を見たり自己反省を示すなど，柔軟性があった。Aは，理想主義的，自己中心的で，とにかく自分の気持を理解してほしい様子だった。Dは，なげやりで極端な表現をして物に当たるなど暴力的だった。

Dのリストカットは続いていた。そこで，Dと同じ小学校だったBは，Dが受けたいじめの悲惨さにふれ，Dを慰めた。こうした中でCは，黙って話を聞いていた。Cもリストカットをするようになり，それがだんだんひどくなっていた。

Aが，みんなから少し離れて座り，会話に参加しないことがあった。後でB，Dに理由を尋ねると，Aはわがままで人の気持ちを不快にするからということだった。そこでSCは，Aの個別面接を行ったが，Aはこの件については何も答えなかった。Aは，今もいじめられないかと不安になることがある，母親にはただただ優しくしてほしい，

と語った。

第4期＝自己反省と関係の修復：X＋1年1月〜3月（＃15〜＃25）

　Dは，担任の産休のため新しい担任になったことが不満で，しばらくは登校しないと宣言し，結果的に1月はほとんど欠席した。その間のグループ面接は三人で行ったが，Bが会話をリードして，これにAの発言が続き，Cは無口で抑うつ的だった。

　A，Bには心境の変化が見られるようになった。Bは，風邪で休んだ時に母親に甘えられたことを嬉しそうに語り，表情はやわらいでいた。またBは，「私の心は工事中」と気持ちの変化を示した。こうした話の流れの中でAは，希望をもって前向きに生きるという内容の歌詞を書いた。

　A，Bはいつものように教師批判をしたが，これまでのような辛辣さはなかった。むしろ，「先生たちは優しくなった」等と教師を肯定する話が出てきた。そして，Bが姉から学校での態度が横柄だと叱られ反省したという話をすると，Aもこれに同感した。A，Bは教師批判をする一方で，「自分の気持ちを正直に言える」ような理想的教師を求めていた。

　2月頃からDが再登校し，毎回四人のグループ面接となった。この時期，Aがグループの中で浮いたようになって，とくにBとは対立的になってきた。Aは，元気がなく，塾でも仲間はずれにされていると漏らし，また中学1年生の頃を思い出して「私には友達がいない」と涙ぐんだ。そして，「自分に何か問題があるのかな」などと，めずらしく自己反省の様子を見せ，小学校時代の深い心の傷つきを話した。Aは，小学校高学年の時に仲間はずれを受けて，クラスで彼女の悪いところについて話し合いをもった。Aは，これを想起すると「目の前が真っ暗になる」と言い，「私は集団でうまくやっていけない」と落ち込んだ。

　B，Dは，Aの自慢話や皮肉を言うところが気に障って直接非難したのだが，こうしたAの話を黙って聴く中で対立関係は解消されていった。そして，Bも自己反省して，「私は人を見下げた見方をするのがよくない」と言った。Dは，自分の過去の傷つきを回想し，小学校時代にいじめられた時，「先生たちは救ってくれなかった」と怒りを込めて語った。

　2月末に，国語の教師が百人一首を教えてくれたことをきっかけに，彼女たちはSCや多くの教師と対戦して遊ぶようになった。彼女たちは，教師に勝とうと必死になり，教師が本気で悔しがると，大いに喜んだ。3月は毎日のように，彼女たち四人で，あるいはいろいろな教師を交えて，百人一首をしていた。すると，彼女たちの教師批判はみられなくなっていった。そして，来年度の3年生に向けて，AとBはクラス参加の意志を表明したが，CとDはクラス参加はしたくないようだった。

第4章　不登校と別室登校　　**149**

3学期末の面接で、将来の夢が話題になったので各自の夢を紙に書いてもらうことになった。A，B，Cについては比較的現実的な夢だったが、Dの夢は意外に感じられた。それは、チャリティー・コンサートを開催して人々を救いたいという内容で、Dの誇大的な空想が示されていた。次に、彼女たちはたくさんの自由詩を書いた。A，Bの詩で印象的だったのは、友達を大事に想う気持ちが書かれた詩や、人は異質性をもつ互いに絆を結ぶことができるという内容の詩だった。SCは、A，Bの無関心型自己愛パーソナリティ傾向がやわらいだような印象をもった。Dは約60編の詩を書いた。知的な問題があって表現は拙かったが、繊細な感受性が感じられた。Dはいじめによる深い心の傷つきを抱えていたにもかかわらず、友達を大切に想う気持ちが溢れている詩が多かった。印象的だった数編の詩からは、これまで人を恨み、人が信じられず、そして自分の心が好きになれなかったが、こうした自己否定と他者否定への囚われから脱したいという気持が読みとれた。

第5期＝3年生時の様子：X＋1年4月〜X＋2年3月

　3年生に進級後、A，Bは4月当初からクラスに入り、その後も普通に学校生活を送った。SCとは、廊下で顔を合わせると、親しく日常会話をする程度だった。

　Cは、クラスに親しい人がいない、担任とは話したくないと言って、一人で別室登校を続けた。4月は、登校すると涙が出るなど、抑うつ的だった。しかし、リストカットはしなくなった。SCとの個別面接では、家族や教師に対する不満を少し言語化できるようになったが、まだポツポツとしか話さないので心情の理解は難しかった。そこでSCは、母親面接を数回行って、親に甘えたり受容されることが必要だろうと伝え、また家族の心理的支えを促した。すると、自営業の多忙な生活の中で子どもに関わるゆとりがなかった両親だったが、子どもを遊びに連れて行ったり、よく会話するようになった。母親は受容的態度で、父親は現実を直視させるという毅然的態度で、両親の関わり方は異なったが、相補的でバランスがとれていた。こうした中でCは、しだいに元気になって、自分の進路を真剣に考え、勉強に意欲的になった。SCとの継続的な個別面接は主に進路の話題だった。結局Cは、3年生でもクラス参加は果たせなかったが、心理的には安定して別室登校をした。

　Dは、軽度の知的障害のため3年生から特別支援学級に入級したが、数日間登校しただけで、すぐに完全不登校となった。Dは、SCの個別面接や家庭訪問には応じてくれなかった。そこでSCは、担任と連携して対応することにした。担任の情報では、Dは親に対して拒絶や憎しみをもつのではなく、何もしてくれない親にあきらめを感じているということだった。担任は、家庭訪問を通じてDや母親に根気強く受容的に関わっていった。すると母親は、心を開いていろいろ話してくれるようになり、またD

のために一生懸命関わろうという姿勢になっていった。Dも，しだいに元気を回復し，母親との関係も良好になり，そして進路への希望をもつようになった。

3学期になってDは，SCの勤務日に合わせるかのように登校して，Cを誘って数回の自主来談をした。Dは，以前ある病院で侵入的に質問されて嫌だったという経験を話してくれた。また，教師やカウンセラーといった大人に対して，「人の気持ちが分かると言うけど，何が分かるの」と不信感と怒りを訴えたが，これは裏を返せば真の理解者を求めている気持ちとして受け取られた。またDは，「小学校の時いじめられた。家でも私はいらない子。死にたいと思った」と打ち明け，自殺のまねごとを数回したが，自分としては本気だったと言った。こうしてDは，中学生活の最後になって自己の傷つきをSCに語ってくれた。面接終了時には，日常の話題で笑い飛ばして，明るくかわいい女の子の雰囲気を見せてくれた。

中学卒業後，彼女たち四人は各自の希望する高等学校に無事に進学することができた。

4. 考　察

① 見立て

まず，自己の傷つきという視点から考察する。彼女たちは，小学校時代いじめ等を受けたことから傷ついた。これは「一次的な自己の傷つき」であり，いじめ等を受けたときに誰でも経験することである。そこで，親，教師，友人などからなぐさめられ，理解され，共感的対応を受けることができれば一次的な自己の傷つきはある程度癒される。しかし，彼女たちは小学校時代には共感的対応を受けることができず，むしろ批判，激励，説得などの非共感的対応に曝された。そのため彼女たちは，傷ついた自分を理解してくれる人は誰もいないという気持ちからくる自己の傷つき，つまり「二次的な自己の傷つき」を抱えることになった。

そして中学生になって，一次的な自己の傷つきおよび二次的な自己の傷つきの両方に由来する心理的問題が顕在化してきた。一つ目は，自分を理解してくれる者は誰もいないという孤独感だった。二つ目は，非共感的対応を受けた時の激しい怒り，つまり自己愛憤怒（narcissisitic rage）だった。三つ目は，自分の中の怒りが周囲の友人たちに投影されたことにより友人たちが自分に対して攻撃心をもっているように感じられるという被害感だった。以上の孤独感，自己愛憤怒，被害感といった心理的問題が，教室からの回避行動（緊張・不安が非常に高まるので教室に入られないこと）と，親・教師への攻撃行動（自分を理解してくれない者への不満）を引き起こした。逆に考えれば，回避行動と攻撃行動は，さらなる自己の傷つきを被らないための防壁という意味もあった。したがって，彼女たちの問題行動は，単に教師や親を困らせているのではなく心

第4章　不登校と別室登校　　151

理的意味があることを認識する必要がある。

　次に，彼女たちが別室登校を継続した理由について考察する。もし別室が提供されなかったならば，彼女たちは完全不登校に陥る可能性があった。それは，別室を一時閉鎖したとき彼女たちの欠席や早退が急増したことからうかがえる。それゆえ完全不登校を防ぐという意味で，別室を用意することは意義があった。しかし，別室の存在は，彼女たち自身に，また周囲の教師や生徒に強い葛藤を引き起こした。西村（2000）は，「別室は学校社会の境界領域である。そこは強い葛藤に曝された地帯である」と述べている。彼女たちは，別室にとどまっていたので，クラス参加への圧力を受け続け，葛藤状況に追い込まれていった。むしろ完全不登校の方がこのような圧力を受けずに済んだ。なぜ彼女たちは強い葛藤に曝されながらも別室登校を継続したのだろうか。それは，自分と同じ悩みを共有できるチャムがいたからである。彼女たちは，小学校時代に自己の傷つきへの共感的対応が得られなかったので理想化された真の理解者を切望していた。もちろん，真の理解者が実在すると思うことは幻想的であり，いずれ脱錯覚が起こる。しかし，真の理解者の存在を想像することは，人に希望をもたらし心理的回復に向かっていく動機づけとなるという点で意義がある。彼女たちは，自分と同じ経験や悩みを抱えているチャムとの関係を通じて，心理的回復と心理的適応に向かっていったと考えられる。

② チャム・グループの展開とグループの形成上の留意点

　Sullivan（1953）は，チャムは本来二人組としているが，チャムが連結されたグループの存在も認めている。彼女たち四人は，同性同年輩であり，クラスに入りづらいという共通の問題を抱え，行動を共にしていたという点から，チャム・グループを構成していたといえる。そこで以下では，まずチャム・グループの展開を考察し，次にグループの形成上の留意点について述べる。

　第1期（X年9月〜10月），友人関係による自己の傷つきをもつ四人が出会い，共鳴し合うことができた。彼女たちは，チャムとの出会いによって孤独感から免れ，急速に元気を回復し，むしろ羽目を外すほどまでになった。A，Bは自己の傷つきを言語化したが，C，Dは過呼吸という身体化で訴えた。

　第2期（X年11月），彼女たちは，別室を閉鎖されて居場所を失い，教室に入ることを強く勧められたことで，激しい怒りを示した。A，Bは怒りを言語化できたが，C，Dはリストカットの行動化で訴えた。こうした中で四人は，今の自分たちの気持ちを理解してくれない教師や親の非共感的対応に対する自己愛憤怒を共有し，同時にチャム・グループの凝集性を高めていった。

　第3期（X年12月），彼女たちは，保障された別室，換言すれば「自由にして保護さ

152　　第Ⅱ部　不登校の子どもへの多様な支援

れた空間」を得たことでしだいに落ち着いていった。そして，こうした安定した枠の中で，教師や親の非共感的対応に対する怒りを激しい口調で語った。ただし，この攻撃性は，第2期の現実ストレスからくる反応とは違って，過去の自己の傷つきに端を発するものだった。たとえば，「子どもの顔色を見ただけでも分かってくれるのが親」というAの言葉には，過去に共感的対応が得られなかったことに対する怒りが込められていた。また，Dは小学校時代のいじめによる深い心の傷つきを垣間見せ，当時の担任や親に対する怒りを露わにした。ただし，Dは言語化はあまりできず，リストカットは続いていた。この時期の彼女たちの関係は，AとBが言葉を通じて共鳴し合い，BがDを慰め，そしてBとDが黙ったままのCに身体接触をしていたわってあげていた。こうした支え合いのあるチャム・グループの中で，彼女たちはこれまで影に潜んでいた自己の傷つきと自己愛憤怒を吐き出していった。

　第4期（X＋1年1月～3月）の1月は，AとBが冷たい関係で対立し，Dは連続欠席し，グループのまとまりは弱まった。この時期，A，Bの教師批判はしだいに見られなくなった。Bが「私の心は工事中」と表現した頃から，A，Bは明るく前向きな心境に変化し，自分たちの態度を反省する様子も見せた。そしてAは，Bとの対立を契機にグループから浮いて大変辛い様子だったが，自分の性格をふり返る姿勢が出てきた。2月からDは登校し，AとDは過去のいじめによる自己の傷つきを率直に語り合った。3月になると吹っ切れたように，教師達と百人一首で盛り上がり，教師との関係修復に至った。同時に，グループは再びまとまりをもつようになったが，傷つきや怒りを共有するだけの関係ではなく，一人ひとりの個別性が出てきた。2年生の最後に書いた自由詩からは，彼女たちにとって友情がいかに大切なものであるかが伝わってきた。

　以上のチャム・グループの展開をまとめると，第1期は「自己の傷つきの共有」，第2期は「自己愛憤怒の共有」，第3期は「自己の傷つきおよび自己愛憤怒の表出」，第4期は「関係修復」というプロセスだった。なお，グループは第4期までで，第5期は個別的な展開となった。

　次に，チャム・グループの形成上の留意点について，以下の3点を指摘したい。

　第一に，チャム・グループの出発点では，これからグループとして交流することの確認を行い，構造化された場面設定を行うことが必要である。本事例でSCは，週1回50分間，四人と会うという面接構造を設定した。人は，同じ心理的傷つきをもつ者には真に理解してもらえるという気持ちからチャム・グループを求めるのであるが，それはやがて脱錯覚されてメンバーの脱落やグループの解体を招くことがある。そのため，構造化された枠がチャム関係の維持のためには必要である。

　第二に，心理的傷つきの再体験の場にならないように気をつけなければならない。

友人関係で傷ついた経験をもつ者だからこそ、グループの友人からの対応に過敏に反応して再び傷つく場合がある。また、各自が切実な感情に囚われているため、相手の気持ちに共感する余裕がなく、受容的に話を聞けない場合がある。本事例でもこのような状況が見られたので、SCがグループに介入したり個別面接でサポートしたりした。

第三に、相互の感情が共鳴し増幅されることによって逸脱を招かないように、適切に制限設定を考慮すべきである。本事例では、過呼吸が連鎖的に起こり、また躁的防衛のような大騒ぎをして周囲に迷惑をかけたり、激しい怒りから自傷行為を行うことがあった。チャム・グループで感情を共有することにより、瞬間的に怒りや悲しみの感情が過度に高まって、集団ヒステリー様の現象やアクティングアウト（行動化）を引き起こす可能性がある。

SCとして、少なくとも上記の3点に配慮しながらチャム・グループの展開に関わっていくことが必要である。

③ チャム関係とその支持的環境

まず四人の性格特徴とその相互関係について、次に教師・親・SCの支持的環境について検討する。

AとBの類似点は、攻撃的発言が多く、一方的に自分の話をし、自己顕示的で注目を惹こうとするところだった。他方、相違点については、Aは自分に一番関心があるため相手の気持への配慮がなかったり、皮肉や自慢話を言って周囲から浮いたりなど、Bよりも共感性に乏しい面が見られた。

事例の経過においてAとBは、教師・親に対する不満や友人関係で傷ついた気持ちを競い合って語り、共鳴していたが、その後気持ちのズレが生じて対立的になった。それは、Aの不用意な発言や自分中心の考えにBが苛つかされたこと、またBの教師への見方が好転し始めるにつれてAと気持ちを共有できなくなったことが関係していた。こうした中で、Aはグループの中で孤立感を感じ、自身の性格的問題を真剣に考え、自分を改めようとした。そして、百人一首のゲームにおいてはAの協調性が見られるようになった。

以上のように、AとBは、最初はグループの中で怒りや悲しみを言語化して共有したこと、次に対立的関係を経て互いに自分の性格的問題を振り返ったこと、こうしたチャム関係の体験がAとBのクラス復帰に効果的に働いたと考えられる。

Cは、一貫して無口で、表情を変えない、自己抑制的な性格だった。しかし彼女は、他の三人から温かく見守られかわいがられて、グループの中で居心地が良さそうだった。

Dは、小学校時代にひどいいじめを受けており、これを想起すると泣き崩れることがあった。Dの書いた詩には、繊細な感受性が示されていたが、それだけにいじめに

よる傷つきは大きかったと思われる。

　Dの心理的傷つきをよく知るBは，いつもDを慰めていた。C，Dは，言語化に乏しいため，過呼吸やリストカットなどの身体化と行動化によって共鳴し合っていた。Dがリストカットを始めるとCもリストカット起こすようになり，その後Dが少し言語化したり物を叩いて発散するようになってリストカットをやめると，Cのリストカットも治まった。言語化に乏しいC，DにとってA，Bが怒りや悲しみの否定的感情を語ることは，同じ気持ちを代弁してもらっていることになり，言語化に向けてのモデルとなった。つまり，C，Dの身体化や行動化が治まっていく過程には，チャム関係の中でのA，Bの言語化が良い影響を及ぼしたと考えられる。

　次に，彼女たちに関わった教師・親・SCの支持的環境について検討する。各担任は，彼女たちから避けられたり批判されたりしても，いつも明るく優しく声をかけて辛抱強く関わっていた。こうした各担任の地道な関わりによって，彼女たちの過去の否定的な教師イメージがしだいに払拭されていった。また多くの教師が，チャム関係の意義を理解した上で，彼女たちがいつも一緒に行動することを許してくれた。一方，親については，A，Bの親はSCとの数回の面接を通じて，子どもの傷ついた気持ちを理解しようという姿勢がみられた。しかし，C，Dの親は子どもの問題が深刻化するまで十分な対応をしなかった。3年生になってCは一時期抑うつ的になったが，SCから継続的な個別面接を受けたり，SCの母親面接を通して家族からの心理的支えが得られるようになると，しだいに元気になって進路にも意欲を出すようになり安定していった。Dは，担任が継続的な家庭訪問で関わることにより，母親との関係が改善され，将来への希望をもつようになった。以上のように，チャム関係の体験だけではなく，教師・親・SCの支持的環境も重要であった。

④ チャム関係における「同質性確認」と「自己修正」

　チャム関係の本質は，率直な自己開示を通じて相互の考えを照合し確かめ合う「合意による妥当性確認」にあるのだが，これには二つの側面があると考えられる。

　一つは，Sullivan（1953）がチャムは多くの要素が似ている相手，同類だという感じのもてる相手と述べていることと関係する。つまり，相互に自己開示して自分たちはよく似ていることを認識するという側面である。筆者はこれを「同質性確認」と呼ぶことにする。もう一つは，Sullivanが相手の目を通して自分を眺めるという新たな能力をもつようになり，自閉的かつ幻想的な考えを修正することが可能となると述べていることと関係する。つまり，自己開示を行う中で自分と相手の異質性が現れたとき相手に受け入れらえるように自分を変えるという側面である。筆者はこれを「自己修正」と呼ぶことにする。したがって，チャム関係の「合意による妥当性確認」という概念

は，「同質性確認」と「自己修正」の2側面から構成されていると考えられる。

この2側面から事例の経過を見てみると，第1期から第3期までは，彼女たち四人の間で「同質性確認」が行われ，第4期はA，Bにおいて「自己修正」が行われていた。彼女たちは最初，「私は人とは違う」という異質性に囚われて孤独感に陥っていたが，チャム関係を通じて「私とあなたは似ている」という「同質性確認」を得て，安心感をもつことができた。須藤（2003）は，特定の親しい友人に対して自由に自己開示し受容され共有された体験が自分に対する安心感や温和な感覚を得ることに繋がるということを質問紙調査で明らかにした。こうした感覚を基盤にしてA，Bは，互いの異質性と向き合いながらも，「あなたに自分を合わせよう」という「自己修正」を図ることができた。

ここで，「同質性確認」と関連する概念を提示する。「同質性確認」は，集団精神療法の治療的因子（Yalom & Vinogradov, 1989）の中の普遍性（universality）の概念と類似している。これは，問題の分かち合いによって他者も自分と同じような感情や問題をもつことを理解し，孤独感から免れ，安堵感をもつというものである。また「同質性確認」は，Kohut（1984）の自己心理学理論における分身自己対象（alterego selfobject）の概念と類似している。これは，他者を本質的に自分に似ていると思い込むことで安心するような体験を与えてくれる自己対象のことである。分身自己対象を得ることによって，他者の中に自分との共通項や接点を見つけ，人間存在の中に自分を確固と繋ぎ止め，自己存在の確認を行うことができる。

他方，「自己修正」の意義についてみてみる。一般的に友人関係の発達は，チャム段階からピア（peer）段階へと発展していくと言われている（保坂・岡村，1986）。ピアは，相互の異質性を尊重し受容できる関係性である。「自己修正」は，自分の自閉的かつ幻想的なあり方を脱し，相手に合わせて自分を修正していき，他者との間に内面的な共通の基盤をもつことである。ところが，このとき同時に，相手に合わせられない自分の独自性がクローズアップされることになる。このような独自性への気づきが，チャム段階からピア（pear）段階に移行する準備状態を作るのではなかろうか。

⑤ 自己愛パーソナリティ傾向の2タイプとチャム関係

Gabbard（1989）は，自己愛パーソナリティを無関心型と過敏型に分け，これらの特徴を各6項目で説明した。これに準拠するならば，A，Bは無関心型自己愛パーソナリティ傾向，C，Dは過敏型自己愛パーソナリティ傾向といえる。

A，Bは，自分の言動に対する他生徒の反応に気づかない，傲慢で攻撃的，自分中心でとにかく自分のことを理解してほしい気持ちが強い，一方的に自分の話をする，等の面が見られることから無関心型である。とくにAはその傾向が顕著である。

他方，C，Dは，抑制的，内気，目立とうとしない，周囲の話に敏感に注意を払う，何気ない一言で傷つけられたり恥ずかしがる，等の面が見られることから過敏型である。とくにDはその傾向が顕著である。

　彼女たちに友人関係の問題が発生した背景にはさまざまな要因が絡んでいるのはもちろんだが，このような自己愛パーソナリティ傾向の性格が周囲との軋轢を生んだ可能性が高いと考えられる。そして，チャム関係を通じて，このような性格がある程度変容したと推察される。

　無関心型のA，Bは，同じ悩みや感情を共有することで，チャム関係による「同質性確認」を行うことができた。そして，これを基盤として，その後の対立的関係を克服し，チャム関係による「自己修正」を行うことができた。なお「自己修正」は，相手の異質性に直面したからこそ行われるのだが，その異質性は関係を断絶しない程度の「適度の欲求不満（optimal frustration）」（Kohut, 1984）のレベルでなければならない。A，Bには，こうしたチャム関係の体験が効果的に働いて3年生からクラス復帰することができた。

　他方，過敏型のC，Dは，言語化よりも行動化で気持ちを訴えたが，心理的にはA，Bに同一化していたので，チャム関係による「同質性確認」を行うことができた。しかし，異質性に向き合うことができなかったため，チャム関係による「自己修正」は起こらなかった。そして3年生になって，SCと担任が本人と親に個別的に関わる中でC，Dの状態像と親子関係は改善していった。C，Dは過敏型ゆえに率直な自己表現が難しく，安心できる個別的な関係性が必要だったと考えられる。

　鍋田（1991）は，青年期の神経症者を対象に構成化されたグループを実施し，チャム関係の体験の有効性を検討した。チャム関係の体験は，友人間での現実的な対象関係の獲得の混乱に対しては発達促進的な効果があったが，深い内的な問題や家族間の問題に対してはあまり効果がなかったと結論づけた。この見解を本事例に適用してみると，C，DはA，Bに比べて内的な問題や家族間の問題が大きかったことから，チャム関係の体験だけでは顕著な効果がみられなかったのかもしれない。3年生時にC，Dに対して個別面接と保護者面接を行ったことによって顕著な改善が見られたことから，こうしたタイプの生徒にはチャム関係の体験に加えて個別的な関わりが必要だと考えられる。

　したがって，チャム関係の体験は，無関心型自己愛パーソナリティ傾向の生徒においては特に有効である。他方，過敏型自己愛パーソナリティ傾向の生徒の場合は率直な自己表現が抑制されているので，安心できる個別的関わりが必要である。また，内的な問題や家族間の問題が大きい生徒においては，チャム関係の体験に加えて個別面

接や保護者面接など個別的な関わりが必要である。

要　約

　本研究では，スクールカウンセリングにおいて，不登校傾向の中学2年生女子四人に対してグループ面接を行った事例を提示した。彼女たちは，小学校時代にいじめを受けた経験から自己の傷つきをもち，周囲の友人に脅威と被害感を抱き，クラスを回避していた。そこで本章の第1の目的は，同じ悩みをもつ同性同年輩の親密な友人関係，すなわちチャム関係が，自己の傷つきの修復にとっていかに有効であるかを検討することとした。第2の目的は，彼女たちのうち，二人には無関心型自己愛パーソナリティ傾向，他の二人には過敏型自己愛パーソナリティ傾向が見られたが，こうしたタイプの違いによってチャム関係の体験はどのように影響するのかを検討することとした。考察では，チャム関係の体験を通じて，同じ感情を共有して同質性を確認するとともに，自分の性格や態度をふり返って自己修正を図るという「合意による妥当性確認」が効果的であることが明らかになった。また，チャム関係の体験は，無関心型の生徒にはとくに効果があったが，過敏型の生徒にはこれに加えて個人面接と家族関係の調整が必要であることが示唆された。

◉文献

Bachar, E., Canetti, L., Bonne, O., Kaplan De-Nour, A., & Shalev, A.Y. (1997). Pre-adolescent chumship as a buffer against psychopathology in adolescents with weak family support and weak parental bonding. Child Psychiatry & Human Development, 27 (4), 209-219.

Chapman, A.H. & Chapman, M.C.M.S. (1980). Harry Stack Sullivan's Concepts of Personality Development and Psychiatric Illness. (山中康裕 (監修), 武野俊弥・皆藤章 (訳) (1994). サリヴァン入門——その人格発達理論と疾病論. 岩崎学術出版社)

古市裕一 (1991). 小・中学生の学校嫌い感情とその規定要因. カウンセリング研究, 24 (2), 123-127.

Gabbard, G.O. (1989). Two subtypes of narcissistic personality disorder. Bullitin of the Meninger Clinic, 53, 527-532.

保坂亨・岡村達也 (1986). キャンパス・エンカウンター・グループの発達的・治療的意義の検討——ある事例を通して. 心理臨床学研究, 4 (1), 15-26.

池田博和・吉井健治・桐山雅子・長野郁也・石田智雄・長峰伸治 (1992). 不登校生徒の合宿体験——「ヨコ体験」合宿のこころみ. 名古屋大学教育学部紀要 (教育心理学科), 39, 45-61.

Kohut, H. (1984). How does Analysis Cure? The University of Chicago Press. (本城秀次・笠原嘉 (監訳), 幸順子・緒賀聡・吉井健治・渡邊ちはる (共訳) (1995). 自己の治癒. みすず書房)

Mannarino, A.P. (1976). Friendship patterns and altruistic behavior in preadolescent males. Developmental Psychology, 12 (6), 555-556.

文部科学省 (2001). 不登校に関する実態調査. 平成5年度不登校生徒追跡調査報告書.

鍋田恭孝 (1991). 構成化したエンカウンター・グループの治療促進因子について——思春期の神経症状態とくに対人恐怖症および慢性不登校児に対する治療を通じて. 集団精神療法, 7 (1), 13-20.

永井洋子・金生由紀子・太田昌孝・式場典子 (1994). "学校嫌い"からみた思春期の精神保健. 児童青

年精神医学とその近接領域，35（3），272-285.

長尾博（1997）．前思春期女子のchum形成が自我発達に及ぼす影響——展望法と回顧法を用いて．教育心理学研究，45（2），203-212.

西村則昭（2000）．二人の別室登校の女子中学生——スクールカウンセリングの境界性と社会性．心理臨床学研究，18（3），254-265.

須藤春佳（2003）．前青年期の「chumship体験」に関する研究——自己感覚との関連を中心に．心理臨床学研究，20（6），546-555.

Sullivan, H.S. (1953). The Interpersonal Theory of Psychiatry. 中井久夫・宮﨑隆吉・髙木敬三・鑪幹八郎（共訳）（1990）．精神医学は対人関係論である．みすず書房.

友久久雄・足立明久・松下武志・忠井俊明・林徳治・内田利広・中島文・児玉龍治（1997）．学校不適応行動の本態解明とその対応について——不登校前行動をとおして．京都教育大学紀要，90, 53-69.

Yalom, I.D & Vinogradov, S. (1989). Concise Guide to Group Psychotherapy. (川室優（訳）(1991)．グループサイコセラピー——ヤーロムの集団精神療法の手引き．金剛出版)

吉井健治（2003）．不登校におけるチャム形成の研究——先行研究からの検討．鳴門教育大学研究紀要，18, 77-86.

第5章

不登校とチャム

第1節 ● チャムに関する先行研究からの検討

1. 不登校における友人関係の要因

　平成14年度学校基本調査によれば，不登校は小学生が約2万7,000人，中学生が約11万2,000人，計13万9,000人であり，これらの割合は小学生が275人に1人（0.36%），中学生が36人に1人（2.81%）となり，30日以上の欠席者を調査し始めた平成3年度以降過去最多となった。不登校現象はさまざまな要因が複合しているため，こうした毎年の増加についての明解な解釈は難しいが，以下の調査結果からは友人関係の要因が大きく影響していることがうかがえる。

　「不登校に関する実態調査」（文部科学省，2001）では，平成5年度に「学校ぎらい」を理由に年間30日以上欠席し中学校を卒業した者を対象に追跡調査を行い，1,393人の回答を得た（有効回収率42.1%）。その結果，不登校のきっかけは，「友人関係をめぐる問題」が男子の44%，女子の57%，全体で45%と最も多かった。なお，以下は「学業の不振」（28%），「教師との関係をめぐる問題」（21%）と続いていた。また，友久ら（1997）は，小・中学生の不登校158ケースの各担任に調査を行い，不登校前の性格特徴として「自分を表に出そうとしない」，また不登校前の行動特徴として「友人が少なかった」が最も多かったという結果を示し，不登校前の子どもが友人関係で自己表出や自己主張を抑制している姿を明らかにした。

　一方，一般生徒を対象にした学校嫌いの調査研究においても，友人関係の問題が指摘されている。古市（1991）は，小・中学生を対象に，学校嫌い感情に及ぼす諸要因（性格特性と適応傾向における諸要因）の相対的重要性を調べたところ，小学生女子と中学生は友人関係上の不適応から学校嫌い感情をもつようになる傾向が強いことを明らかにした。また，永井ら（1994）は，小・中学生および高校生を対象とした調査から，学校嫌いは受験や勉強の悩みとは強い関連がみられず友人関係や家族関係の項目と強く関連することを明らかにした。

161

以上の研究は友人関係の問題が不登校の契機や現状と密接に関係することを示していたが，実は不登校からの回復においても友人関係は重要な要因となる。たとえば，不登校生徒の合宿（池田・吉井ら，1992），フリースクール（吉井，1999，本書第Ⅱ部第2章），適応指導教室，そしてスクールカウンセラーによる別室登校グループなどにおいて，不登校の生徒同士の友人関係を通じて多くの子どもたちが肯定的な心理的変化を遂げている。この友人関係の意義は，不登校の生徒同士が互いの境遇を理解し合い気持ちを共有し合う点にある。

したがって，不登校の契機および現状においても，不登校の回復においても友人関係の要因は重要である。さらに，不登校の予防という面からも現代の子ども達の友人関係のあり方（不登校の誘因）を検討することは意義がある。

そこで本節では，子どもの心理的適応における友人関係の重要性を指摘しているSullivan（1953）の理論を取りあげ，前青春期における同性同年輩の親友「チャム（chum）」に関する先行研究を概観し，その問題点を検討した上で，不登校の子どものチャム形成に関する研究のための基本的課題を提示する。

2. Sullivanの発達論における前青春期のチャムについて

Sullivan（1953）は，パーソナリティの発達段階を，幼児期（infancy），小児期（childhood），児童期（juvenile period），前青春期（preadolescence），青春期前期（early adolescence），青春期後期（late adolescence），そして成人期（adulthood）とした。

前青春期の始まりは，児童期において自分に似た者を遊び友達として求めていた状態を脱して，水入らずの相手または大の親友といった年齢のちかい同性の特定の一人への関心がうまれる時からである。Sullivanはこの同性同年輩の親友をチャムと呼んだ。そして前青春期は，次の発達段階，すなわち第二次性徴が始まり，情欲（lust）が現れる青春期前期を迎えることで終わる。

前青春期の特徴は対人的親密欲求の顕在化にあるが，この親密性（intimacy）は，性愛的なものではなく，自分自身と同じくらい大切な親友であるチャムの幸福に貢献しようという対人関係のあり方である。これは最初は，多くの要素が似ている相手，同類だという感じのもてる相手との間において始まる。

子どもは，誰にも話さなかったことでもチャムには話せるようになり，初めて自由に自分自身を表現するようになる。そして子どもは，児童期において自分だけにしか通用しない独りよがりの幻想的な考えをもっていたところから，前青春期において自分が相手に接近し相手の目を通して自分を眺めるという新たな能力を持つようになり，そうした自閉的かつ幻想的な考えを訂正することが可能となる。Sullivanは，チャム関

係において率直な自己開示を通じて相互の考えを照合し確かめ合う行為のことを「合意による妥当性確認（consensual validation）」と呼んだ。これを通じて子どもは，共通の人間性が他者の中にも存在してることを認めることができるようになるとともに，現実の世界が一つの共同体であることに気づくのである。

　チャムは本来二人組の関係だが，組同士が相互に関心をもつことで連結されたり，ある子どもが他の子ども達のモデルになって連結されることもある。また，そうした中でオピニオン・リーダーがうまれ，これを中心に集団が固く結びつくこともある。

　チャム関係の成立において重要な要因は，関係の適合性，関係の強度，関係の持続性である。関係の強度が非常に高い場合，この関係に止まって先へ展開しないのではないかとか，同性愛に行き着くのではないかという懸念がもたれることがあるが，Sullivan は，前青春期に同性愛的に戯れていたチャム・グループで後に同性愛になった者はおらず，むしろこれに参加しなかった者にその後実際に同性愛になった者がいるという一例を挙げて反論した。

　Sullivan は，前青春期のチャム関係を通じたパーソナリティ変化の可能性を強調している。自己中心的な子ども，自信過剰の子ども，孤立的な子ども，無責任な子どもなどある歪みをもつ子どもにおいて，チャム関係が形成されるならば，こうした歪みに関して妥当性確認が行われ，親友の目を通して自分自身をみつめるようになり，修正的に働くのである。これは，卓越した才能で目立っている子ども，知能が優れ教師に高く評価される子ども，身体的な病気のため遅れをとっている子どもなどについても，自分だけ他の人と異なっているということからくる不安や，幻想的な否定的感情に対して修正的に働くのである。さらには，非常に重大で多くの欠点をもつ子どもが後に重症の精神障害に陥るのを免れるほど前青春期のチャム関係は重要である。こうした変化の可能性が大きいゆえに前青春期における精神療法の可能性は大きいのである。

　Sullivan は，発達段階の時期のずれによる問題を指摘している。前青春期にまだ至らない子ども，言い換えればチャムをもちたいという欲求がない子どもは，同世代から遅れてその欲求をもった場合，年下の者とチャム関係を形成するかもしれない。あるいは，むしろこちらの方が多いだろうが，青春期の者と前青春期的な関係をつくるかもしれない。とくに後者については，同性愛的な生き方，少なくとも両性愛的な生き方の成立と深く関係してくる。また，前青春期で約 2 年間長く停滞するようなタイプがある。

　前青春期に関する記述の最後に Sullivan は，孤独感がその全貌を現すのは前青春期においてであるという。そして，人は孤独感の下ではたとえ激しい不安を起こしてでも仲間を求めるが，それは孤独が不安よりもっと恐ろしいからであるという。

第 5 章　不登校とチャム　　163

以上のようなSullivanの前青春期の理論に対して，ChapmanとChapman（1980）は以下の3点を理由に異論を述べた。第一に，子どもの発達に関する調査や臨床事例において，Sullivanの前青春期の概念を支持するような証拠が見出せない。第二に，Sullivanはひとりっ子として農村で寂しく孤独のうちに児童期までを過ごしたが，その後の2，3年間は彼が前青春期と呼ぶところのものとよく似た時期を過ごしたことから，彼自身の個人的経験からの概念の提唱ではないか。第三に，Sullivan自身が晩年には前青春期をそれほど強調しておらず，親密性の始まりを2，3年遅らせて青春期前期に組み込んでいる。ChapmanとChapman（1980）は以上の点を指摘し，「相手が自分自身と同じくらい自分にとって大切なものとなる親密性の感情は，児童期後期から発達を始めるだろう。だがそれが十分に成熟するのは青春期および成人期においてである」と，前青春期の概念の修正について述べた。

3．チャムに関する先行研究

① チャムに関する調査研究

　Mannarino（1976）は，Sullivan（1953）の理論に基づき，前青春期の男子を対象にチャムの有無と愛他的行動との関係を調べた。チャム関係は，親密性を発展させるだけでなく一般的な愛他性を高めるという仮説をたて，これを質問紙と実験から検証した。被験者は小学6年生男子で，チャム有り群30人とチャム無し群30人を比較した。なお，両群の知能（IQ）および社会的評価（ソシオメトリック・テスト）に違いはなかった。チャムの有無の基準は，①親しい友人を三人挙げてもらい，その第1位の者が2週間後の再調査でも第1位または第2位に再び挙げてあること，②チャムチェクリスト（表1）の17項目のうち10項目が該当すること，③先の最も親しい友人と自由時間を過ごしたいと回答すること，の3点全てを満たすことだった。結果は，チャム有り群はチャム無し群よりも，愛他性尺度の得点が有意に高く，また実験（囚人ジレンマゲーム）でも愛他的行動が有意にみられた。このことから，チャム関係は一般的な愛他性および愛他的行動を高めると結論づけられた。

　またMannarino（1979）は，前青春期の女子（小学5，6年生）についてもチャムの有無と愛他的行動との関係を調べた。方法は，最も親しい友人に関して相互選択されているかどうかをチャムの基準に追加したこと以外は全て同じだった。結果は先の研究と同様であり，チャム関係からうまれた思いやりが見知らぬ一般の人々にも広がっていく可能性が示唆された。

　さらにMannarino（1978）は，チャムの有無と自己概念との関係について調べた。Sullivanのいう「合意による妥当性確認」の過程で，子どもはチャム関係の親密性と相

表1　Mannarino（1976）のチャムチェックリスト

あなたの今の身のまわりに次のような友だちはいますか。

1. 修学旅行のバスの中でとなりの席にすわりたい友だちがいる。
2. おとなになったら何になりたいと話し合える友だちがいる。
3. 自分の家に来てとまる友だちがいる。
4. 朝，いっしょに登校する友だちがいる。
5. かわるがわるリーダーとなるようなゲームをいっしょにする友だちがいる。
6. 勉強がおくれたら助けてあげたい友だちがいる。
7. 夏休みなどにいっしょに旅行や遠くへ行きたい友だちがいる。
8. ドッヂボールやソフトボールなどいっしょに遊べる友だちがいる。
9. 異性のことをおたがいに話す友だちがいる。
10. 自分とほとんど好みがいっしょの友だちがいる。
11. おたがいの親のことを話せる友だちがいる。
12. 宿題のことで家へ電話し合う友だちがいる。
13. たとえばゲームがじょうずでなくても敵方ではなく同じチームにしたい友だちがいる。
14. 誰にもいえない秘密をおたがいに知っている友だちがいる。
15. いっしょにビデオを見たり，ファミコンをする友だちがいる。
16. 悪いことをしていたら，そのことが悪いことだと指摘したい友だちがいる。
17. 誰かにいじめられていたら助けてやりたい友だちがいる。

＊ Mannarino（1976）のchumchecklistを，長尾（1997）が邦訳（一部修正）したものである。

互性によって自分の考えや情報を率直かつ自由に交換するようになり，そして自分の考えは他の人の考えと似ていることを実感できるようになる。それゆえ，自分に似た態度，関心，気持ちをもつチャムとの関係を通じて，子どもの自己価値の感覚は大きくなると考えられる。このようなSullivanの理論的観点から，前青春期においてチャムをもつ者はチャムをもたない者よりも肯定的な自己概念を示すという仮説をたてた。被験者は小学6年生男子で，チャム有り群30人とチャム無し群30人だった。チャムの有無はMannarino（1976）と同様の基準で判定された。自己概念の測定尺度は80項目からなり，得点が高いほど肯定的な自己概念をもつというものであった。結果では，チャムをもつ者はチャムをもたない者より肯定的な自己概念をもつことが明らかにされた。考察では次のように説明された。前青春期の二人の子どもが率直に意思疎通するとき，子どもは考えや感情をチャムと共有していることが分かり，おそらく生涯ではじめて人々のもつ共通の人間性を認め始める。もはや自分の考えが全く独特あるいは特異なものとは認知しなくなり，自分のパーソナリティに関する不確実さを解決す

第5章　不登校とチャム　　165

ることが可能になる。

　Ursanoら（1987）は，社会経済的背景の異なる青年の2集団において前青春期のチャムの有無に違いがあるかどうかを調べた。第1群はU. S. Air Force basic military trainingを受ける2,886人（23.9%が女性），第2群はU. S. Air Force Academyの1,141人（12.7%が女性）で，両群の被験者の年齢範囲は17歳〜23歳だった。社会経済的背景に関する項目は，人種，学歴，婚姻状況，そして主たる家計支持者の学歴・職業だった。チャムに関する質問項目は，Sullivanの理論やMannarinoの研究に基づいて作成されたが，異性のチャムを想定している点が違っていた。「あなたは，小学3年生から6年生（8歳6カ月〜11歳）の間，他の人に話すことができないことを話したり，いろいろなことをしたり，いろいろなことを教え合ったりする，特別の友人がいましたか？」に対して，「はい」または「いいえ」で答え，チャムがいた場合はその性別を答えるというものだった。その結果，同性のチャムがいた者は全体の約70%（第1群では男性65.7%，女性72.0%，第2群では男性70.2%，女性71.4%），チャムがいなかった者は全体の約20%（第1群では男性23.3%，女性20.4%，第2群では男性26.4%，女性17.1%），そして異性のチャムがいた者は全体の約10%だった。また，社会経済的背景の要因との関係において統計的に有意差がみられたのは，第1群でチャムがいなかった男性が高学歴だったこと，第2群で女性よりも男性にチャムがいなかった割合が高かったこと，の2点だけだった。さらに，異性のチャムに関しては，全体の約10%が異性のチャムを挙げていたが，異性のチャムを挙げる者が低い学歴（第1群の場合）や低い社会経済的地位（第2群の場合）と関連しているという結果が得られた。

　Lustigら（1992）は，親の離婚を経験した子ども117人（8歳〜15歳，平均年齢11.5歳，58%が女子）を対象に，親の離婚による否定的な影響（ストレスのあるライフイベント）に対して，チャムからのサポートがバッファー（緩衝）となるかどうかを検討した。チャムの基準は，関係の親密さ，安心感，安定性に関する2項目で測ったものと，年齢差2歳以内の同性であった。質問紙では，ソーシャルサポート，親の離婚を経験した子どものストレス，適応問題（抑うつ，顕在性不安，攻撃性）に関する測定尺度が用いられた。主な結果としては，子どもの年齢による違いが見られた。年齢については年長群と年少群に分け（平均年齢の1SD以上・以下を基準，つまり年長群は13.7歳以上，年少群は9.3歳以下），またチャムからのサポートの高い群と低い群に分け，これら2要因と適応問題との関係を調べた。すると，年少群の場合はチャムからのサポートの高低にかかわらず適応問題に違いは見られなかったが，年長群の場合はチャムからのサポートの高い群が低い群よりも適応問題が有意に少ないという結果が得られた。そこで考察では以下のように述べられた。こうした年齢による差異は，認知的・社会的・パーソナリ

ティの領域における成熟のレベルの違いを反映しているのではないか。年長群は，チャムから適切なサポートを要求したり，得られたサポートを活用したりすることにおいて，年少群よりも熟達しているのかもしれない。またアイデンティティの発達につれて，友人関係を維持することが重要になったり，家族からの心理的分離の要求とともに親密な自己開示が顕著になってくるからかもしれない。したがって，親の離婚の経験に際して，年少群（9.3歳以下）よりも年長群（13.7歳以上）において，チャムからのサポートが適応問題の生起に対するバッファーとなる可能性が示唆された。

　Bacharら（1997）は，高校生831人（男子355人，女子476人，平均年齢16.7歳）を対象に，前青春期のチャムの有無が，家族関係の要因とも関係しながら，後の青年期の心理的問題にどのように影響するのかを調べた。チャムの有無に関する質問項目は，「あなたは，小学3年生から6年生の間に，一緒に何かをしたり，個人的なことを話したり，他の人には話さないような秘密を共有したりする，非常に親しい特別の友人がいましたか？」，「この特別な友人関係はどのくらいの期間続きましたか？」であった。この特別の友人がいて6カ月以上続いた場合はチャム有りとし，特別な友人がいなかったあるいはいたけれども数週間しか続かなかった場合はチャム無しとしたところ，チャム有り群が676人（81.3％），チャム無し群が155人（18.7％）となった。そして，チャムの有無と親子関係のタイプをクロスさせて，現在の精神症状（「Brief Symptom Inventory」：強迫，抑うつ，不安などの9領域の症状について自己報告）および一般的健康度（「General Well-Being Scale」）について比較した。なお，親子関係の尺度（「Parental Bonding Instrument」）は，子どもの認知した親子のアタッチメントの性質を測定する尺度であり，保護（care）と統制（control）の2次元から4タイプに分かれる。保護も統制も低い場合を「脆弱な結合（weak parental bonding）」，保護は低いが統制は高い場合を「愛情欠落の統制（affectionless control）」，保護は高いが統制は低い場合を「適度な結合（optimal bonding）」，保護も統制も高い場合を「愛情のある束縛（affectionate constraint）」とした。その結果，親子関係が「脆弱な結合」タイプにおいてのみ，チャム無し群はチャム有り群よりも，精神症状の得点が有意に高く，また一般的健康度の得点が有意に低かった。つまり，前青春期において，親の保護も統制も低いと子どもに認知され，同時に子ども自身がチャムをもたなかった場合，後の青年期において精神症状が現れやすいとともに一般的な健康度が低くなるということが明らかにされた。したがって，親の子どもへの関わりが希薄で，親子の絆が弱いとしても，子どもが家族外でチャム関係を経験することは，後の青年期で心理的問題を起こさないためのバッファーとなる可能性があることが示された。

　Bagwellら（1998）は，前青春期における仲間からの排斥（peer rejection）やチャムの

有無が，成人期の適応の予測因となるかどうかについて縦断的研究法を用いて調べた。最初の調査で，小学 5 年生 334 人（男子 175 人，女子 159 人，平均年齢 10.3 歳）の中から，以下の基準により，チャム有り群 58 人とチャム無し群 55 人が選ばれた。5 年生時にソシオメトリック・テストを 2 回実施し，各回に親しい同性の友人を三人あげてもらった。そして 2 回とも第 1 位に親しい友人として相互選択がされた場合これらの子どもはチャム有りと見なし，他方全く相互選択がなかった場合その子どもはチャム無しと見なした。また，ソシオメトリック・テストにより，被排斥の得点も測定された。それから 12 年後の追跡調査で，研究への協力を承諾したチャム有り群 30 人とチャム無し群 30 人（両群とも男性 15 人，女性 15 人）の計 60 人（平均年齢 23.2 歳）が最終の対象となった。追跡調査の事項は，①生活状況，②認知されたコンピテンス，③精神病理学的症状，④対人関係のコンピテンスと友人関係の質，⑤前青春期の友人関係の質に関する回顧的報告だった。その結果，前青春期において被排斥が小さいことが成人期の適応をかなり予測していたり，前青春期にチャムをもつ者は成人期の一般的な自己価値が高かったなど，チャムおよび仲間からの排斥は成人期の適応的な発達に大きく関係することが明らかにされた。

　長尾（1997）は，前青春期におけるのチャムの有無がその後の自我発達に及ぼす影響について，展望法（prospective method）と回顧法（retorospective method）を用いて調べた。対象は全員女性で，前青春期の小学 6 年生女子 76 人，青年期については中学 1 年生女子 58 人，高校 2 年生 93 人，短期大学 2 年生女子 15 人，そして中年期女性 63 人（40 歳から 59 歳までで平均年齢 46.75 歳）だった。前青春期におけるチャムの存在については，Mannarino（1976）のチャムチェックリストを邦訳したもの（日本の実情にふさわしいように一部修正された）を用いて得点化された。その結果，前青春期のチャムの存在は，青年期の自我発達上の危機状態に強く影響を及ぼすことが明らかにされた。具体的には，小学 6 年生が青年期を展望した場合，前青春期にチャムのいない女子は，青年期を迎えるに当たって自信がなく（「自己収縮」得点），心を開いて話せる友人ができないのではないかという不安が強く（「自己開示対象の欠如」得点），悩みやすく（「精神衰弱」得点），閉じこもった生活を過ごすのではないかという不安が強い（「閉じこもり」得点）ということが示された。本研究の問題点および今後の課題として，具体的にチャム形成上のどのような要因が自我発達上の危機状態に影響を及ぼすのかが明らかにされていないとし，とくに学校環境や地域のどのような点がチャム形成を促しているのか，またチャム形成上の何が自我発達に重要であるのかについて明らかにする必要があると述べられた。

　大久保（2002）は，チャム，母親に対する肯定的感情，内的原因帰属（Locus of Control），

適応問題（全般的ストレス反応と摂食障害傾向の2側面）における関係を調べるために，女子短期大学1年生116人に調査を行った。チャムについては，Mannarino（1976）を邦訳し部分修正した長尾（1997）を参考にして作成された。結果においては，被験者が小学5年時，中学2年時，高校2年時のそれぞれを回顧した場合のチャム得点は，年齢が高くなるにつれて有意に増大することが明らかにされた。また，各時期において，チャム得点は，母親への感情とは関係がなかったが，内的原因帰属とは有意な正の相関があることが明らかにされた。さらに，各時期のチャム得点は，現在の全般的ストレス反応および摂食障害傾向とは何ら関係がみられなかったが，この点については理論的仮説と異なっているので検討が必要であろうと結ばれた。

2 グループ・アプローチの研究におけるチャム

グループ・アプローチの研究で，チャムの概念を用いて考察した2例を以下に提示する。

鍋田（1990）は，青年期の神経症者（広義の対人恐怖，離人症状，不登校など）を対象に，「親密なる出会いと一体感」の因子が効果的に働くように構成された3日間の集中的グループ・ワークを実施した。その結果，精神症状の変化をみると，25例中2例を除いて良い効果が得られた。そこで鍋田は，グループ体験が学童期への退行を促進させ，そして健康な学童期的な集団の再体験が行われたと考察し，Sullivanの前青春期のチャムの意義を強調した。鍋田は，「彼らは健康な形での社会的自己の内面化に失敗していたものであり，その原因は，学童期を家族内での幼児的な一体感や万能感を抱いたまま通過してしまったために，思春期の相互的な関係性，対立的な関係性を健康な形で身につけられなかったことによる。彼らは，この幼児的な一体感や万能感をグループの中で再び体験することで元気になったものと考えることができる」と説明した。

保坂・岡村（1986）は，大学生を対象とするキャンパス・エンカウンター・グループの研究において，メンバーのグループ経験を友人関係の視点から捉え，gang-group，chum-group，peer-grouop というグループ・プロセスにおける三つの位相を提言した。chum-group の位相は，「内面的な互いの類似性の確認による一体感（凝集性）を特徴とする。グループでは，お互いの子どもの頃の経験など似たような体験を語り合って共感し合うような状態である」とした。また，この位相は友人関係の発達に対応しているとして，発達段階としての chum-group は「中学生あたりによく見られる仲良しグループである。このグループは，興味・趣味やクラブ活動などで結ばれ，互いの共通点・類似性を言葉で確かめ合うのが基本となっている。Sullivan のいうチャムは，こうしたグループの中から生まれた，つねに行動を共にするほど特別に親密な友人，を指してると考えられよう」と述べた。他方gang-group は，外面的な同一行動による一体

感（凝集性）を特徴とする位相であり，発達段階の面では，小学校高学年頃，親からの分離－個体化の時期に現われる徒党集団であるとした。またpeer-grouopは，互いに自立した個人としての違いを認め合う共存状態を特徴とする位相であり，発達段階の面では，高校生以上において互いの価値観や理想，将来の生き方などを語り合う関係であり，そこには共通点や類似性だけでなく異質性を認め合う関係があるとした。

4．先行研究の検討および今後の研究上の課題

① チャムに関わる発達段階

　前青春期の年齢について，Ursanoら（1987）およびBacharら（1997）は8歳6カ月から11歳まで，鍋田（1990）は8歳頃から11歳頃まで，長尾（1997）は小学4年生から小学6年生までと明示していた。一方，年齢を明示してはいないが，調査上の対象年齢については，Mannarino（1976，1978，1979）は小学5，6年生を対象とし，Bagwellら（1998）は回顧法により小学5年生時を想起させていた。これらを総合すると，チャムに関する先行研究の対象年齢は8歳6カ月から12歳までであり，また実際の調査上の対象年齢は主として小学校高学年（5，6年生）であった。

　ところが，Lustigら（1992）は8歳から15歳を調査し，また保坂・岡村（1986）はgang-groupおよびpeer-groupとの対比からchum-groupが中学生あたりにみられると考察していた。これらは前述した年齢の範囲を超えているが，どのように考えればよいのだろうか。

　ChapmanとChapman（1980）によるSullivan理論のまとめを参照すると，「前青春期にいたる年齢は人によりまったく異なるとSullivanは考えている。それは早ければ8歳6カ月，遅くとも11，12歳に始まり，その持続期間も数カ月から2～3年にわたる幅があるとされている。そしてそれは，身体的な性の成熟が始まり生殖器にまつわる性的感情，すなわち性器的性感情が高まり始めた時期に終局する」とある。この見解に忠実に基づいて，最も遅れた前青春期の期間を見積もると，12歳に始まって3年間続いた場合は15歳までとなり，中学生を含むことになる。またChapmanとChapman（1980）が，前青春期の概念の修正として，「親密性の感情は，児童期後期から発達を始めるだろう。だがそれが十分に成熟するのは青春期および成人期においてである」と提言しているように，チャムを12歳以降にも拡張することが可能だと思われる。さらに，筆者の心理臨床経験では，Sullivanのチャムの概念と現実の中学生の同性同年輩の友人関係は本質的によく似ているという印象を抱いており，チャムを中学生にまで広げることはよく現実を反映していると思われる。

　したがって，チャムに関する研究の対象年齢は8歳6カ月から15歳までとし，また

実際の調査上の対象年齢は小学校5年生から中学3年生までとするのが，妥当ではないかと考えられる。

ただし，前述したように，前青春期は「性器的性感情が高まり始めた時期に終局する」のであり，やはり小学校高学年がチャム形成の重要な時期，換言すればチャムの基礎づくりの時期あるいはチャムの敏感期であることは間違いない。筆者の心理臨床経験では，小学校高学年で受けたいじめや友人との軋轢が，現実的には解決しているにもかかわらず，中学生になって自己像の中で再燃したことにより，友人の言動を被害的に受け取り，友人を回避して不登校や別室登校を起こすケースが比較的多くみられる。これは，小学校高学年時の「チャム基礎形成期」におけるつまずきが中学生時の「チャム展開期」に否定的影響を与えていると解釈できるかもしれない。

② チャムの基準

先行研究におけるチャムの測定基準について表2に整理した。

Mannarino（1976）は，Sullivan の理論に基づいて，以下の三つの基準からチャムをとらえた。①最初に親しい友人を三人挙げてもらい，2週間後に再調査を行った。最初に第1位に選んだ友人が再調査で第1位または第2位に挙げてあればチャム有りとした。②友人の要求や関心に敏感に反応し，友人と正直に意思疎通しているかどうかという観点からチャムチェックリスト（表1）を作成した。なお，尺度の内部一貫性による信頼性は高かった。③自由時間を先の最も親しい友人と過ごしたいかどうかを尋ねた。

これら三つの基準は，Mannarino（1976, 1978, 1979）は明確化していないのだが，Sullivan がチャム関係の成立においては関係の適合性，関係の強度，関係の持続性という要因が重要だと考察したことに基づいていると推察される。つまり，前述した基準①は関係の持続性，②は関係の適合性，③は関係の強度に関係していると思われる。

その後，Mannarino（1976）のチャムチェックリストを用いた研究には長尾（1997），大久保（2002）があるが，これを邦訳し一部修正しただけであり，尺度の信頼性および妥当性の検討は行っていなかった。今後，日本の実態に適合したチャム測定尺度の開発が必要だろう。

回顧的方法を用いた研究をみると，Ursano ら（1987）は17歳から23歳の者を対象にに小学3年時から小学6年時の間を，Bachar ら（1997）は高校生を対象に小学3年時から小学6年時の間を，長尾（1997）は中学生，高校生，大学生，中年期の者を対象に小学6年時を，大久保（2002）は大学2年生を対象に小学5年時，中学2年時，高校2年時の三つの時期を想起させ回答させていた。こうした回顧的方法を用いる場合，時間経過による過去情報の変性の影響を考慮しなければならないのはもちろんのことである。チャムに関する研究においては，友人関係の質的な発達的変化（たとえば楠見・狩

表2 チャムに関する先行研究における対象、研究法、チャムの基準

著者（発表年）	分析の対象となった年齢・性別・人数	研究法	チャムの基準
Mannarino (1976)	小学6年生の男子、チャム有り群30人、チャム無し群30人	現在	①親しい友人を3人挙げ、その第1位の者が2週間後の再調査で第1位または第2位に挙げられること、②チャムチェックリストの17項目中10項目以上に該当、③最も親しい友人と自由時間を過ごしたいかどうか、の3点から。
Mannarino (1978)	小学6年生の男子、チャム有り群30人、チャム無し群30人	現在	Mannarino (1976) と同じ。
Mannarino (1979)	小学5・6年生の女子、チャム有り群32人、チャム無し群32人	現在	Mannarino (1976) と同じ。ただし、2者間の相互選択を考慮した。
Ursano et al. (1987)	年齢の範囲17歳～23歳の男女。U.S. Air Force basic military training を受ける2,855人（男性2,173人、女性682人）、the U.S.Air Force Academy U.S.Aの1,109人（男性969人、女性140人）	回顧法	質問項目「小学3年生から6年生（8歳6カ月～11歳）の間、他の人には話すことができないことを話したり、いろいろなことを教え合ったりする、特別の友人がいましたか？」に回答させた。異性のチャムも含めた。
Lustig et al. (1992)	親の離婚を経験した8歳～15歳の男女117人（58%が女子）	現在	親密さ、安心感、安定性について2項目で測定した。同性かつ年齢差2歳以内とした。
長尾 (1997)	小学6年生女子76人、中学生女子93人、高校生女子58人、女子短期大学2年生女子15人、中年期女性63人	回顧法 展望法	小学6年生にはMannarino (1976) のチャムチェックリスト（17項目）を用いた。小学生以外には、このチャムチェックリストの邦訳から10項目を選定し、小学6年時を回顧して回答させた。
Bachar et al. (1997)	高校生の男女831人（男子355人、女子476人）	回顧法	質問項目「あなたは、小学3年生から6年生の間に、一緒に何かをしたり、個人的なことを話したり、他の人には話さないような秘密を共有したりする、非常に親しい特別の友人がいましたか？」及び「この特別な友人関係はどのくらいの期間続きましたか？」に回答させ、その特別の友人が存在し6カ月以上続いた場合はチャム有りとし、他方特別な友人がいなかった場合はチャム無しとした。
Bagwell et al. (1998)	〈最初の調査時〉小学5年生の男女334人（平均年齢10.3歳）からチャム有り群58人とチャム無し群55人を選出（追跡調査時 平均年齢23.2歳、チャム有り群30人（男女15人ずつ）、チャム無し群30人（男女15人ずつ））	縦断的	ソシオメトリック・テストを2回実施し、各回に親しい同性の友人を3人挙げる。各回に親しい同性の友人を3人挙げる。2回とも第1位に親しい友人として相互選択がされた場合にそのこどもはチャム有りとし、他方全く相互選択がなかったこどもはチャム無しとした。
大久保 (2002)	女子短期大学1年生女性116人	回顧法	Mannarino (1976) のチャムチェックリストの邦訳（長尾、1997）を参考に10項目を選定し、小学5年時、中学2年時、高校2年時の各時期について回答させた。

野，1986）によって友人概念の認知図式が変化するため大きな影響を被ると考えられる。その点で，縦断的研究法を用いたBagwellら（1998）は高く評価されるだろう。

その他検討すべき事項として，チャムはどのくらいの期間の持続を条件とするのか，チャムの年齢差はどのくらいの範囲とするのか，異性のチャムの存在を認めるのか，などの問題がある。まず，関係の持続性に関しては，Mannarino（1976, 1978, 1979）は2週間を条件としていたが，Bacharら（1997）は，FullertonとUrsano（1994）の見解をもとに，少なくとも6カ月以上を条件としていた。次に，年齢差に関しては，Lustigら（1992）は2歳以内を条件としていたが，他の研究は同学年を対象にしたり学年などの期間を提示するだけで，明確に言及していなかった。最後に，異性のチャムの存在に関しては，本来チャムの概念は同性を前提としているのだが，Ursanoら（1987）は，約4,000人の調査対象者のうち約10％が異性のチャムを挙げ，また異性のチャムを挙げる者が低い学歴や低い社会経済的地位と関連していることを示した。少なくとも以上の点について，一般的な友人関係の調査研究を参考にして検討する必要がある。

したがって，今後の研究でチャムの基準について考慮すべき点は以下の通りである。第一に，日本の児童生徒の実態に応じたチャム関係の測定尺度の開発が必要である。第二に，回顧法よりはむしろ縦断的研究法による検証が求められる。たとえば，小学校高学年に最初の調査を行い，そして中学2年生で再調査を行うというものである。第三に，チャムの持続性や年齢差について明確化する必要がある。

③ チャムの心理的影響

チャムの心理的影響に関して，愛他性（Mannarino, 1976 ; Mannarino, 1979），自己概念（Mannarino, 1978），親の離婚を経験した後の心理的適応（Lustig et al., 1992），青年期の精神的健康（Bachar et al., 1997），成人期の適応（Bagwell et al., 1998），自我発達上の危機状態（長尾，1997）などとの関係がこれまで調べられた。これらの研究においてチャムの存在が肯定的な心理的影響を及ぼすことが示されたことにより，前青春期およびチャムに関するSullivanの理論が検証されたといえるだろう。

しかし，こうしたチャムの有効性だけでなくその限界についても，すなわちチャムが効力を発揮しない状況についても注目すべきである。以下にその例を示す。

親の離婚を経験した子どものうち年長の者（13.7歳〜15歳）の場合には，チャムをもつ子どもの方がチャムをもたない子どもよりも心理的適応が良かった（Lustig et al., 1992）。また，親子関係が保護も統制も低い「脆弱な結合」タイプの場合には，チャムをもつ子どもの方がチャムをもたない子どもよりも精神的健康が良かった（Bachar et al., 1997）。このように，チャムは家庭環境や親子関係による否定的影響からの防壁ないしは緩衝として機能する可能性が示唆された。ただし，前者の研究では年少群，後

者の研究では「愛情欠落の統制」タイプにおいて，チャムの有無にかかわらず心理的適応または精神的健康に何ら違いがみられなかったことから，チャムの存在は他の要因との相互作用において効力をもつと考えられる。たとえば，年少の者（8歳〜9.3歳）が受ける親の離婚の悪影響はチャムをもつことだけでは軽減されないのかもしれない。また「愛情欠落の統制」タイプの子どもは，たとえチャムをもっていたとしても親に心理的に呑み込まれた状態でいるのかもしれない。

　このようにチャムの効力は，他の要因との関係で規定される側面があることを考慮しておかねばならない。その意味で，学童期への退行をグループ療法の治療促進因子として捉えた鍋田（1991）の研究は重要な示唆を与えている。治療的に用いられた構成化されたエンカウンター・グループは，対人恐怖症および慢性不登校状態においては症状・社会適応・行動の改善が顕著にみられたが，他の神経症および近接の病態にはほとんど効果がなかったことから，病態による効果の違いが示された。また，対人恐怖症および不登校の症例検討から，「構成化されたエンカウンター・グループは深いintrapersonalな問題や，家族間の問題に対してはあまり治療効果を示すことはないが，家族的な世界から家族外の世界への参入という発達課題上の混乱や，思春期における同年輩者間での現実的な対象関係の獲得の混乱に対しては，非常に発達促進的な効果を示す」と結論づけられた。このように，病態や発達課題によって，学童期への退行という治療促進因子の効果，すなわちチャムの効力は異なってくるのである。

　そこで今後，児童生徒一般のチャムに関する調査を踏まえた上で，学校嫌い（登校回避感情）とチャムの関係，そして不登校とチャムの関係へと研究を展開させていく際に，子どもの家庭環境，家族関係，状態像，抱えている発達課題などの要因を考慮に入れて，チャムの心理的影響をみていくことが必要だといえよう。

おわりに

　本節では，不登校の発現および不登校からの回復において友人関係の要因が大きな影響を及ぼしているという視点から，まず前青春期の同性同年輩の親友チャムの重要性を提唱したSullivanの理論を取りあげて概説し，次にチャムに関する先行研究の要点をまとめ，最後に不登校におけるチャム関係の形成に関する研究をすすめていく上で考慮すべき基本的課題を指摘した。

　不登校の理由やその状態像にチャムがどのように影響を及ぼしているかを調査研究から明らかにすることはもちろん重要だが，増加し続ける不登校問題に対する具体的な対策が今日求められており，こうした要請に応えられる研究が必要であると思われる。そのためには，不登校からの回復プロセスにおけるチャムの有効性，たとえばど

のようなケースで，どのような状況であればチャムの効果があるかなど，について明確化する必要がある。

　不登校の子どものチャム体験の場は，適応指導教室をはじめ，別室登校のグループ，大学の心理相談室のグループ，医療機関の治療グループ，児童相談所のグループ，不登校のための学校，フリースクールなどさまざまな形態がある。これらの場に通底するのは，不登校の者同士の「チャム体験」あるいは「修正チャム体験」であろう。なお，メンタルフレンドや相談的家庭教師などの家庭訪問型の支援においてもチャム的要素が含まれていると思われる。

　今日の不登校の増加は，子どもたちの友人関係全般のあり方と関係するのかもしれない。この点を明確にするには，児童生徒一般におけるチャムの実態とその心理的影響に関する調査研究が必要である。そして，不登校の予防という側面から，学校教育や社会教育における「チャムづくり」の開発・促進が必要とされるかもしれない。

第２節 ● チャム体験と家族凝集性が学校接近感情に及ぼす影響

1. 目　的

　友人関係の問題が生じて学校に行けなくなったり教室に入られなくなったりする生徒がいる。このように友人関係の問題で学校不適応となる例は多い。しかし，友人関係の問題が起こった時，家族が子どもの気持ちを共感的に聞いてあげることで学校に行けるようになることもよくある。一方，家族関係の問題を抱えているにもかかわらず，友人の心理的支えを得ることによって普通に学校に行くことができている生徒がいる。友人関係と家族関係は子どもが学校に行くことに対してどのように影響しているのだろうか。そこで本節では，チャム体験（Sullivan, 1953）と家族凝集性が学校接近感情にどのように関連するのかを明らかにする。

　不登校現象にはさまざまな要因が複合しているため，不登校生徒の増加について明確に説明することは難しい。しかし，その要因の一つとして友人関係の問題が大きく影響していることは，古市（1991），永井・金生・太田・式場（1994），友久・足立・松下・忠井・林・内田・中島・児玉（1997），文部科学省（2001）などの調査結果から明らかである。

　Sullivan（1953）は，前青年期に同性同年輩の友人であるチャムとの間に親密な関係を経験しておくことの重要性を指摘している。この時期，子どもは誰にも話さなかっ

第5章　不登校とチャム　　**175**

たことをチャムには話し，自由に自分自身を表現するようになる。こうした率直な自己開示を通じて，子どもは共通の人間性が他者にも存在していることを認識し，「合意による妥当性確認（consensual validation）」を行う。

　わが国でのチャムの意義についての研究は数少ない。長尾（1997）は，前青年期におけるチャムの有無がその後の自我発達に及ぼす影響について調べた。その結果，小学6年生が青年期を展望した場合，チャムのいない女子は，青年期を迎えるにあたって自信がなく，心を開いて話せる友人ができないのではないかという不安が強く，閉じこもった生活を過ごすのではないかという不安が強いことが示された。また須藤（2003）は，チャム関係を体験することと，自分をめぐる主観的感覚である「自己感覚」との関連を中心に，中学生，高校生，大学生を対象に質問紙調査を行った。その結果，前青年期において特定の親しい友人に内面を打ち明ける体験をしたことが，自分に対する安心感や温和な感覚と関連することが示された。また，チャム関係は，男女で異なる意味や性質をもつという側面があることが示された。これらの研究は，チャムの存在が肯定的な心理的影響を及ぼすことを示すものであり，Sullivanの理論が検証された。

　そこで，不登校や学校嫌いがチャム体験の有無と関係しているのではないかと考え，チャム体験という臨床的な概念を尺度化して，学校接近感情との関連性を調査することにした。

　一方，チャムと家族関係との関連についてもいくつかの研究がなされている。Lustig, Wolchik, & Braver（1992）は，親の離婚を経験した子どもを対象に，親の離婚による否定的な影響に対して，チャムからのサポートがバッファー（緩衝）になるかどうかを検討したところ，年少群（9.3歳以下）の場合は違いは見られなかったが，年長群（13.7歳以上）の場合はチャムからのサポートの高い群が低い群よりも適応問題が有意に少ないという結果を得た，と報告している。また，Bachar, Canetti, Bonne, Kaplan, & Shalev（1997）は，前青年期において，子どもが親の保護と統制が低いと認知し，同時に子ども自身がチャムを持たなかった場合，後の青年期において精神症状が現れやすいとともに一般的な健康度が低くなることを明らかにした。これらの研究では，家族関係の悪さを補償する形で，チャムの存在が肯定的な心理的影響を及ぼすことが示されている。

　ところで，学校嫌いは，永井ほか（1994）が指摘しているように，家族関係とも関係している。長尾（1999）は，青年期の自我発達上の危機状態に影響を及ぼす要因を調べたところ，中学生では，自我発達上の危機状態（不適応状態）と家族凝集性が，有意に関係していることを明らかにした。

　以上のことから，小・中学生のチャム体験と学校接近感情の関連とともに，家族凝集性との関連を調査し，検討する。チャム体験の高低は，学校接近感情とどのように

関連するのだろうか。チャム体験が高いほど学校接近感情も強いと推察されるが，その時，家族凝集性はどのように関連するのだろうか。家族関係の悪さを補償する形で，チャム体験は学校接近感情に肯定的な影響を及ぼすのではなかろうか。

　チャムを測定する既存の尺度には，Mannarino（1976）の「チャムチェックリスト」を長尾（1997）が邦訳（一部修正）したものと，須藤（2003）の「chumship体験尺度」がある。しかし，これらは先行研究や文献をもとに作成したものなので，実際の子どもの実態を反映しているのかどうかは分からない。それゆえ，子どもの実態に則して，同性同年輩の親密な友人とどのように過ごしているのかを明らかにする必要がある。そこで本研究では，子どもの実態に則した「チャム体験尺度」を作成するため，小・中学生を対象に予備調査を実施する。そして，抽象的な表現ではなく，子どもの経験に近い表現での項目作成を行うことにする。

　チャムの調査上の対象年齢については次のように考えた。ChapmanとChapman（1980）は，「前青春期にいたる年齢は人によりまったく異なるとサリヴァンは考えている。それは早ければ8歳半，遅くとも11〜12歳に始まり，その持続期間も数カ月から2〜3年にわたる幅があるとされている」と述べている。また，保坂・岡村（1986）は，「チャム・グループが中学生あたりによく見られる」と考察している。さらに，須藤（2003）は，「9歳から15歳の時期において，Sullivanのいうチャムシップという現象の存在が示された」と述べている。したがって，チャムに関する研究の対象年齢は8歳6カ月から15歳までとし，また実際の調査上の対象学年は小学5年生から中学3年生までとするのが，妥当ではないかと考えた。

　チャム体験の定義について，長尾（1997）は「チャムに幸福，充足感，自信を与えたい欲求が生じて，チャムとの価値内容の相互確認を行う」とし，須藤（2003）は「相手のことを大切に思い，同類だという感じを起こして，そこから安心感を得，共感的交流により自己理解を促進する。また相手を理想化し一体感を求め，同一視する」としている。どちらもSullivanのチャムの概念に基づいた定義である。そこで本研究では，Sullivanのチャムの概念，長尾の定義，須藤の定義を参考にしながら，チャム体験を「率直な自己開示を通じて，相手との共通性を認識し，価値内容の相互確認を行う」と定義した。

　本研究の目的は，小学5年生から中学3年生を対象に，チャム体験と家族凝集性が学校接近感情に及ぼす影響を明らかにすることである。

2．方 法

① 測定尺度

①チャム体験の測定

　「チャム体験尺度」の作成のために，2003年1月に予備調査を実施した。小学6年生から中学2年生までの男女154名を対象に，「親しい同性の友人を思い浮かべ，その友人と日頃どんなことをしたり，どんなことを話したりしていますか」という質問に自由回答させた。その記述内容から，前述したチャム体験の定義を基準に項目作成を行った。項目の内容妥当性については，小・中学校教師4名と臨床心理士2名に検討してもらった。こうした作業を経て，26項目からなる「チャム体験尺度」を作成した。教示は，「あなたの同性の友達について，どれくらいあてはまるかを答えてください」とした。回答形式は，「よくあてはまる」から「あてはまらない」の5件法での回答を求め，5〜1点を与えた。

②家族凝集性の測定

　家族凝集性尺度は，貞木・槙野・岡田（1992）の「日本語版FACES Ⅲ」の下位尺度「家族凝集性尺度」（10項目）をもとに作成した。貞木ほか（1992）の研究結果で因子負荷量が小さかった1項目を除くとともに，若干の表現上の修正を行って，9項目を用いることにした。教示は，「あなたの家族のことについて，どれくらいあてはまるか答えてください」とし，「よくあてはまる」から「あてはまらない」の5件法での回答を求め，5〜1点を与えた。

③学校接近感情の測定

　学校接近感情の測定については，「学校嫌い感情測定尺度」（古市，1991）や「登校回避感情を測るための尺度」（渡辺・小石，2000）を検討したのだが，これらは侵襲度が高いため学校現場では扱いにくい面があった。そこで，児童生徒への心理的影響を考慮し，永井ほか（1994）の学校好き群・学校嫌い群を群化するための質問項目2項目を参考に作成した。これらの質問項目は群化を目的として作成されたものであるが，本研究では「学校接近感情得点」として得点化することにした。2項目とも4件法での回答を求め，「あなたは，学校で楽しくすごしていますか」については，「とても楽しい」から「まったく楽しくない」まで4〜1点，「あなたは，学校へ行きたくないことがありますか」については，「よくある」から「まったくない」まで1〜4点を与えた。

② 手続き

　各小・中学校のホームルームの時間に，担任教師によって，クラスごとに集団実施した。実施期間は2003年6月上旬から下旬であった。

3 調査対象

　調査対象者は，計435名（男子223名，女子212名）だった。その学年別・性別の内訳
は，小学5年生99名（男子49名，女子50名），小学6年生80名（男子40名，女子40名），中
学1年生91名（男子44名，女子47名），中学2年生79名（男子40名，女子39名），中学3年
生86名（男子50名，女子36名）だった。

3. 結　果

1 チャム体験尺度の分析

　項目分析の後，因子分析（主因子法・varimax回転）を行った。その結果，1因子のみ
が抽出された。この1因子についての項目選択の条件は，因子抽出後の共通性が.30以
上，かつ，因子負荷量が.45以上のものとした。その結果，最初の26項目のうち，12
項目がこの条件にあてはまり，「チャム体験尺度」を構成した（表1）。尺度の信頼性を
検討するため，Cronbachのα係数を算出したところ，.92となり，本尺度の信頼性が
認められた。

表1　チャム体験尺度

No.	項　　目	因子負荷量	
		1因子	共通性
9	おたがいの悩みを，うちあける友達がいる	.838	.703
16	いっしょに悩んでくれる友達がいる	.815	.665
20	困っていることを話し合う友達がいる	.808	.652
25	おたがいのことを，何でも話せる友達がいる	.777	.604
10	人前でいいにくいことを，こっそり話せる友達がいる	.771	.595
13	だれにも言えない秘密を，話せる友達がいる	.746	.556
15	異性のことを，おたがいに話せる友達がいる	.681	.464
22	いっしょに勉強したり，宿題をしたりする友達がいる	.648	.420
7	いっしょにマンガや絵をかいたり歌を歌ったりする友達がいる	.633	.401
12	電話やメールをしあう友達がいる	.622	.387
18	自分の家族のことを話せる友達がいる	.595	.354
17	自分たちだけに通じる言葉を言い合う友達がいる	.578	.334
寄与率（％）		51.12	
α係数		.922	

第5章　不登校とチャム　　179

表2　家族凝集性尺度

No.	項　　目	因子負荷量 1因子	共通性
7	家族は，おたがいに助けあう	.782	.611
8	家族は，他人よりもおたがいに親しみを感じている	.749	.561
5	家族のまとまりが，とても大切である	.745	.555
3	家族のだれもが，おたがいにむすびつきを感じている	.740	.547
6	家族は，いっしょに自由な時間をすごすのが好きである	.717	.515
1	家族で何かをするのが好きである	.668	.447
9	家族でいっしょにすることをすぐに思いつける	.663	.439
2	家族で何かをするとき，全員が集まる	.599	.359
寄与率（%）		50.42	
α係数		.888	

② 家族凝集性尺度および学校接近感情得点の分析

　家族凝集性尺度については，項目分析の後，因子分析（主因子法・varimax回転）を行った。その結果，先行研究と同様，1因子のみが抽出された。この1因子についての項目選択条件は，因子抽出後の共通性が.30以上，かつ，因子負荷量が.45以上のものとした。9項目のうち，1項目だけが共通性が低く，この条件にあてはまらなかったため除外し，再び同じ条件で因子分析を行った。その結果，残り8項目は，この条件を満たし，「家族凝集性尺度」を構成した（表2）。尺度の信頼性を検討するため，Cronbachのα係数を算出したところ，.89となり，本尺度の信頼性が認められた。

　学校接近感情得点については，全2項目でのα係数は.61であり，この2項目を「学校接近感情得点」とした。

③ チャム体験と学校接近感情，および家族凝集性との関連

　チャム体験尺度，家族凝集性尺度，学校接近感情得点における，全体，学年，性別の平均，標準偏差を算出した。

　チャム体験尺度について，学年と性の2要因分散分析によって検定した。その結果，性差，学年差ともに主効果があり，全ての学年で女子が男子よりも高く，また中学3年生が小学5，6年生よりも高かった（表3）。

　家族凝集性尺度について，学年と性の2要因分散分析によって検定した。その結果，性差，学年差とも主効果が見られた。性差については，小学6年生および中学3年生では，女子が男子よりも高かった。学年差については，小学5年生から中学2年生ま

表3　チャム体験尺度の平均値（SD）

チャム体験尺度		男　子	女　子	計
		平均（SD）	平均（SD）	平均（SD）
性の主効果	全　体	32.11（11.49）	45.66（ 9.93）	38.71（12.71）
$F (1,434) = 190.43,$	小学5年生	31.14（11.84）	42.98（ 9.99）	37.12（12.41）
$p < .001$	小学6年生	27.12（ 9.51）	43.85（ 8.70）	35.49（12.36）
学年の主効果	中学1年生	32.95（10.62）	45.49（10.83）	39.43（12.39）
$F (4,434) = 6.63,$	中学2年生	31.85（11.50）	47.03（ 9.84）	39.34（13.10）
$p < .001$	中学3年生	36.50（11.96）	50.11（ 8.65）	42.20（12.60）

表4　チャム体験尺度と他尺度の相関値

	小5	小6	中1	中2	中3	全　体	小学生	中学生
男子	.412**	.197	.347*	.398*	.057	.281**	.335**	.240**
	.499**	.496**	.302*	.445**	.310*	.283**	.508**	.279**
女子	.334*	.330*	.399**	.372*	.378*	.365**	.334**	.365**
	.490**	.238	.114	.141	-.165	.070	.385**	-.003

$**p < .01, *p < .05$
上段：チャム体験尺度と学校接近感情得点との相関値
下段：チャム体験尺度と家族凝集性尺度との相関値

での各学年と中学3年生との間に，また小学5，6年生と中学2年生の間に有意差が見られ，いずれも高学年ほど低い値を示した。

　チャム体験尺度と他の尺度との関係を見るため，相関値を求めた（表4）。また，チャム体験尺度得点をもとに，学年・性別ごとに得点の高い方から高位（25％）・中位（50％）・低位（25％）の3群に分け，この群を独立変数とし，学校接近感情得点および家族凝集性尺度得点を従属変数として，1要因3水準の分散分析を行った（表5，表6）。こうした分析の結果について，以下に説明する。

　チャム体験尺度と学校接近感情得点との間には，男子全体，女子全体ともに弱い正の相関が見られた。分散分析では，男子全体においてチャム体験の高，中位群が低位群よりも学校接近感情が高く［$F (2,220) = 9.94$，$p < .01$］，女子全体において高位群が中，低位群よりも学校接近感情が高かった［$F (2,209) = 10.28$，$p < .01$］。また，小学男子，小学女子，中学男子，中学女子において弱い正の相関が見られ，分散分析で

表5　チャム体験尺度の高・中・低における学校接近感情得点の比較

	男　子			女　子	
	F値	多重比較		F値	多重比較
男子全体	9.94**	高，中＞低*	女子全体	10.28**	高＞中，低*
小学男子	3.44*	高＞低*	小学女子	5.46**	高＞低*
中学男子	3.70*	高＞低*	中学女子	5.34**	高＞低*

**p＜.01，*p＜.05

表6　チャム体験尺度の高・中・低における家族凝集性尺度得点の比較

	男　子			女　子	
	F値	多重比較		F値	多重比較
男子全体	6.14**	高＞低*	女子全体	1.68	
小学男子	13.50**	高＞中，低*	小学女子	6.29**	高＞低*
中学男子	5.14**	高＞低*	中学女子	.15	

**p＜.01，*p＜.05

は，いずれも高位群が低位群より学校接近感情が高かった［小学男子 F $(2,86)$ ＝ 3.44，p＜.05；小学女子 F $(2,87)$ ＝ 5.46，p＜.01；中学男子 F $(2,131)$ ＝ 3.70，p＜.05；中学女子 F $(2,119)$ ＝ 5.34，p＜.01］。

　チャム体験尺度と家族凝集性尺度の間には，男子全体で弱い正の相関が見られ，女子全体では相関は見られなかった。分散分析では，男子全体で，チャム体験の高位群が低位群よりも家族凝集性が高かった［F $(2,220)$ ＝ 6.14，p＜.01］。また，小学男子でやや強い正の相関，小学女子と中学男子で弱い正の相関が見られ，中学女子では相関は見られなかった。分散分析では，小学男子で高位群が中，低位群よりも学校接近感情が高く［F $(2,86)$ ＝ 13.50，p＜.01］，小学女子と中学男子で高位群が低位群よりも学校接近感情が高かった［小学女子 F $(2,87)$ ＝ 6.29，p＜.01；中学男子 F $(2,131)$ ＝ 5.14，p＜.01］。

　さらに，チャム体験尺度，家族凝集性尺度の二つの得点と学校接近感情との関連を調べた。男女別に，チャム体験尺度と家族凝集性尺度のそれぞれについて得点の高い方から高位（25％）・中位（50％）・低位（25％）の三つに分け，「チャム体験尺度の高・中・低」×「家族凝集性尺度の高・中・低」によって9群に分けた。そして，各群の学校接近感情得点の平均値を算出し，分散分析を行った（表7）。

表7 チャム体験尺度の高・中・低×家族凝集性尺度の高・中・低における
学校接近感情得点の比較

男子全体（N=223）群による主効果　F（8,214）=3.78，p<.01

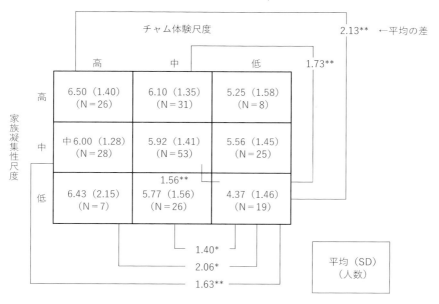

女子全体（N=212）群による主効果　F（8,203）=2.68，p<.05

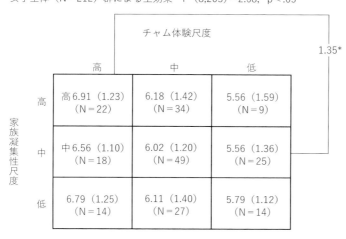

**p<.01, *p<.05

第5章 不登校とチャム　183

その結果，男子全体において，（チャム＝低＆家族＝低）群は，（チャム＝高，中＆家族＝高，中，低）の6群よりも，学校接近感情得点が有意に低いことが判明した［F (8,214) ＝ 3.78，p＜.01］。また，女子全体では，（チャム＝高＆家族＝高）が，（チャム＝低＆家族＝中）群よりも，有意に高かった［F (8,203) ＝ 2.68，p＜.05］。

次に，小・中学校それぞれの男女別に比較を行った。中学男子には有意差は認められず，中学女子では，（チャム＝低＆家族＝高）群が，（チャム＝高＆家族＝高）群よりも有意に低かった［F (8,113) ＝ 2.46，p＜.05］。なお，小学生では，9群にグループ分けができず，分析できなかった。

4. 考　察

① 性差

チャム体験に性差が見られ，女子が男子よりもチャム体験が高いことが分かった。古屋（1995）は，「女子が男子より親密な対親友関係を形成し，対人関係でより深い自己開示をする傾向がある」と述べている。また，須藤（2003）は，「中学生女子が特に同性友人と一体感を伴う関係をもち，他者との関係と個としての自分を分かち難い状況にある」と考察している。以上のことから，女子が男子よりも，内面的なものを自己開示する「合意による妥当性確認」（Sullivan, 1953）を行い，友人との一体感を感じており，チャム体験を多く得ていると結論づけられる。

② 学年差

学年差については，小学5，6年生よりも中学3年生がチャム体験が有意に高いという結果だった。「対親友関係は青年期前期にその萌芽期を迎えると，青年期を通じてますます成熟していき，親密さの度合いを深めていく」（古屋，1995）と言われ，中学3年生は，それまでのどの時期にも増して互いの親密度が高まり，自己開示によって「合意による妥当性確認」が活発に行われるのではないだろうか。

子どもたちは，チャムとの関係の中で親密な経験を積み重ねていくことによって親離れ（心理的離乳，自立）を達成し，人格的に成長していくと考えられる。家族凝集性が小学校5，6年生よりも中学2，3年生が低いのは，親離れが進んでいるからではないだろうか。

Sullivan（1953）によれば，前青年期は，家族以外の同性の人物との親密な関係への強い欲求，すなわち「対人的親密欲求」が現れる時期である。この対人的親密欲求によって，「それまで親との関係が安定基地だったのに対して，仲間関係がそれにとって代わり，家族という準拠集団より，仲間という準拠集団が優位になってくる」（保坂・岡村，1987）のであろう。「親（家族）からの自立にともなう不安や痛みを乗り越えてい

く安定基地として，仲間関係が重要になってくる」（保坂・岡村，1987）のである。

一般に，家族凝集性は高すぎても低すぎても精神的健康度には否定的な影響が出るとされている。しかし，貞木ほか（1992）の研究では，「家族凝集性尺度については，尺度得点と精神的健康の程度との間に正の相関関係がある」ことが認められている。このことから，本研究では，家族凝集性が高いほど精神的健康度は高いものとみなした。中学2，3年生が家族凝集性が低い（すなわち，精神的健康度が低いとみなす）のは，自立と依存の両価的な葛藤の中で，自我に目覚め，混乱し苦悩する姿が現れているのではないだろうか。

③ チャム体験と学校接近感情

チャム体験と学校接近感情との関連を見ると，男女とも，チャム体験が高いほど学校接近感情が高かった。チャム体験が高いほど，学校が楽しく学校に行きたいと思うことは妥当であり，チャム体験尺度の妥当性を一部保証しているといえるだろう。

④ チャム体験と家族凝集性

チャム体験と家族凝集性との関連を見ると，男子は，チャム体験が高いほど，家族凝集性も高い。因果関係は明らかではないが，男子は家族関係を基盤にして，仲間関係を築いていく傾向があるのではないだろうか。家族の支えがあってこそ，友達との関係をうまく作っていくことができるということではないか。渡辺・小石（2000）は「対人関係の基礎となる家族において満足した関係がもてることが，友人関係における孤立化や友人関係に対する否定的な態度の形成を防ぐ要因となるといえ，生徒の対人関係についての親密－孤立といった傾向は，少なからずその生徒を取り巻く家族に影響されるといえるのではないか」と述べている。

それに対して，女子全体ではチャム体験と家族凝集性との間に相関がなく，学年ごとに見ると，小学5年生のみでやや強い正の相関が見られるが，小学6年生以降では相関が見られなくなっている。女子は小学5年生の後半頃から，男子よりもいち早く親（家族）からの自立を始め，一体感を伴う密着した同性友人関係に参入していくのではないだろうか。

⑤ チャム体験と家族凝集性が学校接近感情に及ぼす影響

チャム体験の高・中・低，家族凝集性の高・中・低に分け，これらをかけあわせて9群にし，各群の学校接近感情の平均値を比較したところ，男子は，チャム体験が高く家族凝集性も高い群が学校接近感情が高く，チャム体験が低く家族凝集性も低い群が学校接近感情が低かった。男子にとっては，チャム体験と家族凝集性の両方が，学校接近感情の重要な要因であるといえよう（図1）。それゆえ，男子の学校接近感情を高めるには，チャム体験を高めるとともに家族凝集性も高める必要がある。また，家

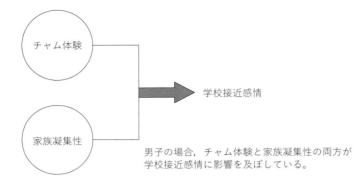

図1　チャム体験・家族凝集性と学校接近感情との関連（男子の場合）

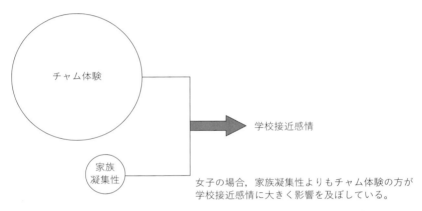

図2　チャム体験・家族凝集性と学校接近感情との関連（女子の場合）

族凝集性が低い群で，チャム体験が高いほど学校接近感情が高かった。男子の場合，家族関係の悪さを補償する形でチャム体験が学校接近感情に肯定的な影響を及ぼすといえるだろう。

　一方，女子は，家族凝集性よりもチャム体験の高低が，学校接近感情に密接に関係していると考えられる（図2）。特に，中学生女子は，家族がよくまとまっていてもチャム体験が低いと学校接近感情が低かった。女子は，チャム体験と学校接近感情との関連が深く，学校でのチャム体験がかなり重要な位置を占めるといえるのではないだろうか。

要　約

　小・中学生を対象に，チャム体験と家族凝集性が学校接近感情に及ぼす影響について調査し検討を行った。その結果，チャム体験の男女による違いが見られ，女子が男子よりもチャム体験が高いことが分かった。これは，女子が男子よりも親密な友人関係を形成し，より深い自己開示をすることで合意による妥当性確認を行う傾向があり，それによって周囲との一体感や自分に対する安心感を得ていることによると考えられる。

　また，男女ともチャム体験が高いほど学校接近感情も高いという結果であり，Sullivanの理論が検証され，チャムの重要性が示唆された。

　男子においては，チャム体験が高いほど家族凝集性が高く，チャム体験と家族凝集性の両方が高いほど学校接近感情が高いことが分かった。これにより，男子の学校接近感情の高低には家族凝集性が関連していることが明らかになった。それに対して女子は，家族凝集性との関連はほとんど認められなかった。女子は，男子よりもいち早く親からの自立を始め，一体感を伴う密着した同性友人関係に参入していくため，この時期のチャム体験は彼女たちにとって重要な位置を占めると考えられる。

◉ 文献

Bachar, E., Canetti, L., Bonne, O., Kaplan De-Nour, A. & Shalev, A.Y. (1997). Pre-adolescent chumship as a buffer against psychopathology in adolescents with weak family support and weak parental bonding. Child Psychiatry & Human Development, 27 (4) , 209-219.

Bagwell, C.L., Newcomb, A.F. & Bukowski, W.M. (1998). Preadolescent friendship and peer rejection as predictors of adult adjustment. Child Development, 69 (1) ,140-153.

Chapman, A.H. & Chapman, M.C.M.S. (1980). Harry Stack Sullivan's Concepts of Personality Development and Psychiatric Illness. (山中康裕（監修）・竹野俊弥・皆藤章（訳）(1994). サリヴァン入門──その人格発達理論と疾病論. 岩崎学術出版社)

Fullerton, C.S. & Ursano, R.J. (1994). Preadolescent peer friendships: a critical contribution to adult social relatedness? Journal of Youth and Adolescence, 23,43-63.

古市裕一（1991）. 小・中学生の学校嫌い感情とその規定要因. カウンセリング研究, 24 (2) , 123-127.

古屋健（1995）. 青年期における対親友関係の発達的変化──年齢変化，性差，疎外感との関連. 群馬教育大学研究紀要（人文・社会科学編）, 44, 379-390.

保坂亨・岡村達也（1986）. キャンパス・エンカウンター・グループの発達的・治療的意義の検討──ある事例を通して. 心理臨床学研究, 4 (1) , 15-26.

保坂亨・岡村達也（1987）. キャンパス・エンカウンター・グループの意義とその実施上の試案. 千葉大学教育学部研究紀要, 40, 113-122.

池田博和・吉井健治・桐山雅子・長野郁也・石田智雄・長峰伸治（1992）. 不登校生徒の合宿体験──「ヨコ体験」合宿のこころみ. 名古屋大学教育学部紀要──教育心理学科, 39, 45-61.

楠見幸子・狩野素朗（1986）. 青年期における友人概念発達の因子分析的研究. 九州大学教育学部（教育心理学部門）, 31 (2) , 97-104.

Lustig, J.L., Wolchik, S.A. & Braver, S.L. (1992). Social support in chumships and adjustment inchildren of divorce. American Journal of Community Psychology, 20 (3) , 393-399.

Mannarino, A.P. (1976). Friendship patterns and altruistic behavior in preadolescent males. Developmental Psychology, 12 (6) , 555-556.

Mannarino, A.P. (1978). Friendship patterns and self-concept development in preadolescent males. Journal of Genetic Psychology, 133 (1) , 105-110.

Mannarino, A.P. (1979). The relationship between friendship and altruism in preadolescent girls. Psychiatry: Journal for the Study of Interpersonal Processes, 42 (3) , 280-284.

文部科学省 (2001). 不登校に関する実態調査. 平成5年度不登校生徒追跡調査報告書.

鍋田恭孝 (1990). Sullivan,H.S. の発達論から見たグループ・ワークの意味. 北田穣之介・馬場謙一・下坂幸三 (編). [増補] 精神発達と精神病理. 金剛出版.

鍋田恭孝 (1991). 構成化したエンカウンター・グループの治療促進因子について——思春期の神経症状態とくに対人恐怖症および慢性不登校児に対する治療を通じて. 集団精神療法, 7 (1) , 13-20.

永井洋子・金生由紀子・太田昌孝・式場典子 (1994). "学校嫌い" からみた思春期の精神保健. 児童青年精神医学とその近接領域, 35 (3) , 272-285.

長尾博 (1997). 前思春期女子の chum 形成が自我発達に及ぼす影響——展望法と回顧法を用いて. 教育心理学研究, 45 (2) , 203-212.

長尾博 (1999). 青年期の自我発達上の危機状態に影響を及ぼす要因. 教育心理学研究, 47 (2) , 141-149.

大久保純一郎 (2002). 青年期女性のこころの健康と人格発達 (1) ——チャム形成, 母への愛着, そして原因帰属の影響. 帝塚山大学短期大学部紀要, 39, 33-41.

貞木隆志・榧野潤・岡田弘司 (1992). 家族機能と精神的健康 Olson の FACES III を用いての実証的検討. 心理臨床学研究, 10 (2) , 74-79.

須藤春佳 (2003). 前青年期の「chumship 体験」に関する研究——自己感覚との関連を中心に. 心理臨床学研究, 20 (6) , 546-555.

Sullivan, H.S. (1953). The Interpersonal Theory of Psychiatry. (中井久夫・宮﨑隆吉・高木敬三・鑪幹八郎 (共訳) (1990). 精神医学は対人関係論である. みすず書房)

友久久雄・足立明久・松下武志・忠井俊明・林徳治・内田利広・中島文・児玉龍治 (1997). 学校不適応行動の本態解明とその対応について——不登校前行動をとおして. 京都教育大学紀要, 90, 53-69.

Ursano, R.J., Wetzler, H.P., Slusarcick, A. & Gemelli, R.J. (1987). Preadolescent friendships recalled by the young adult. Journal of Nervous & Mental Disease, 175 (11) , 686-687.

渡辺葉一・小石寛文 (2000). 中学生の登校回避感情とその規定要因——ソーシャル・サポートとの関連を中心にして. 神戸大学発達科学部研究紀要, 8 (1) , 1-12.

吉井健治 (1999). 不登校を対象とするフリースクールの役割と意義. 社会関係研究, 5, 83-104.

第6章

不登校の訪問臨床

第1節 ● 引きこもり傾向の不登校生徒への訪問面接による心理的支援

1. 不登校の訪問面接

　不登校生徒は，家に引きこもっていることが多く，相談機関への来所も難しい場合が多い。こうした引きこもり傾向の不登校生徒に対して直接的な心理的支援を行うには，来談型の面接には限界があり，不登校生徒の家庭を訪問する必要がでてくる。文部科学省（2003）は，『今後の不登校への対応のあり方について（報告）』の中で，公的な機関等による訪問型の支援の促進について述べている。このように不登校生徒への訪問面接の必要性が高まってきている。なお，不登校生徒への訪問面接の事例は古くから報告があり（村山，1964；河合，1970；村瀬，1979），この意味で訪問面接はいわば"古くて新しい方法"と言えよう。

　訪問面接の定義に関しては，「治療者が，不登校（登校拒否）や引きこもり等のクライエントに対して，その家庭にある程度定期的に訪問し，そこで言語面接か，可能な限りの遊戯療法を実施する治療行為である」（長坂，2004）とされている。また，「学生らによる訪問家庭教師やメンタルフレンド（子どもと話したり遊んだりする相手）による訪問は，訪問面接の中核とはならない」（長坂，2004）とされている。このように訪問面接は本来的には臨床心理学の専門性が要求されている。しかし，専門相談機関等のカウンセラーによる訪問面接は，面接構造がこわれることや時間的な余裕がないことなどを理由に，あまり実施されていないのが実情である。ただし最近では，スクールカウンセラーによる訪問面接が行われるようになってきた。

　ところで，不登校生徒の家庭を訪問して心理的支援を行う者に関して，「メンタルフレンド」（酒井・伊藤，2001）をはじめとして，「家庭教師的治療者」（福盛・村山，1993），「家庭教師カウンセラー」（上田・大石，1999），「治療者的家庭教師」（村瀬，1979）などさまざまな呼称が用いられてきた。こうした訪問の中心的な担い手は学部生が中心であったが，最近では臨床心理士養成指定大学院に所属する大学院生にその役が移行し

つつある。大学院生は専門家とまでは言えないが，比較的専門性の高い"準専門家"として位置づけられる。なお，この準専門家による訪問面接の一例として藤松（2003）などがある。そこで，専門性が必要とされる訪問面接の定義を大学院生という準専門家にも適用することは可能であろう。なお，本論文では訪問面接を行う者を"訪問者"と呼ぶことにする。

　それでは，準専門家としての大学院生の訪問面接による心理的支援の本質は何だろうか。これにはSullivan（1953）のチャム（chum）の概念が関係している。Sullivanは，前青春期の同性同年輩の親友をチャムと呼んだ。これは，水入らずの相手または大の親友といった年齢のちかい同性の特定の一人の友人のことである。それゆえ，小学生・中学生・高校生の不登校生徒にとって大学院生は同年輩ではないので，本来のチャムの概念は直接的には当てはまらない。しかし，大学院生の訪問者は実質的にはチャムの機能をもって関わるという意味で"チャム的関わり"と表現することができる。

　そこで本節では，臨床心理士養成指定大学院の大学院生である準専門家が，引きこもり傾向の不登校生徒を対象に訪問面接による心理的支援を行った結果から，訪問面接の意義と課題を検討することにする。以下では，まず実施概要を簡潔に示し，次に事例を提示し，そして訪問面接の意義と課題について考察を述べる。

　なお本節では，教育機関による訪問事業であること，また学校との連携を重視していることから，子どものことを"生徒"と表記することにした。

2．訪問面接の実施概要

　X県では，2002年度から県の教育機関が，「不登校で引きこもりがちな児童・生徒を対象に，兄や姉に相当する世代の大学院生を家庭に派遣することにより，児童・生徒の自立を側面的に援助する」（実施要項から抜粋）という事業を開始した。また同県内のY市でも，2003年度から市の教育機関が同様の事業を開始した。そこで，両機関からの協力要請が同県内の臨床心理士養成指定大学院にあり，大学院生を訪問者として派遣した。また，大学院の教員は，本事業の運営に協力するとともに訪問者のスーパーヴィジョンを行った。さらに，訪問者には毎月1回開催の研修会への参加を義務づけ，事例検討や講義を通じて訪問面接に関する知識と技能を深めさせた。

　訪問者の派遣までの手続きは，生徒本人と家族の希望を受けた学校側が派遣申請書と個人記録票を関係機関へ提出し，そして同機関が派遣の是非について判断した上で，大学院の教員が訪問者を決定した。正式依頼を受けた訪問者は，事前に学校を訪れ，校長や担任等と当該生徒について話し合い，それから最初の家庭訪問を実施した。訪問面接の構造は，家族の在宅時を原則とし，週1回60分程度，長くても90分以内とし

た。また，訪問者は月ごとに報告書を作成して大学院教員に提出することが課せられた。この報告書は，大学から関係機関を経由して各生徒の学校に届くという仕組みになっていた。さらに訪問者は，担任等との連携を図るため，訪問日時や生徒の様子などを電話を通じて適宜連絡した。

訪問面接の対象となったケース数は，2003年度から2005年度の3年間で123ケース，年度別内訳は2003年度が36ケース，2004年度が41ケース，2005年度が46ケースだった。

3. 訪問面接の事例

以下に三つの事例を提示した。なお，プライバシー保護のため，家族構成，生育歴，生活歴などは省略した。

① 事例1

〔事例〕中学3年生女子A

〔訪問者〕大学院生（女性）

〔状態像〕中学2年生半ばから完全不登校。

〔訪問期間・訪問回数〕中学3年時の8カ月間・29回

〔訪問開始の経緯〕親もA自身も不登校の問題意識は薄く，カウンセリングへの動機づけは低かった。Aは適応指導教室に通うことは拒否したが，訪問面接は承諾した。

〔問題の発生・見立て〕Aは小学校高学年時に，万引きなどの問題行動を起こし，親に反抗的になった。その頃から家庭内ではできの悪い子というレッテルを貼られ，家族から孤立し，否定された。これを補うかのように，小学校ではリーダー格として自己肯定感を満たしていた。しかし，中学校に入ると友人関係は変化し，他生徒に気を遣うことが増え，自分の思い通りにならなかった。中学2年のとき友人とのトラブルから登校しぶりが起きたが，Aには誰も理解し受けとめてくれる人がいなかった。そのため心理的な傷つきを抱え，完全不登校に至った。

〔訪問面接の経過・訪問者の関わり〕Aは，自分を認めてくれない理解してくれない大人（親・教師）を拒絶し，自室に閉じこもっていた。そこで訪問者は，チャム的な存在となれるよう心がけて関わった。訪問初期，Aはひとりで悩んでいた友人間での傷つき体験を一気に話し，「本当の友だちはいない」と言った。訪問者は自身の経験談も含め，Aの気持ちをよくわかると伝え返していった。するとAは，家族関係の問題，自傷行為を打ち明けた。その後，適応指導教室に少し通級するようになり，また劣等感をもっていた勉強への意欲も出てきて塾に通い始めた。訪問中期，Aは小学校時代の友人関係や問題行動についても率直に話した。また，ファッションに

関する話をよくするようになり，容姿へのコンプレックスについても語った。Aは
これまで自分を肯定してもらう経験が少なかったことが訪問者には分かった。訪問
後期，将来について考え始め，また適応指導教室で親しい友達ができ，そして学校
に放課後登校する日も増え，現実に向っていった。最終的に，高校受験を決めて合
格することができた。

〔訪問面接の有効性〕自室に引きこもっていたAにとって，訪問者との関わりは社会と
のつながりの契機として意義があった。訪問者の心理的支援を得ながら，Aは，塾，
適応指導教室，そして放課後登校という現実に向かっていくことができた。また，
「人を信じられない」と語るAに，訪問者がチャム的に関わり続けたことで，Aは安
心して自己の傷つきを語ることができ，癒されていった。しかし，こうしたA自身
の変化と比べて，家族関係にはあまり変化がみられなかった。Aの親は不登校を単
なる怠けとしてみており，カウンセリングの必要性への認識があまりなかった。そ
れゆえに，Aの状態の改善には訪問面接が必要不可欠だったといえよう。

② 事例2

〔事例〕中学2年生女子B

〔訪問者〕大学院生（女性）

〔状態像〕中学1年生の6月から休みがちになり，完全不登校。

〔訪問期間・訪問回数〕中学2年時の7カ月間・18回

〔訪問開始の経緯〕Bは相談機関のカウンセラーと会ったが継続面接は断り，また保健
室登校も適応指導教室も拒否した。そこで担任が訪問面接を勧めたところBは承諾
した。

〔問題の発生・見立て〕中学1年生の6月から休みがちになり，完全不登校となった。
登校意欲はあるが，朝になると身体の不調を訴え，泣いてうずくまった。家族関係
は比較的良好でBは大切に育てられたものの，親に依存的で自己主張をせず自分で
決められない性格だった。友人関係は，小学生の頃は良好で，中学校でも一緒に遊
びに出かける友人がいた。しかし，自己主張できない性格のため周囲から取り残さ
れ，部活で自分の能力の限界を感じて挫折感を抱いた。

〔訪問面接の経過・訪問者の関わり〕Bは毎晩「明日は学校へ」と自分にプレッシャー
をかけていたので，訪問者は学校の話題はあえて避けた。訪問者はBのチャム的存
在となるよう温かく見守るよう心がけた。するとBは，幼少期の写真やノートを訪
問者に見せて，小学校時代の友人との良い思い出を語り続けた。Bはこうして自己
の確かな存在を確認したことで，心の傷を癒していった。このような関わりの中で，
9月から少しずつ登校できるようになり，習い事を始めるなど外出するようになっ

た。Bは，安定した登校には至っていないが，修学旅行に参加できたりなど，改善がみられてきた。

〔訪問面接の有効性〕Bは，カウンセリング，適応指導教室，保健室登校を拒否していたので，訪問面接が唯一の残された方法だった。引きこもっていたBにとって，訪問者との関わりは社会とのつながりの契機として意義があった。また，挫折感をもつBは自分を認め受け入れてくれる存在を希求していたが，訪問者と共に過去の良い自分を振り返って自己確認を行うことを通じて傷ついた自己を癒した。そうしてBは，少しずつではあるが登校できるようになった。訪問者の関わりはチャム的であり，カウンセリングのようにBの内面にまでは深く踏み込まなかったのだが，比較的改善がみられた。なお，Bの親子関係が基本的に良好だったことも幸いした。

③ 事例3

〔事例〕高校1年生（16歳）男子C

〔訪問者〕大学院生（男性）

〔状態像〕小学校時代から休みがちで，中学3年生から完全不登校。

〔訪問期間・訪問回数〕10カ月間・38回

〔訪問開始の経緯〕担任からの依頼。

〔問題の発生・見立て〕Cは，小学校低学年でいじめられたこともあって，学校を休みがちになり，外出もほとんどしなくなった。中学3年の頃に完全不登校となり，高校は入学式以降は一度も登校していなかった。Cは，いじめで傷ついた自分を家族にも打ち明けることができず，再び傷つくことを恐れて自宅に引きこもっていた。

〔訪問面接の経過・訪問者の関わり〕第1期，訪問者が家を訪ねるとCは逃げてしまい，数回は顔を合わせることさえできなかった。そこで訪問者が手紙や伝言を通じて間接的に関わっていくと，やっと会えるようになった。それでもCは，訪問者に冷めた態度で接し，訪問者の言葉かけに対して否定的反応を見せた。第2期，Cは訪問者に自分の好きなゲームを教えるなかで，次第に関係づくりが行われた。学校に関しては，高校には知り合いがいないから行きづらいと語った。第3期，Cの今一番興味のあるゲームはゲームセンターにしかないということなので一緒に行く予定を立て，実際に行くことができた。第4期，Cと一緒に高校に行き，相談室で囲碁をした。この時，担任の先生や囲碁部の先生と会うことができた。Cは次の訪問時に，「これならもっと学校に行きたい」と学校に対しての肯定的な印象を述べた。

〔訪問面接の有効性〕訪問者がCのこだわりの世界（ゲーム）に関心を示し，体験を共有したことで，Cには訪問者が自分の理解者と感じられた。ゲームを媒介に外の世界に目を向けさせ，そして実際に外出することができた。こうした揺さぶりをかけ

ることで，高校の相談室に数回登校することができた。

4. 訪問面接の意義と課題

① 訪問者の役割

　家に引きこもって孤独に過ごす生徒は，訪問者と一緒に遊んだり話したりすることによって恐怖心や孤独感を和らげたり，訪問者に理解され受容されることで人への安心感や信頼感をもてるようになる。

　また，教師を回避し，カウンセリングの動機づけも低い，いわば心の窓を閉ざした生徒が，訪問者の継続的な関わりによって少しずつ自分のことを語り心を開いていくようになる。生徒は，誰にも話さなかったことをチャム的な訪問者には話し，自由に自分自身を表現するようになる。このように訪問者は，家庭の中に入って子どもに寄り添う身近な心理的支えとして重要な役割を果たすのである。

　さらに，引きこもっていた生徒が，訪問者との関わりを契機に外出できるようになったり，人と交流したい欲求が出てきたり，自分の性格や心の傷について語り始めるようになる。このとき訪問者は，適応指導教室，スクールカウンセラー，専門相談機関などと連携して，生徒を他へつないでいくことが大切である。訪問者は，外界への橋渡しという役割をもつのである。

　以上のことから，訪問者は，恐怖心や孤独感を和らげて安心感や信頼感を抱かせる役割，寄り添う身近な心理的支えとしての役割，外界への橋渡しとしての役割がある。

② 訪問者への抵抗

　訪問者の派遣依頼にあたっては，生徒の了承を得ておく必要がある。しかし，積極的に希望する生徒は少なく，多くの者は「別に，どちらでもいい」などと曖昧な返事をする場合が多い。生徒が「いやだ」という気持ちを明確に表現するならば訪問は行わない方がよいのはもちろんだが，曖昧な返事の場合には訪問者の関わり次第で生徒は受け入れる可能性があるので派遣を行う。

　派遣が成立したとしても，訪問者に会うことを避けて部屋から出てこないなど，生徒が訪問者を回避することはよくみられる。こうした場合，まずは生徒に訪問の目的を説明することが大切である。とくに親や担任との関係がうまくいっていない生徒の場合，親や担任が連れてきた訪問者を警戒することは当然である。そこで，訪問の目的を伝えたり，訪問者の立場は生徒本人を中心においていることを説明することが重要である。

　また，生徒は対人関係の中で心が傷ついた経験をもっており，訪問者に対しても警戒心を抱いているので，安心感をもたせるように関わることが必要である。たとえば，

194　　第Ⅱ部　不登校の子どもへの多様な支援

生徒は訪問者の様子をそっとうかがっており，訪問者が親やきょうだいと話したりペットをかわいがる姿に安心感を抱くこともある。

さらに，顔を合わせることはできるのだが，自分からは何も話そうとしない会話の難しい生徒がいる。このとき，生徒の趣味や好きなことを話題にしたり，閉ざされた質問をして答えやすいよう工夫したり，生徒の気持ちを共感的に代弁するなどの関わりが必要である。中高生にとっては長い沈黙は苦しくなる場合が多いので，室内を見回すとさまざまな話題のきっかけがあるので，これを手がかりにするとよい。

③ 初期の関係づくり

訪問者は，引きこもり傾向の生徒への訪問が生徒の心に侵入的になることを考慮しておかねばならない。またスムーズに交流がすすまないことも多いので，訪問者には根気強くかつ慎重に関わっていくための高い動機づけが必要とされる。初期の関係づくりが困難な時，訪問者は苛立ったり辛くなったりすることがあるが，実はこの感情は生徒自身の感情と似ているものとして考えてみることが大切である。訪問者自身がこの感情と向き合うことによって生徒と感情を共有することにつながる。

初期の関わりは重要であり，佐賀（1980）は複数の訪問面接の事例を検討した結果，「初期に治療関係の成立した事例は経過が良好であり，初期のかかわりは，本人の再適応を予測するひとつの目やすともなる」と述べている。

そこで，初期に生徒が訪問者を受け入れる程度について，訪問者への期待（対象希求）の要因と，訪問者との交流（かかわりのスムーズさ）の要因の組合せから以下の4タイプが想定される。「受入良好タイプ」とは，訪問者への期待が高く，訪問者との交流がスムーズにもてるというものである。これとは正反対の「受入拒否タイプ」とは，訪問者への期待が低く，訪問者との交流ももてないというものである。また，「受入葛藤タイプ」とは，訪問者への期待は高いのだが，実際に対面すると交流が困難というものである。「受入受動タイプ」とは，訪問者への期待は低いが，交流はスムーズにもてるというものである。こうしたタイプに応じた関わりを考慮する必要がある。

④ 家族との関わり

親がカウンセリングを受けておらず，訪問者をつかまえて相談をもちかけてくることがある。また，親の気持ちを子どもに伝えてほしいとか，子どもの気持ちを教えてほしいなどと訪問者に頼んでくる親もいる。さらに，専門相談機関等での対応が必要不可欠だと思われるケースにもかかわらず，生徒も親も来談意欲が乏しいということがある。以上のようなとき訪問者は，カウンセリングの説明や必要性を適宜話して，相談機関への来談の動機づけを高めることが必要である。

また，訪問者は家族関係の影響を受けることがある。福盛・村山（1993）は，訪問

者は家族の軋轢の中に呑み込まれやすいことを指摘している。

　きょうだいとの関係のもち方についてみてみよう。きょうだいが訪問者と交流したがるので，対象生徒と一対一で関わることが難しくなることがある。この場合，訪問者は対象生徒との関係をベースにするのはもちろんだが，きょうだいに対して排除的になると対象生徒が葛藤を抱えることにもなるので注意が必要である。ただし，対象生徒が訪問者と会うのを躊躇している場合には，むしろきょうだいを交えることで緊張感が軽減されるという良い面もある。玉岡（1973）は，「本人の緊張が強い場合には，親や兄弟，もしくは近所の子どもなど，第三者の介入が，本人と治療者の一対一の緊張関係を和らげる効果をあげることがある」と述べている。

⑤ 訪問面接の構造

　相談室で不登校生徒と面接する場合は，時間，場所，セラピスト－クライエント関係など一定の構造化された枠がある。しかし，訪問面接の場合，枠はゆるやかなものとなる。つまり，家庭を訪問するという行為は，相談室で面接をする行為とは異質な側面があり，両者の構造は異なる。訪問面接の構造の特徴は，時間の枠を守ることが思いのほか難しいこと，茶菓子やお土産などを頂くことが多いこと，手紙，電話，メールのやりとりがあること，家庭以外の場所（映画，釣り，散歩など）で過ごすことがあること，友達的，兄姉的，カウンセラー的，教師的など関係性が曖昧な面があることなどが挙げられる。このように訪問面接では，相手の領域に入っていくので，相談室スタイルは通用しなくなることが多く，相手に合わせて臨機応変に対応する柔軟さが必要とされる。それゆえに，逆説的だが，相談室の面接以上に枠，制限，関係性などを常に意識させられることが多いといえよう。訪問面接の構造はゆるやかなので相談室面接よりも危険を孕んでいるが，だからこそ訪問者には柔軟かつ毅然とした対応が必要とされる。福盛・村山（1993）は，訪問面接を行なう場合「外的な枠」ではなく「内的な枠」に頼る分が多くなるので訪問者がしっかりした枠をもつ必要があると述べている。

　とりわけ，外出については対応に悩むことが多い。引きこもり傾向の生徒が訪問者と一緒に外出したいというのだから意義あることだとは分かるが，安全面のことや関係性のことについて悩むことがある。場所を変えて会うことにより親密性は増すが，依存心を高めたり，心理的距離が近くなり過ぎるという点への注意が必要である。佐賀（1980）は，「行動的，日常的な対応では転移が生じやすく，担当者が時間や場所で守られていない点で危険な場合もある」と述べている。安易な外出は論外だが，生徒にとって訪問者と一緒に外出することの意味について十分に考慮した結果ならば実施する価値はあるといえよう。佐賀（1980）は，来所や登校への一つのステップとして，

また乏しかった生活経験を広げる意味で，外で会って映画や買物などに付き合う場合があるとしている。藤松（2003）も，活動の枠にとらわれすぎず本人と外界をつなぐ役割として，コミュニティの中にあるものを最大限に活用した援助を行うことが重要だと指摘している。

　訪問者は，家に入ることで生徒の日常を知ることができる。しかし，生徒側からすると，日常の自分を隠すことができなくなり，訪問者が境界を越えて侵入してしまったと感じることもある。訪問面接は，日常の中に非日常をもちこむという「日常の中の非日常」，あるいは日常と非日常のあいだの「半日常」という特質がある。こうした時空間において，生徒はクライエント的側面と生活者的側面を，訪問者は専門性と素人性を重複してもつことになり，そのため個人内および個人間に葛藤がうまれるので，こうした意味で訪問面接は来談型面接よりも難しいアプローチと言っても過言ではない。

　訪問面接で生徒が深い内面を語ることへの対応は非常に難しいものとなる。たとえば，親への憤怒，トラウマ的エピソード，悲嘆や喪失感などの話題が家庭という場で生々しく表出されるならば，それは生徒の日常性を壊すことにつながる。生徒が語れば語るほど，家庭での心の居場所をなくすことになる。このような話は，できれば相談室の中で語られることが望ましい。そこで訪問者は，生徒の深い内面につかず離れずという関わりを行い，相談室につなげていくことが求められる。たとえて言うならば，心の大手術は家庭内では行ってはならず，それは相談室という場で行われなければならないということである。

要　約

　準専門家である大学院生が引きこもり傾向の不登校生徒を対象に訪問面接による心理的支援を行った結果から，こうした訪問面接の意義と課題について検討することを目的とした。多くの訪問面接の事例を通じて得られた経験則から，訪問者の役割，訪問者への抵抗，初期の関係づくり，家族との関わり，訪問面接の構造，の5点について考察を行った。心理臨床家は，動くことができない相手に遠くから手をさしのべているだけでは相手に届くものは少ないかもしれない。訪問というかたちの心理臨床は，相手のおかれた生活状況に身をおいて心をかさね，相手のまなざしを共有することに意義があるといえよう。

第2節●訪問者との対面が困難な「面壁ケース」の検討

1. 問題と目的

① ひきこもり傾向の不登校の青年に対する「訪問臨床」

　不登校・ひきこもりへの対策として，家庭訪問による心理的支援の必要性が強調されてきている。文部科学省（2003）は，不登校対策として訪問型支援の推進について提言した。これにより，全国各地の自治体では訪問型支援の不登校対策事業が増えてきた。また，厚生労働省（2003）は，ひきこもり対策として訪問カウンセリングの必要性を指摘した。さらに，ひきこもり支援の民間団体は，訪問サポート士の養成を行うようになってきた。

　こうした流れの以前から，心理臨床においては，古くは村山（1964）など，不登校・ひきこもりの訪問事例の論文が数多くある。最近の論文では，訪問者の属性別にみると，スクールカウンセラーの訪問事例（岩倉，2003），開業の臨床心理士の訪問事例（大塚，1997），臨床心理士資格をもつ学校教師の訪問事例（長坂，1997），臨床心理士を目指す大学生・大学院生の訪問事例（篠原，2004）がある。

　家庭訪問による心理的支援は，訪問面接（visiting counseling）と呼ばれており，「治療者が，不登校（登校拒否）や引きこもり等のクライエントに対して，その家庭にある程度定期的に訪問し，そこで言語面接か，可能な限りの遊戯療法を実施する治療行為である」（長坂，2004）と定義されている。しかし，この定義には，訪問という支援形態の特質が十分に反映されていないのではなかろうか。そこで筆者は，ひきこもり傾向の不登校の青年に対する家庭訪問による心理的支援をもとに，「訪問臨床」という用語を提唱したい。

　訪問臨床という名称は，以下に説明するような意味で，“訪問”と“臨床”の組み合わせである。“訪問”には，医療における訪問看護（visiting nursing），教育における訪問教育（visiting education）のように，家庭訪問をして特定の専門的活動を行うという意味が込められている。また，“臨床”には，学校臨床や病院臨床のように，特定の領域で臨床心理学的支援を行うという意味が込められている。そこで，訪問臨床について次のように定義する。訪問臨床とは，臨床心理士およびこれに準ずる者である訪問者が，対象者の家庭を訪問し，対象者およびその家族に対して，一定のアセスメント（状況・状態像・要求などの把握）に基づいて，訪問の構造（時間，場所，関係性，活動内容，安全性など）を調整しながら，臨床心理学的支援を行うことである。

② 訪問者との対面が困難な「面壁ケース」

筆者はここ数年，ひきこもり傾向の不登校の青年の訪問臨床に携わってきたが，こうした中で稀な訪問事例に出会った。それは，青年は訪問への期待をある程度示しながらも，訪問者と対面することが困難だったという事例である。青年は訪問者と対面することはできないにもかかわらず，ドアや壁越しに交流することは可能であり，しかも訪問を拒否しないので訪問が継続するという事例である。

こうした訪問事例を「面壁ケース」と名付けることにする。その理由について以下に述べたい。筆者は，座禅を体験する機会があり，"壁に向かって座る"という「面壁」について知った。面壁という言葉は，達磨大師が中国の少林寺にある洞窟の中で，壁に面して9年間の座禅をしたという「面壁九年」の故事に由来するものである。前述したような事例を「ドア越しの面接」と呼ぶこともあるが，これは単に状態を表したに過ぎない。これに比べ，面壁という言葉には，自分自身との対峙，忍耐などの意味が含まれ，先の事例の本質が捉えられている。訪問者が青年の部屋の壁に向かってずっと座っている姿は面壁に似ている。他方，青年は自室で面壁のように過ごしている。両者は，立場や心理は異なるが，壁の向こうにいる相手を意識しながら，面壁を経験している。

③ 目　的

目的は，ひきこもり傾向の不登校の青年の「訪問臨床」における「面壁ケース」の検討を通して，面壁ケースの特徴，面壁ケースの青年の心理，面壁ケースへの訪問者の関わりについて検討することである。その意義・特徴は，次の通りである。第一に，先行研究論文の多くは訪問が効果的だった事例であるが，ここでは訪問の困難事例の検討を行う。第二に，本人と対面できない事例について，「訪問を続けるのは意味がない」，「訪問は侵襲的で逆効果である」，「訪問者は徒労感を感じる」などの否定的意見があるが，ここでは面壁ケースと名付け，その新たな意味を探究する。第三に，訪問者にとって関わりの難しい事例に焦点を当てることによって，訪問に対する青年の葛藤，訪問者の関わりの難しさがより明確化され，今後の訪問臨床に役立つ知見が得られる。

2．方　法

① 訪問システムについて

ひきこもり傾向の不登校の青年の「訪問臨床」は，X県およびY市の不登校対策事業の一つとして，教育委員会と大学の連携のもとで実施されている。訪問者は，臨床心理士養成の指定大学院の大学院生であり，定期的に大学教員からスーパーヴィジョ

ンを受け，また大学内で開催される訪問臨床研修会に参加している。訪問は，週1回，60〜90分間である。訪問回数の制限はないが，年度末で一旦終了し，年度ごとの申請となる。訪問を受ける家庭の費用は無料である。訪問者には県・市から交通費程度が支払われる。筆者は，本事業の開始当初から，事業運営の協力者，訪問臨床研修会の講師，訪問者の指導員としての役割を担ってきた。

② 面壁ケース

本事業開始後の4年間の事例数は，177例だった。年度別事例数は，開始年度から順に36例，41例，46例，54例だった。訪問の成否はともかく，訪問者と青年が対面できたかどうかを基準にすれば，多くの事例が最初から対面して交流することができた。他方，対面が難しい事例は，毎年数例見られた。

訪問者との対面が困難だった事例には3タイプがあった。①「最初から訪問を拒絶して対面できなかった事例」：本人の意志の確認がとれていなかったことが主な原因である。訪問5回以内で，派遣の中止が決定された。②「次第に対面できるようになった事例」：青年は，最初は警戒して訪問者と対面できなかったが，次第に安心感，信頼感をもつようになり対面できるようになった。訪問10回以内で，対面しての交流ができるようになった。③「長期間，対面が難しかった事例」：青年は，訪問を拒否してはいなかったが，長期間，訪問者と対面することはできなかった。20回以上（5ヵ月以上）継続的な訪問を行ったにもかかわらず，訪問者と対面することはほとんどなかった。

最後のタイプが面壁ケースであり，177例のうち4例だけだったので，稀な事例といえよう。この内訳は，中学生男子2例，高校生男子1例，高校生女子1例である。以下では，男子の3ケースを簡潔に提示する。

3. 事　例

事例の提示にあたって，「事例の概要」はプライバシー保護のため最小限にとどめた。「訪問の経過」は，訪問者の報告書，研修会資料をもとに要点をまとめた。「訪問者の関わり」は，筆者が訪問者から聴き取った内容をもとにした。記述形式は次の通りである。訪問者はV(visitor) で示した（V1，V2，V3の番号を付した）。訪問者の発言は〈　〉，青年や家族などの発言は「　」，補足説明は（　），聴き取りの際の筆者の発言は《　》で示した。

① 訪問事例Ａ：将棋を媒介とした中学生男子の面壁ケース

〔事例の概要〕Aは，いじめがきっかけで，小学5年生の9月頃から不登校になり，中学校にも全く登校しなかった。Aは，父や兄と釣りに行ったり，母親と買い物に行ったりなど，家族との交流はあった。

〔訪問の経過〕訪問者V1（20代，男性，大学院生）は，Aが中学2年生の6月から翌年3月まで，10カ月間，28回の訪問を行った。なお，V1の訪問以前の前訪問者は，中学1年生時に継続的な訪問を行ったが，Aが全く交流できなかったので，母親と話をしていた。第1期（#1～#11），Aと対面することはできなかったが，将棋を通じて交流できるようになった。前訪問者は，手紙を何回か試みたが，Aからの反応は何もなかった。そこでV1は，Aが好きな将棋をすることを提案した。すると，Aは自ら将棋盤を用意して，やる気を示した。しかしAは対面は拒否したので，母親が将棋盤を持って，居間にいるV1と自室にいるAの間を行き来することになった。母親は，Aが「そうきたか」などと口にした言葉や考え込んでいる様子をV1に伝え，反対にV1の様子をAに伝えた。しばらくしてAは，V1のいる居間の近くの部屋に移った。近い距離になったので，Aの息づかいや将棋を指す音が，V1に直接聞こえるようになった。Aは，V1が帰るとすぐに居間に出てきて，将棋盤を見ていた。母親の話では，AがこっそりとV1の姿を見ることがあった。将棋は，二，三回の訪問で一局の勝敗が決まるというペースで進んだ。第2期（#12～#28）は，AがV1に気遣いや安心感を示すようになった。#12からは毎回のように，お茶やお菓子を自主的に用意してくれたり，V1が帰る際に片手だけを見せて手を振ってくれた。母親が仲介して将棋をする状況は変わらなかったが，二人は将棋に集中していた。接戦の末に，大抵はAが勝った。Aは，劣勢になると，悔しがったり，長時間考え，勝負を楽しんでいた。V1が〈参りました〉と言うと，「ありがとうございました」というAの声が聞こえることもあった。また，Aが母親と話している時の声や笑い声が聞こえることもあった。しかし，母親が顔を見せたらと勧めても，Aは渋って，最後まで一度もV1と対面しなかった。V1が手紙を出したのは，訪問の終了を告げるための1回（#25）だけだった。

〔訪問者の関わり〕《対面できなかったことをどう思う？》Aと対面する試みは，あまり行わなかった。最初は対面したかったが，しだいに将棋に集中している状況の心地良さを感じるようになり，無理して対面しなくてもいいと思うようになった。むしろ対面することが怖いような，どう振舞ってよいか分からないような気持を感じた。訪問時間以外の時に，ふとAの現実や将来を考えると，やりきれなさ，無力感を感じることがあった。《心理臨床家になっていく上で学んだことは？》感覚を磨くのに役立った。Aと直接関わる母親の姿や口調から，Aの状態を推測していたので，母親の状態にも敏感になった。

② 訪問事例B：手紙を媒介とした中学生男子の面壁ケース

〔事例の概要〕Bは，中学1年生の秋頃から登校を渋り，中学2年生の5月から不登校となり，自室に閉じこもった。そして，用件は母親にメモを渡したり，食事は自室で食べたりなど，家族から完全に断絶していった。Bは，幼少期から大人しく，人と会話することは少なかった。小説などの読書が好きで，また自主的に勉強するなど学習意欲は高かった。人との交流を拒絶すること以外に，周囲の者が了解できないような言動は見られなかった。

〔訪問の経過〕訪問者V2（20代，男性，大学院生）は，Bが中学3年の9月から翌年3月まで，7カ月間，23回の訪問を行った。第1期（#1～#6）は，V2が家に着くと，Bはすぐにトイレなど家の中に隠れ，V2が帰るまで全く出てこなかった。しかし，母親の話では，Bが訪問を嫌がっている様子は全く見られなかった。そこでV2は，応接間で母親からBの近況を聞いた後，Bへの短い手紙を書いて置いていった。手紙には，V2の自己紹介や訪問の意図を書いた。母親の話では，Bは自室から手をのばして手紙を受け取り，読んでいる様子だった。しかし，この時期はBからの返信は全くなかった。V2は帰り際に，家の中に隠れているBに聞こえるように，〈また来週来るからね〉と大きな声をかけて帰っていた。第2期（#7～#13）は，手紙による交流ができるようになった。#7に，初めて返信があった（内容は好きな食べ物，本，音楽）。母親の話では，Bは2年ぶりに自分で髪を切ったり，V2が帰るときにこっそりと手を振ったり，少し変化が見られた。#8からは毎回，V2はBが隠れているトイレの近くに行って，少し声をかけるようにした。Bは何も言わなかったが，トイレの磨りガラスの向こうで頷いている姿は見ることができた。この時期Bは，V2の手紙の質問に答えるようなかたちで，短い返事を毎回書いてくれた。話題は好きな小説についてだった。第3期（#14～#23）は，手紙の交流を通じて，V2への関心を示すようになり，また自分の内面を見せるようになった。Bは，「V2さん（個人名）は，僕のことを心配してくれていると感じます。訪問してくれてうれしいです」（#15）と，訪問を受け入れている気持を表明した。そして，「V2さんのことをもっと知りたい」（#15）とV2への関心を示し，テレビ番組などの日常的な質問（#16）から始まって，「子どもの頃の話をきかせてくれませんか」（#17）などへと深まっていった。さらに展開して，「僕はコミュニケーション能力が低いので，友達は一人もいません。学校では孤立していました」（#18），「V2さんは，僕を変えようとしているけれども，僕が間違っているということでしょうか」（#18），「V2さんは，僕の欠点を受け入れてくれて，なぐさめてくれる優しい人」（#19），「僕は人とどう接していいのか分からないのです。言葉にして言うのが苦手です」（#22）と，正直に

自分の気持を書いた。しかし，訪問の終了まで，トイレの磨りガラス越しに頷く姿を見せるだけで，言葉を発することはなかった。最後の手紙には「手紙のやりとりができてよかったです」（＃23）と書かれていた。その後Bは，高校受験に行くことができた。

〔訪問者の関わり〕《磨りガラス越しはどんな感じ？》頷く姿が見えるだけで，声も出さない，音も立てない。《対面できなかったことをどう思う？》できれば会って交流したかったが，今のBと話をするのは難しかった。話しかけても何の返事もないので，Bがどう感じているのか分からないし，一方的に話しかけるのはむなしい。それで手紙にした。手紙からは，Bは人と関わりたいのだが，恥ずかしさ，恐怖心があることが伝わってきた。最初は，会って何かしてあげたい，外に出してあげたいと思っていた。しかし，会えなかったので，訪問の意味を疑うこともあった。腹は立たないが，むなしさがあった。その後は，会うことよりも手紙で交流できればよいと思うようになり，手紙が楽しみになった。交流が大事なのであって，顔を合わせることが大事なのではないと思っていた。《手紙の工夫や意味は？》最初は，訪問者がどんな人なのかを自己開示した。そして，好きな食べ物や音楽の内容で，（　）に記入などの形式で，クローズド・クエスチョンをした。その後は，回答欄を大きくして自由度を増したり，訪問についてどう思っているのかなどのオープン・クエスチョンも取り入れて，内面にふれる質問に発展させた。自分もある程度自己開示した。《心理臨床家になっていく上で学んだことは？》忍耐強く待つことの大切さを学んだ。会えないことで，自分の感覚が研ぎ澄まされていく感じがした。

③ 訪問事例C：ゲームに没頭する高校生男子の面壁ケース

〔事例の概要〕Cは，高校2年生から不登校となった。小学校時代，親が離婚し，母親の再婚相手から心理的・身体的な嫌がらせを受けた。この経験からCは，大人の男性への不信感をもった。中学校時代は，運動系の部活で活躍し，成績は優秀だった。高校も同じ運動系の部活に入ったが，怪我をしたので退部した。そして高校2年生から不登校になり，次第にオンラインゲームに没頭していった。

〔訪問の経過〕訪問者V3（20代，男性，大学院生）は，Cが2回目（留年）の高校2年生の7月から3回目（再留年）の高校2年生の3月まで，1年9カ月間，52回の訪問を行った。V3は，Cの自室のドア越しに自己紹介をした。V3が〈中に入ってもいい？〉と尋ねると，Cは「無理」とだけ言った。〈ここで話してもいいかな？〉。「知らん」。〈いま何をしているの？〉。「べつに」。このようにV3が質問しても，Cは短い返事をするだけだった。しかし，訪問の始めと終わりにV3が挨拶すると，Cからは「あー」と返事があり，訪問を拒否しているのではなかった。母親の話からも，Cは訪問を

嫌がっている様子はなかった。ところが，＃16に状況が一変した。V3が，〈部屋に入ってパソコンを見せてもらってもいい？〉と言うと，Cが「あー」と返事したので，初めて入室できた。＃17も入室してゲームを見せてくれ，＃18には居間で一緒に格闘ゲームをすることができた。しかし，理由は不明だが，再び入室を拒むようになり，以前と同様の状況が続くようになった。年度替わりに，V3が訪問への意向を確認すると，Cは「あー」とだけ返事し，拒否はしなかったので，次年度も訪問を継続することになった。しかし，その後も入室を拒否し会話もない状況が最後まで長期間続いた。V3は，Cの部屋の壁の前に座って，声をかけたり，手紙を書いたり，本を読んだり，猫とじゃれたりして過ごした。ただし，突然，＃48だけは入室を許してくれ，Cが勉強していたので，V3が問題を出すと答えてくれたり，V3の冗談にニヤッと笑ってくれることがあった。年度替わりに，今後の訪問の引継ぎについて尋ねると，「やめる」と返事したので，訪問は終了となった。

〔訪問者の関わり〕《対面できなかったことをどう思う？》最初は，ひきこもりから脱出させたいと思っていた。しかし，Cからはほとんど返事がなかった。思い切って部屋に入ろうと思うこともあったが，Cが機嫌を悪くしては大変だと思ってやめた。なぜ部屋に入れてくれないのか，なぜ返事をしてくれないのかと，やりきれなさや怒りを感じることもあった。自分の関わり方がまずいのだろうか，訪問は意味があるのだろうか，と思うことも度々あった。《そこで，どのような気持ちに変化したの？》いろいろ悩んだ末，Cを救い出すという考えではなく，Cから何かが出てくるのを待つことにした。Cが必要としたときに，僕が側にいることが大事だと思うようになった。壁に向かって座っているとき，あれこれ意味を考えないようにした。《Cとはどんな交流があったと思う？》直接，交流できたのは，パソコンのゲームをした時（＃16〜＃18）と，勉強をした時（＃48）の2回だけだった。それ以外は，僕の目の前にあるのは壁だった。壁を通して僕はCの気配を感じていた。キーボードを叩く音，テレビの音声，あるいは静かな時には息づかいや寝返りの音も聞こえてきた。僕は，Cがそこにいることを感覚で感じていた。互いに気配のやりとりをしていたように思う。《心理臨床家になっていく上で学んだことは？》他の来談ケースで，何も言葉で応えてくれなくても対面できるだけでもいいと思えるようになった。

4．考　察

1 面壁ケースの特徴

　訪問の受け入れは，「期待」と「交流」の2要因を基準に4タイプに分けられる（図1）。期待の要因は，訪問者と会う準備をしたり，活動内容を考えたりなど，訪問を期

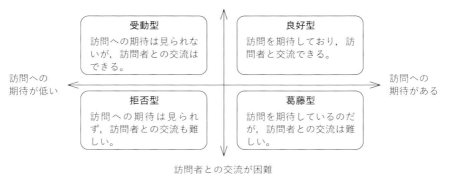

図1 訪問の受入の4タイプ

待することである。交流の要因は，訪問者と会話したり，一緒に活動を楽しむなど，訪問者と交流することである。「良好型」は，期待も高く交流も可能なタイプであり，訪問を楽しみにしており，訪問者との会話もスムーズなので，比較的安定して訪問が継続する。「受動型」は，期待は低いが交流は可能なタイプであり，"来る者拒まず"という受入の態度で，楽しみにしている様子は見られないが，訪問者との交流はスムーズにできる。他方，「拒否型」は，期待も低く交流も困難なので，数回の訪問で，これ以上の訪問は難しいと判断される。最後に，「葛藤型」は，ある程度の期待は見られるが交流が難しいタイプである。面壁ケースは，この葛藤型に該当する。なお，訪問が続くうちに，受動型や葛藤型が，良好型に移行したりなど，タイプは流動的である。

　葛藤型の一つとしての面壁ケースは，期待の要因から見ると，明確な拒否はしておらず，むしろ少し楽しみにしている様子がある。しかし，交流の要因から見ると，対面も会話も困難である。つまり，訪問に対する接近回避葛藤がある。また，保護者や関係者の連携・協力が得られない場合は，訪問が中止になることが多いが，面壁ケースにはこうしたことはない。訪問を中止する理由が特別見あたらないからこそ，訪問は継続する。したがって，面壁ケースの特徴を列挙すると，表1の通りである。

2 面壁ケースの青年の心理

　面壁ケースの青年が，訪問への期待を示しながらも，訪問者と対面することを回避するのはなぜだろうか。この理由について以下の4点を指摘することができる。

　第一に，訪問の時期の問題がある。ひきこもりの「底の段階」では訪問は控えるべきだと言われているように（山下，1999），訪問を受け入れる心理的な準備状態が必要

表1　面壁ケースの特徴

①期待の要因：訪問に対して拒否を示さず，むしろ期待が見られる。
②交流の要因：訪問者との対面や会話を避ける。
③葛藤型の特徴：訪問者に対する接近回避葛藤がある。
④良好な連携：家族や関係者は訪問に協力的である。
⑤訪問の中止理由の不在：対面や会話が困難なこと以外に，訪問を中止する特別な理由がない。

である。訪問の時期が違えば，別な展開が見られたかもしれない。第二に，青年は対面しないという距離感が安心できることである。そして，この状態で訪問者との関係が仮の安定を得たため，変化を恐れて，対面を回避し続けたと考えられる。第三に，青年はKohut（1984）の言うような「自己の傷つき（damage of the self）」を抱え，人に対する恐怖心や被害感をもつと考えられる。提示事例では，AとBはいじめ被害，Cは継父からの心理的・身体的な嫌がらせ，という外傷体験があった。自己の傷つきは，こうした外傷体験の他に，幼少期から非共感的対応に曝されてきた生育歴・家族関係の問題，また外傷体験後の非共感的対応による二次的問題が重複して影響している場合がある。第四に，青年は人刺激に過敏に反応する気質があり，人と対面することに苦痛を感じると考えられる。相手と対面することは，視線，声，表情，仕草，匂いなどの人刺激を直接的に交換することである。彼らは，こうした人刺激に対する閾値が低いため，あるいは人刺激に対する障壁がうまく機能しないため，自分を脅かす過剰刺激として感受される。このことは，過敏型自己愛人格傾向の青年の「選択的に過敏な感受性」（吉井，2007）と同様の意味である。

　面壁ケースの青年は，訪問者と対面することができなかったが，訪問者と会いたい気持ちと会いたくない気持ちの両方を見せていた。彼らは，どのような接近回避葛藤をもっているのだろうか。以下に四つの接近回避葛藤について述べる。

　第一に，「自己否定への囚われ」と「自己肯定の希求」の葛藤がある。面壁ケースの青年は，自己の傷つきのために自己否定に囚われている一方で，自分の存在を認めてほしい，肯定してほしいという気持ちをもっている。極端な自己否定の態度は，自己陶酔的な側面があり，特別な存在として認めてほしいという潜在的に高い自己愛に由来するものであると考えられる（岡野，1998；吉井，2007）。第二に，「理解者への失望」と「理解者の希求」の葛藤がある。青年は，過去の経験から自分はこれまで十分に理解されてこなかったという感覚が強く，理解者の存在に失望している。他方で，幻想的で理想化された理解者の存在を信じ，この人に完全に理解されたいと思っている。

理解者との一体感や以心伝心を求めているので，少しでも批判・否定を受けると，理解されていないと感じ，抑うつ，怒り，逃避が起きてしまう。この葛藤の背景には，重要な他者との関わりの中で，脱錯覚や脱幻想などの喪失体験があると考えられる。こうした対象喪失に対する悲哀の作業が必要である。第三に，「再外傷体験への恐れ」と「自己開示」の葛藤がある。青年は，他者と関わることによって，以前と同様の心的外傷あるいは共感不全を経験して，さらに傷つくのではないかという，再外傷体験への恐れをもっている。他方で，率直に自分を見せ，理解してほしいという，自己開示の気持ちもある。それゆえ，訪問者と対面しないで，壁などを介することによって，つかず離れずの関係や，安心・安定できる距離感を保っている。Asper（1991）は，自己愛の傷ついた人が他者から心理的距離をとって，痛みを感じないように，さまざまな防衛を使う態度を，「守りの態度」と呼んだ。それゆえ訪問者は，守りの態度を尊重しつつ，青年に安心感をもたせるまで地道に関わる必要がある。第四に，「異質性」と「同質性」の葛藤がある。青年は，自分と他者とは異質な存在だと感じ，孤独感を抱えている。他方で，自分と他者は同じ・似ているといった同質性を認めたい気持ちも強い。この葛藤の背景には，Sullivan（1953）が提唱した「チャム（chum）」の問題がある。彼らは，心理発達的課題または現実的要因（転居など）のためにチャムを得られなかったという「チャム形成不全」の問題，あるいは，チャムはいたが，友人関係問題（いじめなど）のために，チャムを失ったという「チャム喪失」の問題があると考えられる。それゆえ，チャム体験を得ることが必要である。

③ 面壁ケースへの訪問者の関わり

面壁ケースのような青年に対する訪問者の対応は，「積極的アプローチ」と「待ちのアプローチ」に大別される。「積極的アプローチ」は，青年は他者の侵入を拒む気持ちと脱出を望む気持ちでアンビバレントであるから，脱出するための力を外部から加える必要があり，訪問者は積極的に面会を試みる方がよい，という見解である。他方，「待ちのアプローチ」は，ひきこもらざるを得ない青年の気持ちを尊重することが大切であり，訪問者が無理に面会しようとするのは侵襲的であり，積極的な関わりは控えた方がよい，という考えである。

訪問家族療法を行っている精神科医の水野（1991）は，十分な配慮をした上で，面会を躊躇する青年の自室に，積極的に入り込んで援助している。一方，斎藤（2002）は，「部屋に押し入る，体に手を掛ける，本人を批判するといった行為のすべてを，状況いかんにかかわらず，暴走ないし暴力である」と考えるべきと述べ，介入の危険性を指摘している。どちらかといえば，水野は「積極的アプローチ」，斎藤は「待ちのアプローチ」に該当するといえよう。

われわれの訪問臨床は「待ちのアプローチ」である。訪問者は，青年と会えなくても，決して強硬な態度・手段はとらない。家族が訪問者の働きかけに大きな期待を寄せる場合もあるが，訪問者がこれに応えることには慎重でなければならない。しかし，何もしないで，ただ待つだけではない。手紙を渡すこと，媒介物（本，CDなど）を使うこと，訪問者が家族やペットと交流する姿を示して青年に安心感をもたせること，家から離れて外で活動すること（テニスなど），のように工夫できることは多い。いわば，"裏口から堂々と入る"ことを試みるのである。こうした対応の結果，最初は面会できなかったが，訪問10回以内で対面して交流できるようになった事例は数多くある。しかし，面壁ケースの場合は，こうした対応を試みても，対面は困難だった。

　面壁ケースにおける訪問者と青年の関係性のプロセスは，以下の①から④の段階の順に展開すると考えられる。なお，①から③までは，「訪問者のテーマ」対「青年のテーマ」というスタイルで記述した。

①「模索」対「警戒」の段階：訪問者は，対面を試みたり，声をかけたり，手紙を書いたりなど，関係づくりを模索する。他方，青年は，こうした訪問者の行動を警戒している。

②「一方通行」対「観察」の段階：訪問者の関わりは一方通行である。対面できない，会話できない，手紙への返事がない，などから，訪問者は孤独感や無力感を感じる。また，侵入的になって傷つけてはいけないと思う反面，思い切って部屋に入って向き合いたいという気持ちが起こることもある。他方，青年は，こうした訪問者の状態や心理を見て，安心できる人なのかどうかを観察している。事例Bが後の時期になってくれた手紙には，「V2さんは僕を変えようとしているけれども，それは僕が間違っているということでしょうか」と書いてあった。この時期，青年は，慎重に相手を見極めようとしている。

③「兆し」対「葛藤」の段階：訪問を重ねていくと，対面はできないけれども何らかの反応が返ってくるようになり，変化の兆しが見られる。訪問者は，青年が訪問を拒否していないことを確信する。青年は，意識化や言語化はしないかもしれないが，前述したような接近回避葛藤をどこかで感じていると推察される。

④「共にある関係」の段階：対面はできないけれども，この時期になって初めて，訪問者の流れと青年の流れが合流する。訪問者は，対面することへの拘りが少なくなり，青年のニーズに合わせて交流しようとする。訪問者は，以前に比べて，自然な自分でいることができるようになる。青年は，前述した葛藤を抱えながらも，訪問者に対して少しずつ安心感を抱き，心を開いてくる。訪問者と青年の関係は，事例Aでは共に将棋を楽しみ，事例Bでは共に手紙を楽しみに

していた。事例Cは，目に見えた変化は少なかったが，青年はドアの向こうに座している訪問者を自然な日常として受け入れていた（安心した中での居眠りなど）。二人はドアを隔てて共にそこにいたといえよう。

　事例Aは，引継の事例だったが，前訪問者の時に①，②の段階，V1の時に③，④の段階が見られた。事例Bは，上記のプロセスに最も適合し，①から④の段階を順にたどった。事例Cは，①，②の段階に止まったが，③，④段階の特徴がわずかに見られた。

④ 面壁ケースに特有な訪問者の関わりの様式

　われわれの訪問臨床では，訪問者の関わりの様式として次の四つを考えている。①「チャム的関わり」：年齢は異なるが，本質的にチャム（同性同年輩の親しい友人）のように関わること。②「ニューオブジェクト的関わり」：これまで青年が求めていたけれども出会えなかった新しい人物として関わること。③「指導者的関わり」：教科学習と進路選択の支援をしたり，ソーシャルスキルを習得させること。④「カウンセラー的関わり」：心理的課題に焦点づけて話を聴くこと。ところが，面壁ケースの場合は，上記のいずれにもうまく適合しない。それでは，面壁ケースにおける訪問者の関わりの様式は何だろうか。

　訪問者は，青年と対面も会話もできなかったので，青年の"気配を感じること"に集中していた。気配には，将棋を指す音（事例A），磨りガラスに映った頷く姿（事例B），キーボードを叩く音（事例C）などがあった。訪問者は，こうした気配から青年の心理状態を察知して，声をかけ，手紙を書き，黙って座り続けるなどした。訪問者は，直接の交流ができないからこそ，言語以前の感覚を研ぎ澄まして関わっていた。このような訪問者の関わりは，「コミュニオン調律（communioning attunement）」と考えられる。Stern（1985）は，「コミュニオンは，他者が何をしていようが何を信じていようが，それを全く変えようとすることなく，その人の体験を共有することを意味する」と述べている。

　訪問者と青年は，面壁の状況で"似たような体験"をしていた。両者は，立場は異なるが，共に，孤独感を感じ，相手の気配に敏感になり，葛藤を抱えながら過ごした。このような訪問者の関わりは，「分身自己対象（alterego selfobject）」と考えられる。Kohut（1984）は，分身自己対象とは，本質的に類似しているという安心の体験を与える，と述べている。

　訪問者は，青年の気持ちの流れに寄り添って，"共にいること"に努めた。青年は，これまで出会ったことのない"温かな沈黙の存在"として訪問者を感じていたと推察される。このような訪問者の関わりは，村上（1992）の「伴侶者」に通じるものである。

　以上のように，面壁ケースにおける訪問者の関わりの様式は，コミュニオン調律，

分身自己対象，伴侶者の視点から説明される。筆者は，これらを総合して，「共にある関係」と呼ぶことにしたい。共にある関係とは，自己と対象のあいだに同質性，類似性，共通性が存在するという意味である。共にある関係の経験は，集団精神療法の治癒的要因の「普遍性（universality）」と同様に，"私は独りではない"という感覚を喚起すると考えられる。

　Herman（1992）は，心的外傷から回復するには，他者との新しい結びつきをつくるという「再結合（reconnection）」が必要であるとし，それは，「私は一人ではないという発見を以て始まる」と述べている。面壁ケースの青年は，人間関係の"つながり"を失って，深く重い孤独感を抱えている。このような青年にとって「共にある関係」の経験は，"私は独りではない"という感覚をもたらし，孤独感を和らげ，そして人とのつながりの回復を促進させるといえよう。

おわりに

　面壁ケースの青年が訪問者への接近回避葛藤を抱えていること，また面壁ケースに特有な訪問者の関わりの様式があること，が明らかにされた。このことから，対面も会話もできない面壁の状況で，潜在的に展開する訪問者の関わりの意義が示唆された。今後の課題は，臂を斬ってまでも達磨に道を求めるという「慧可の断臂入門」（水上，1988）に象徴されるような，面壁に対する訪問者の切断機能についての検討が必要である。面壁ケースの訪問者には，高い動機づけ，根気強さ，そして自分自身との対峙が求められる。筆者は，訪問臨床研修会で，このような訪問者への激励の意味を込めて，"最も困っている人は動けない"（人に相談することも，来談することもできない）という厳しい現実に，訪問臨床が挑戦することの意義を強調している。

◉文献

Asper, K. (1991). Verlassenheit und Selbstentfremdung 4.Auflage, Walter Verlag. (老松克博（訳）(2001). 自己愛障害の臨床——見捨てられと自己疎外．創元社)

藤松裕子 (2003). 不登校の女子中学生に対するメンタルフレンドとしての関わり．九州大学心理臨床研究，22, 115-123.

福盛英明・村山正治 (1993). 不登校児の訪問面接事例からの一考察——「家庭教師的治療者」という視点から．九州大学教育学部紀要（教育心理学部門），38 (2), 133-141.

Herman, J.L. (1992). Trauma and Recovery. Basic Books. (中井久夫（訳）(1999)：心的外傷と回復．みすず書房)

岩倉拓 (2003). スクールカウンセラーの訪問相談——不登校の男子中学生3事例の検討から．心理臨床学研究，20 (6), 568-579.

河合隼雄 (1970). カウンセリングの実際問題．誠信書房.

Kohut, H. (1984). How does Analysis Cure? The University of Chicago Press. (本城秀次・笠原嘉（監

訳），幸順子・緒賀聡・吉井健治・渡邊ちはる（共訳）（1995）．自己の治癒．みすず書房）

厚生労働省（2003）．10代・20代を中心とした「社会的ひきこもり」をめぐる地域精神保健活動のガイドライン（最終版）．日本精神病院協会．

水上勉（1988）．禅とは何か——それは達磨から始まった．新潮社．

水野昭夫（1991）．家族がひらく——登校拒否・非行の往診家族療法．日本評論社．

文部科学省（2003）．今後の不登校への対応のあり方について（報告）．

村上英治（1992）．人間が生きるということ．大日本図書．

村瀬嘉代子（1979）．児童の心理療法における治療者的家庭教師の役割について．大正大学カウンセリング研究所紀要，2, 18-30.

村山正治（1964）．登校拒否中学生の心理療法．臨床心理，3（3），49-61.

長坂正文（1997）．登校拒否への訪問面接——死と再生のテーマを生きた少女．心理臨床学研究，15（3），237-248.

長坂正文（2004）．訪問面接．氏原寛・亀口憲治・成田善弘・東山紘久・山中康裕（共編）．心理臨床大事典——改訂版．倍風館．pp. 197-199.

岡野憲一郎（1998）．恥と自己愛の精神分析－対人恐怖から差別論まで．岩崎学術出版社．

大塚真由美（1997）．緘黙児の訪問面接の意義——コミュニティの活用．心理臨床学研究，15（1），89-97.

佐賀明子（1980）．訪問治療．詫摩武俊（編）．登校拒否——どうしたら立ち直れるか．有斐閣．pp. 187-199.

斎藤環（2002）．ひきこもる思春期．星和書店．

酒井朗・伊藤茂樹（2001）．不登校児のケアにおけるボランティア活動の社会的意味——児童相談所におけるメンタルフレンド活動を中心に．お茶の水女子大学人文科学紀要，54, 159-176.

篠原恵美（2004）．準専門家による訪問援助の実践的研究．カウンセリング研究，37, 64-73.

Stern, D.N. (1985). The Interpersonal World of the Infant: A View from Psychoanalysis and Developmental Psychology. Basic Books.（小此木啓吾・丸田俊彦（監訳），神庭靖子・神庭重信（訳）（1989）．乳児の対人世界——理論編．岩崎学術出版社）

Sullivan, H.S. (1953). The Interpersonal Theory of Psychiatry. W.W.Norton.（中井久夫・宮崎隆吉・高木敬三・鑪幹八郎（訳）（1990）：精神医学は対人関係論である．みすず書房）

玉岡尚子（1973）．訪問面接．小泉英二（編著）．登校拒否——その心理と治療．学事出版，pp. 169-185.

上田暁子・大石英史（1999）．家庭教師カウンセラーによる思春期不登校の援助過程——中断事例から学んだこと．研究論叢第3部芸術・体育・教育・心理（山口大学），49, 35-44.

山下一夫（1999）．生徒指導の知と心．日本評論社．

吉井健治（2007）．過敏型自己愛人格傾向の青年の事例——自己の傷つきの再体験への恐れ．カウンセリング研究，40（4），20-29.

あとがき

　どこへ向かっているのかわからないけれども，自然な流れに包まれて運ばれているように感じられることがある。また，表面上はばらばらであっても水面下ではつながっていることに気づかされることもある。また，一旦なくなってしまったのに，まるで伏流水のように後から湧き出てくることもある。

　これまでの筆者の不登校に関する研究・実践も，このような自然な流れの中で一つに集約されていったように思われる。筆者は，名古屋大学大学院の時期（20代），不登校のグループ・アプローチに取り組んだ。不登校の子どもたちを山に連れて行って合宿をしたり，月1回の定例会では料理作りをしたり水族館に出かけたりした。次に，故郷の熊本にいた時期（30代），不登校の子どもをもつ保護者や地域の人々と協力して民間のフリースクールを設立し，運営を行った。また，ホームスクール（子どもが学校に行かないで家庭や地域で学ぶという教育の方法）の家族の支援を行った。そして，現在の鳴門教育大学の時期（40代，50代），ひきこもり傾向の不登校の子どもの「訪問臨床」（家庭訪問による心理的支援）に取り組んできた。

＊　＊　＊

　筆者は，その時々で自分の関心のあることに専念してきたのだが，振り返ってみると不思議なことに，紆余曲折だったように見えて実は意味のある軌跡を描いていたことが分かった。自分の内側からくる声に耳をすませて今ここでの課題に専念することによって，過去から未来につながる一筋の道が形成されていったのだろう。

　上記のグループ・アプローチ，フリースクール，ホームスクール，訪問臨床といった活動は臨床心理的地域援助の活動として位置づけられるが，他方で筆者は大学の心理相談室や小中高等学校のスクールカウンセリングにおいて不登校の子どもや保護者の個人面接を行ってきた。つまり，面接室でのカウンセラーとしての専門性を中核にしながら，臨床心理的地域援助では仲間や友人のよう

に交流する活動を行ってきた。こうした状況の中で，周囲の人々から筆者の立場について質問を投げかけられることがあった。たとえば，合宿中に不登校の子どもから「スタッフは研究のために私たちと交流しているのですか」と言われた。また，フリースクールの活動では不登校の子どもをもつ母親から「私たちの仲間としてここに参加しているのですか，それとも研究のために参加しているのですか」と問われたことがあった。そして，筆者自身も自分の立場に悩むことがあったが，それは端的に言えば専門性と素人性（人間性）の葛藤ということだった。

　人は，ある側面が豊かになっていくほど，何か大事なことを見失ってしまうことがある。同様に，臨床心理の専門性を身につけていく過程で，心理的援助に対する意識として何か大事なことを見失ってしまうことがある。一般的な意味では専門性と素人性は対立概念であるけれども，図地反転のように，素人性を背景にした専門性や，専門性を背景にした素人性ということがある。つまり，「真の専門家」とは専門性と素人性の両方を統合した，あるいは超越した存在であるといえよう。それは親鸞の「非僧非俗」に通じるのかもしれない。以上のような意味で筆者は，不登校の当事者に対して「共にある人」（素人性，人間性），「手助けができる人」（専門性）という気持ちで接していきたいと思っている。そして，不登校の当事者や支援者の皆さんに「あたたかい本」を手渡していきたいと思っている。

＊　＊　＊

　最後になりましたが，本書に登場してもらった不登校関係の皆さんとは今でも内的な対話を続けているように感じられることがあり，こうした力添えがあったことに感謝を申し上げます。また，金剛出版の高島徹也様には本書の編集で大変お世話になり，お礼を申し上げます。

2017 年 2 月 16 日

吉井　健治

初出一覧──書籍化にあたり，各章に加筆修正を加えている。

第Ⅰ部　不登校の子どもへの理解と関わり
第1章　不登校の予防のための子ども理解と支援のあり方
　吉井健治（2017）．不登校の予防のための子ども理解と支援．鳴門教育大学学校教育研究紀要，31，127-134.
第2章　相手のこころに近づく聴き方 十二の技
　吉井健治（2015）．カウンセリングの基本的技法──相手のこころに近づく聴き方 十二の技．鳴門教育大学研究紀要，30，41-51.
第3章　不登校の子どもへの訪問 十二の技
　吉井健治（2016）．不登校の訪問臨床──不登校の子どもへの訪問 十二の技．鳴門教育大学研究紀要，31，29-35.
第4章　不登校と関わる 十二の技
　吉井健治（2017）．不登校と関わる十二の技．鳴門教育大学研究紀要，32，107-122.

第Ⅱ部　不登校の子どもへの多様な支援
第1章　不登校と学校教育構造
　吉井健治（1998）．学校教育構造と不登校問題──「なかま」による癒しと成長．社会関係研究，4（2），1-22.
第2章　不登校とフリースクール
　第1節　不登校を対象とするフリースクールの役割と意義
　　吉井健治（1999）．不登校を対象とするフリースクールの役割と意義．社会関係研究，5，83-104.
　第2節　フリースクールと学校教育の連携可能性
　　吉井健治（2004）．フリースクールと学校教育の連携に関する一考察──沖縄のフリースクールへの参加観察を通じて．熊本学園大学付属社会福祉研究所報，32，295-304.
第3章　不登校とホームスクール
　吉井健治（2000）．日本におけるホームスクールの可能性と課題──ホームスクールの一事例を通じて．社会関係研究，6，55-76.
第4章　不登校と別室登校
　吉井健治（2004）．別室登校の中学生グループにおけるチャム関係──スクールカウンセリングの事例．鳴門教育大学研究紀要，19，67-75.
第5章　不登校とチャム
　第1節　チャムに関する先行研究からの検討
　　吉井健治（2003）．不登校におけるチャム形成の研究──先行研究からの検討．鳴門教育大学研究紀要，18，77-86.
　第2節　チャム体験と家族凝集性が学校接近感情に及ぼす影響
　　田中良仁・吉井健治（2005）．チャム体験と家族凝集性が学校接近感情に及ぼす影響．心理臨床学研究，23（1），98-107.
第6章　不登校の訪問臨床
　第1節　引きこもり傾向の不登校生徒への訪問面接による心理的支援
　　吉井健治・山下一夫・田中雄三（2006）．引きこもり傾向の不登校生徒への訪問面接による心理的支援．塩見邦雄代表・兵庫教育大学連合大学院学校教育学研究科「適応障害の包括的支援システムの構築」研究チーム：適応障害の包括的支援システムの構築の研究成果報告書，pp.200-209.
　第2節　訪問者との対面が困難な「面壁ケース」の検討
　　吉井健治（2013）．不登校の訪問臨床──訪問者との対面が困難な「面壁ケース」の検討．鳴門教育大学研究紀要，28，1-9.

著者略歴

吉井 健治……よしい けんじ

1961年，熊本県生まれ。熊本大学教育学部心理学専修卒業，鳴門教育大学大学院学校教育研究科修士課程学校教育専攻生徒指導コース修了，名古屋大学大学院教育学研究科教育心理学専攻博士前期課程修了，同博士後期課程単位取得満期退学。臨床心理士。博士（心理学）。現在は，鳴門教育大学大学院臨床心理士養成コース教授。

著書に，『校則改定に挑んだ子どもたち──自主性・自律性を育てる生徒指導』（共著，黎明書房），『メンタルヘルスの実践』（共著，朱鷺書房），『不登校－その多様な支援』（共著，大日本図書），『現代青年の理解の仕方──発達臨床心理学的視点から』（共著，ナカニシヤ出版），『人間援助の諸領域──そのこころ・実践・研究』（共著，ナカニシヤ出版）。

訳書に，『自己の治癒』（H・コフート著，共訳，みすず書房）。論文に，「自己の傷つきの修復における自己対象体験」（心理臨床学研究），「過敏型自己愛人格傾向の青年の事例──自己の傷つきの再体験への恐れ」（カウンセリング研究）他。

不登校の子どもの心とつながる
支援者のための「十二の技」

2017年4月 1 日　印刷
2017年4月10日　発行

著者 ─────── 吉井健治

発行者 ───── 立石正信

発行所 ───── 株式会社 金剛出版
　　　　　　　〒112-0005 東京都文京区水道 1 丁目 5 番 16 号 升本ビル二階
　　　　　　　電話 03-3815-6661　振替 00120-6-34848

装釘◉臼井新太郎
装画◉夜久かおり
印刷◉株式会社平河工業社
製本◉誠製本株式会社

ISBN978-4-7724-1547-7 C3011　　©2017 Printed in Japan

増補 不登校の児童・思春期精神医学

［著］＝齊藤万比古

●A5判 ●並製 ●292頁 ●定価 3,500円＋税
● ISBN978-4-7724-1523-1

不登校と思春期心性には深い関わりがある。
新たに 3 章を加え，不登校の現在の知見を示し
増補版とした。

新訂増補 思春期の心の臨床
面接の基本とすすめ方

［著］＝青木省三

●A5判 ●並製 ●240頁 ●定価 3,800円＋税
● ISBN978-4-7724-1229-2

思春期臨床は，現実の「人生の質・生活の質」を
向上させるものでなければならない。
基本的視点と原則を平易な文章で述べる。

認知行動療法を活用した
子どもの教室マネジメント
社会性と自尊感情を高めるためのガイドブック

［著］＝ウェブスター-ストラットン ［監訳］＝佐藤正二・佐藤容子

●B5判 ●並製 ●266頁 ●定価 2,900円＋税
● ISBN978-4-7724-1314-5

子どものポジティブな行動に着目し，
教師のやる気を引き出す現実的な教室マネジメント。
実際に使える関係スキルをやさしく解説。